스타트업
창업 바이블

손동원 · 허원창 지음

Startup Bible

도서출판 시대가치

스타트업의 활약이 더욱 커지고 있다. 구글, 아마존, 페이스북 등 현재의 테크-자이언트(tech-giants)들의 고속성장에서 스타트업의 힘이 확인된 바 있다. 그런데 막상 스타트업을 창업하려면 눈앞이 깜깜해지는 것이 창업자들의 공통적인 하소연이다. 어떤 단계와 과정을 따라야 하는지 일종의 가이드북이 필요하다는 요청을 많이 듣게 되었다. 그것도 우리 정서와 경제환경에 적합한 가이드북 말이다. 미국 땅에서 도출한 성공 방정식과는 다른, 한국 땅에 적용할 수 있는 우리만의 성공 공식이 담긴 서적에 대한 갈증이 크다는 것을 절실히 느꼈었다.

이 책은 바로 그 갈증을 해소하기 위한 글이다. 지금 우리 시대에 스타트업을 꿈꾸는 자들이 무엇을 바라고 궁금해 하는지를 여러 경험과 통찰을 통해 얻은 지혜를 모았다. 본 저자들은 여러 해 동안 청년창업자들과 같이 동고동락하면서, 성공하는 스타트업과 창업자의 길에 대해 고민하고 공감해 왔다. 그들의 가슴에 품은 꿈이 무엇인지, 또 그것이 얼마나 소중한지도 절실하게 느끼고 있다. 더 나은 미래를 만드는 꿈을 위해 자신에게 주어지는 비즈니스 기회를 '소명'으로 받아들이고 창업을 선택하는 자들에게 작은 등대가 되고자 글을 시작했었다.

우리의 경험으로 볼 때 기업가는 절대 특별한 사람이 아니다. 세상을 변화시키려는 의지, 그리고 인류에 대한 깊은 사랑이 있다면 얼마든지 위대한 기업가가 될 수 있다. 현재 세계를 호령하는 구글, 아마존, 테슬라, 페이스북의 창업자들도 그저 평범한 사람에 불과했다. 그들이 성공했던 열쇠는 첫째, 올바른 기업가정신을 전달받았고, 둘째 스타트업의 창업 방법을 정확히 학습했던 덕분이다. 지금 이 글을 읽는 당신도 그들과 같은 기업가로 성공할 수 있다. 단지 현재 우리 주변의 창업자들에게 이 중요한 자양분이 제대로 공급되지 못해서 안타까울 뿐이다. 이 책이 그 부족한 자양분을 보완해주는 영양제가 되었으면 좋겠다.

모든 사람이 기업가가 될 필요는 없다. 다만, 후속 세대에선 '창업'을 부담스럽게 생각하는 통념은 해소되어야 할 것이다. 기업가정신을 강조하다 보면, 젊은이들에게 무조건 창업이 최선이라고 말하는 것으로 오해받기 쉽다. 실제로 창업은 이차적 문제이다. 우선 중요한 것은 올바른 기업가정신을 갖는 것이다. 무엇보다 좋은 꿈을 꾸는 것에서 시작되어야 한다. 우리가 보통 말하는 기업가정신이란 단어는 바로 인류에 대한 사랑과 세상의 변화에 대한 꿈을 뜻한다. 이 꿈을 갖는다면, 현재 원하는 진로가 공무원, 환경운동가, 사회복지사, 패션 디자이너, 교사, 대기업 직원이어도 상관이 없다. 현재의 어떤 직업에서도 기업가정신은 중요하다. 자신의 업에서 창조적이고 혁신적인 활동을 선도할 수 있기 때문이다. 또 인생 항로 중 필요하다면 언젠가 창업을 실행할 수도 있을 것이다. 그때 과연 어떤 단계와 과정을 거쳐야 하는지를 안다면 그것보다 유용한 지혜는 없을 것으로 믿는다.

이 책의 구성도 바로 창업의 성공적인 단계를 따라 구성했다. 스타트업 창업에서부터 회수, 그리고 성장과 도약으로 이어지는 일련의 흐름을 반영했다. 창업가는 이런 단계를 정확히 알아야 성공확률이 높아진다. 또 각 단계마다 중요한 과제가 무엇인지를 정확히 통찰해야 할 것이다.

첫째, 스타트업 창업의 특징(1장), 기업가정신과 기업가(2장) 대목은 창업과 기업가정신에 관한 기초 토대를 논의한다. 둘째, 사업준비 단계이다. 여기에는 사업기회 포착(3장), 시장분석(4장), 비즈니스 모델 개발(5장)이 포함된다.

셋째, 스타트업을 출범시키는 단계이다. 여기에는 사업계획서(6장), 조직 갖추기(7장), 고객 개발 계획(8장), 자금조달(9장) 내용이 속한다. 넷째, 성장 단계이다. 이에는 성장전략(10장), 투자 회수(11장), 기술사업화 전략(12장)이 포함된다. 다섯째, 안정 단계이다. 여기에는 사내기업가정신(13장), 기업윤리와 사회적 책임(14장)이 속한다.

물에 닿아도 끄떡없는 상태를 '방수(water-proof)'라고 말한다. 한국의 스타트업 창업자들이 미래의 변화무쌍한 변동성에도 끄떡없는 형질인 '미래 대응(future-proof)'이란 역량을 이 책을 통해 습득하길 진심으로 바란다. 스타트업에 대한 글은 이론적 향기가 너무 짙으면 현실을 잘 반영하지 못한다. 그래서 이 책은 현실 속 수많은 스타트업들의 스토리와 사례를 분석하고 그 사례 속에 숨겨진 원리와 비결을 추려서 담은 내용이란 점을 다시 강조한다. 본서의 발간을 기꺼이 맡아준 도서출판 시대가치의 김광범 대표에게 진심으로 감사를 드린다. 이 책이 세상에 나가 '꿈꾸는 자들'의 성공과 성숙을 돕는 괜찮은 지침서라는 평을 듣는다면 더 이상의 소망이 없겠다.

2020년 1월

손동원 · 허원창

차 례

이 책의 구성

스타트업의 토대

[1장] 스타트업 창업 — [2장] 기업가정신과 기업가

비즈니스 모델의 설계

[3장] 사업기회 포착

[4장] 시장분석 — [5장] 비즈니스 모델 개발

실행계획의 수립

[6장] 매력적인 사업계획서 — [7장] 스타트업의 조직 갖추기

[8장] 고객 개발 계획 — [9장] 스타트업의 자금조달

성장과 회수

[10장] 스타트업의 성장전략

[11장] 투자 회수 — [12장] 기술사업화 전략

안정

[13장] 사내기업가정신 — [14장] 기업윤리와 사회적 책임

01

스타트업 창업

1. 스타트업이란 무엇인가?
2. 스타트업의 특징
3. 스타트업 창업 단계
4. 창업자의 딜레마
5. 스타트업 생태계에 대한 이해

"만일 내가 남보다 멀리 보았다면, 그것은 거인들의 어깨 위에 서 있었기 때문이다."
— 아이작 뉴튼

1 스타트업이란 무엇인가?

스타트업의 활약이 더욱 커지고 있다. 스타트업이란 혁신적인 아이디어와 기술을 기반으로 창업한 신생기업을 말한다. '스타트업(startup)'이란 단어의 어원은 1990년대 후반 인터넷 출범에 따라 IT 창업붐이 일면서 미국 실리콘밸리에서 나왔다. 보통은 벤처기업과 혼용해서 쓰인다.

스타트업은 기업이라는 외형을 갖추지 못할 수 있고, 또 아직 입증되지 않은 가설을 세상에 내놓는 조직이다. 그러나 그 가설이 세상에서 인정받게 되면 빠른 속도로 추진력을 발휘하며 성장하게 된다. 현재 세계시장을 움직이고 있는 구글, 페이스북, 스냅챗, 알리바바와 같은 테크-자이언트(Tech-Giant) 기업들도 불과 5~6년도 안 되는 짧은 기간 동안 고속으로 성장했다. 스타트업에서 글로벌 대기업으로 성장하는 기간도 과거와 달리 짧아지고 있다.

스타트업은 위험을 무릅쓰고 새로운 기회에 도전하는 특징을 갖는다. 스타트업의 키워드는 '창조'와 '역동성'이다. '창조'란 이 세상에 없던 것을 만들어내는 것을 말하며, '역동성'은 엄청난 급물살과 위험에 노출되어 있음을 뜻한다. 따라서 '창조'와 역동성'에 대처해야 하는 것은 스타트업의 숙명이다.

스타트업에 관한 담론은 일반기업의 것과 다르다. 그런 점에서 일반기업을 위한 경영론을 스타트업에 그대로 적용하려는 것은 오류이다. 극단적으로, 삼성전자에 적용되는 경영이론을 갓 탄생한 작은 기업인 스타트업에 적용하면 제대로 들어맞을 리 없다.

스타트업에겐 무엇보다 '생존'을 위한 방책이 핵심이 된다. 즉, 고위험

읽어보기 우리나라 최초의 벤처기업

우리나라 최초의 벤처기업은 1982년 창업한 '큐닉스 컴퓨터'로 본다. 그 후 한동안 사회적 관심 밖에 있던 벤처가 1997년에 우리 경제의 핵심단어로 등장했다. 당시 벤처붐이 시작되면서 벤처기업의 숫자도 급속하게 증가했고 사회적 관심도 커졌다. 큐닉스 이후 메디슨, 휴맥스 등이 한국의 선도적 벤처이다.

상황이기 때문에 생존 이슈가 다른 어느 이슈보다 우선적이다. 스타트업의 경영 담론은 '창업'과 '생존'이란 주제에 집중된다. '갓 태어난 무명의 기업'이라는 숙명적 존재이므로, 생존이란 첫 장애물을 잘 극복해야만 다양한 경영활동과 논의가 의미를 갖는다. 그만큼 생존위험을 넘어서는 문제가 시급하고 중요하다. 그래서 자신의 밑천 비중, 투자받아야 하는 자금 규모 등을 결정하고 선택해야 한다. 이런 점에서 스타트업에게 투자자들은 언제나 중요할 수밖에 없다. 또한 생존을 위해서 정부로부터의 지원금도 중요하다.

스타트업은 엑싯(exit)이라는 표현을 통해 투자 회수를 중요하게 본다. 이는 일반기업의 목표인 장수기업이 되고 기업을 잘 유지하는 목표와는 다른 목표이다. 실제로 우리가 듣는 스타트업의 성공담에는 기업을 매각하는 이야기가 많다. 예를 들면, 음성인식 전문 스타트업이던 '시리'가 애플에 매각했던 스토리, 또한 인공지능 스타트업이던 '딥 러닝'이 구글에 팔린 스토리들이 바로 그것이다. 우리는 그것을 보통 '대박 스토리'라고 표현한다. 창업 이후 짧은 기간에 크게 돈을 벌고 털고 나왔다는 것을 칭찬하는 것이다. 투자와 회수라는 큰 움직임이 스타트업의 성공담을 이룬다. 스타트업은 영원히 존재한다고 가정하지 않는다. 중견기업쯤 되는 기업이라면 이런 매각보다는 장수기업이 되는 방안을 중요하게 여길 것이다. 중견기업 창업자들이 후계승계를 위한 다양한 방책에 몰두하는 이유도 사업을 계속하려는 의도 때문일 것이다.

물론 스타트업에게도 '성장'이라는 과제는 중요하다. 스타트업계에서는 성장을 '스케일업(scale-up)'이란 개념으로 설정하고, 초기의 작은 조직에서 규모를 키워나가는 전략을 중요하게 본다. 스타트업은 어떤 속도로 성장을 할 것인지, 어느 방향으로 할 것인지, 새로운 시장의 개척이 타당한지 등이 스케일업의 내용이 된다. 이 모든 선택이 회수전략인 기업매각 또는 기업공개(IPO)라는 목표와 연관되어 설정된다.

2 스타트업의 특징

스타트업은 불확실성이 높은 상태에서 사업을 추진해야 하는 숙명을 안고 있다. 일반 중소기업은 불확실성이 지나치게 높은 사업을 회피하며, 대기업은 새로운 투자에 대한 위험을 피하게 된다. 스타트업이 역할을 하게 되는 공간이 여기서 발생하게 된다.

1) 본질적 특징

(1) 다산다사 및 고위험-고수익

다산다사(多産多死)와 고위험-고수익의 특성이 스타트업의 특징이다. 스타트업은 그 특성상 실패할 가능성이 크다. 하나의 아이디어가 사업계획서라는 구체적 형태로 정리되는 확률은 100분의 1이다. 100명 중 한 명이 자신의 이이디어를 사업으로 실천하고 있을 뿐이다 아이디어가 사업으로 모습을 갖추더라도 외부투자자들로부터 투자를 받을 확률은 1,000분의 6에 불과하다. 이들 중 10개 중 9개사는 코스닥과 같은 주식시장에 상장하지 못한다. 하나의 아이디어가 상장이라는 성공을 거둘 확률은 0.0006%에 불과하다. 나머지 스타트업들은 다른 기업에 인수되는 것을 기다려야 한다. 이 기업매각 역시 소수의 혁신성을 가진 스타트업에게만 기회가 온다.

이렇게 험악한 성공 확률을 통과해야 하는 것이 스타트업의 숙명이다.

(2) 투자금 필요

높은 위험이 담겨 있기에 초기에 많은 자금이 필요할 수 있다. 이 때문에 스타트업에겐 벤처캐피탈(VC)이라는 특화된 투자 영역이 필요하다. 물론 기업가정신이란 요소도 무시할 수 없다. 많은 위험을 뚫고 나가려면 창업자 개인의 끈기, 능력, 열정, 도전의식 등이 필요한데 그 또한 성공 요인의 하나다. 그것들을 통칭해서 '기업가정신'이라고 부르곤 한다.

2) 전통기업과의 차이

스타트업은 전통기업과 ① 부의 축적방법, ② 자금조달 방법, ③ 기업목표에서 차이가 있다.

(1) 부(富)의 축적방법

일반적으로 기업 창업자가 돈을 버는 방법에는 다음 3가지가 있다. 첫째, 매출액에서 비용을 제외한 나머지인 이윤(profit)을 획득하는 방법, 둘째, 기업의 임직원으로 일하면서 급여를 받는 방법, 셋째, 기업의 주가 상승으로 자산을 증식시키고 보유 주식의 일부를 매각하여 자본이득(capital gain)을 획득하는 방법이다.

보통의 주류 경제이론에서는 이상의 첫 번째를 강조하여 기업의 목표를 이윤 극대화(profit maximization)로 표현한다. 그러나 스타트업 창업자들은 위의 세 번째의 방법에 따라 돈을 벌고 자산을 증식하고자 하는 목표를 가진다.

(2) 자금조달 방법

일반적으로 기업의 자금조달에는 은행 대출과 주식발행에 의한 방법이 있다. 스타트업은 그 정의상 사업위험이 크고 '정보 비대칭(information

읽어보기 정보 비대칭(information asymmetry)

정보 비대칭이란 거래의 두 당사자 중 한 당사자에게 정보가 많고 다른 쪽에는 정보가 없는 경우를 말한다. 즉, 양자에게 정보의 분배가 동일하지 상황이다. 많은 경제행위자 사이 거래와 교류에서 이 정보 비대칭이 작동한다. 기업과 소비자의 관계가 그런 예이다. 기업은 자신의 제품에 대한 정보가 많지만, 소비자에겐 그 정보가 부족하다. 필요한 정보에 의해 양자가 달리 갖고 있는 것이다. 양자의 균형을 맞출 수 있는 공간에서 비즈니스가 발생하게 된다.

asymmetry)'도 높아 일반 투자가나 금융기관으로부터의 자금유치가 어려운 편이다.

창업에서 기업공개(IPO)까지 파이낸싱에 중요한 역할을 하는 것은 투자자인 벤처캐피탈이다. 주식을 통하여 자금조달이 이루어진다는 점이 기존 전통산업의 자금조달과 완전히 다르다. 이 투자가 스타트업의 구성에서 가장 중요하기 때문에 그 투자와 연관된 조달, 기업가치, 비즈니스 매각, 상장, 회수 등이 스타트업 분야의 주요 관심 사항이 된다.

(3) 기업목표

스타트업은 기업목표 측면에서도 전통기업과 다르다. 스타트업은 이윤 극대화보다는 기업가치의 극대화가 기업목표가 되며, 특히 주식 가치의 극대화가 중요해진다. 여기서 기업가치란 "(주식의 시가총액 + 부채의 시가총액) = 미래에 예상되는 자유로운 현금흐름의 현재가치"라고 정의한다. 여기서 주식가격이 중요하다는 것을 알 수 있고, 부채의 평가금액이 역시 중요하다는 점을 알 수 있다. 기업가치를 극대화시키고 기업매각 혹은 상장(IPO)을 통해 자본이득의 배수를 늘이는 것이다. 장수기업이 되려는 목표에 집착하지 않고 적절한 투자 회수 가능성이 보이면 매각할 수도 있다. 기업매각이든 IPO이든 엑싯(exit) 시점에서 '주식'이 중요한 도구가 된다는

읽어보기 IPO(Initial Public Offering)

IPO는 스타트업이 주식시장에 상장(上場)하는 것을 뜻한다. 즉, 스타트업이 제도권의 주식시장에 최초로 등록되는 것이다. 한국 코스닥시장 혹은 미국 나스닥 시장 등의 기술주 시장이 주요 대상이다. IPO가 중요한 이유는 IPO를 통해 투자가 회수되기 때문이다. 이런 점에서 IPO는 스타트업이 절실하게 바라는 목표이다.

점도 주목해야 한다.

그러나 이러한 주식 가치를 중심으로 기업가치를 강조하는 기업목표의 변화는 어느 정도 시험대를 거쳐야만 한다. 주식 가치 극대화를 추구하는 것 못지않게 자신의 수익모델의 안정성도 중요하기 때문이다.

3) 자영업과의 차이

소자본 창업은 수익성이나 장기적 발전성보다는 '안정성'이 우선시된다. 자영업에서 생계형 창업이 많은 이유도 같은 이유 때문이다. 스타트업은 위험 감수(risk-taking)를 바탕으로 장기적 고수익을 지향한다는 점에서 자영업과 다르다. 또한, 신규 사업 아이템 선택 시 소자본 창업은 일반화된 아이템의 시장포화 상태를 염두에 두나, 스타트업은 과학의 상업화, 지식의 상업화 등 지식과 산업이 밀접히 연계된 새로운 아이템을 갖고 사업을 구상하게 된다. 소자본 자영업은 창업의 업종 선택 시 판매・유통업과 서비스업 창업을 우선 선정한다. 이는 스타트업의 경우 기술과 아이디어에 기반을 둔 창업이 많다는 점과는 차이가 있다.

3 스타트업 창업 단계

스타트업은 신생기업으로서 숙명적으로 '무명의 설움'을 겪는다. 스타트업은 대체로 돈 문제, 인력 문제, 시장진입 과제들로 둘러싸여 있다. 즉, '자금', '인력', '시장'이란 장벽이 가로막혀 있고, 이를 극복해야 하는 처절한 싸움이 이어진다. 신생 스타트업의 이름을 알리기 쉽지 않고 또 자신을 알릴 통로도 많지 않다. 스타트업은 기존에 쌓인 명성도 없고, 기존 고객의 충성심도 기대할 수 없다. 스타트업은 이런 '무명의 설움' 때문에 창업 초기에 실패할 위험이 크다. 이를 학술적으로 '신생기업의 위험(liability of newness)'이라고 부른다. 미국의 저명한 사회학자인 아서 스틴치콤(Arthur Stinchcomb) 박사가 제안했던 개념이다.

숙명적으로 '무명의 설움'을 딛고 일어서야 하는 스타트업 창업의 단계를 크게 분류하면 다음과 같다.

1) 1단계 : 사업준비 단계

1단계에서는 사업 아이템 개발 및 초기 사업화, 사업기회 포착, 시장 파악, 비즈니스 모델 개발 등이 중요한 이슈다. 좋은 사업 아이디어의 발굴에서 시작된다. 아이디어의 원천은 인간의 정신적 활동만큼이나 다양하다. 취미나 오락은 사람들이 가장 많이 언급하는 아이디어의 원천이다. 아무리 좋은 아이디어라도 실제 사업으로 성립되는 확률은 100분의 1에 불과하다. 아이디어를 찾는 일에도 적지 않은 시간이 걸린다. 최소 1년, 보통 그 이상의 기간에 걸쳐 서서히 진행된다.

스타트업의 성패는 사업 아이템에서부터 결정된다. 사업 아이템이란 사업을 시작하는 계기가 되는 것으로 기술, 아이디어, 비즈니스 모델 등이 해당된다. 스타트업 투자가들은 사업 아이템의 잠재력을 평가하여 투자를 결정하는데, 인재들이 모이는 정도도 아이템의 매력도가 좌우한다고 해도 과언이 아니다. 이렇듯 시장과 고객 니즈에 적합성을 보유한 사업 아이템이라야 성공할 수 있다.

비즈니스 모델은 사업 아이템과 기술, 재무계획 등이 모두 포함되는 것이다. 어디에서 어떻게 가치가 창출되고, 창출된 가치가 또 다른 가치를 창출하기 위해 어디로 흘러가야 하는지를 말한다.

2) 2단계 : 스타트업 창업

2단계에서는 사업계획서 준비, 조직 갖추기, 마케팅 계획, 자금조달 계획 등이 중요하다. 사업계획서라는 형태의 서류로 구체화되는 시기이다.

사업계획서는 동료들과 함께 작성하는 것이 혼자 작성하는 것보다는 당연히 좋다. 투자가는 기술계획이 아닌 사업계획에 의거해 투자 여부를 결정하게 된다. 외부자금을 영입하는 첫 관문으로, 사업의 매력이 없어 캐피탈리스트들의 관심을 끌지 못하면 펀딩(funding ; 자금조달)에 실패하고 사업 전개가 불가능해진다. 위험성이 높은 스타트업의 특성상 차입금 형식으로는 자금조달이 어렵다. 투자가들은 고수익이 발생하면 고위험을 감수하게 된다. 창업자는 기꺼이 본인의 지분을 축소시키며, 외부자금을 유입하게 된다. 다시 말해 창업자의 지분을 분할하는 방식으로 자금을 조달하게 된다. 자금조달 이후 밴처캐피탈은 스타트업의 사업동반자로서 주식시장 상장까지 적극적으로 가치창출 활동을 전개하게 된다. 신생 스타트업에 대해 사업 전개 방향에 대한 지도, 인력소개 등 경영자문도 수행하게 된다.

창업자는 기술, 아이디어만 갖고 있을 뿐 이를 사업화시키는 역량은 벤처캐피탈에 비교해 상대적으로 취약하기 마련이다. 스타트업이 성장하면서 단계별로 필수인력을 외부에서 조달하게 된다. 기술 관련 인력 5~6명 정도로 출발하지만 조직 규모가 커지면서 CEO를 영입하게 되고, 추가 자금조달(2nd, 3rd round) 및 IPO를 위한 CTO를 영입하게 된다. 사업 아이디어가 실현되면서 영업 및 마케팅 부문의 인력이 추가 채용된다.

'창업' 단계에서 회사 모양을 갖추기 위해 추가 인력을 채용하기도 하고, 첫 제품을 시장에 내놓는 일을 하게도 된다. 실리콘밸리 스타트업의 경우 첫 번째 제품을 생산해 첫 고객에게 보낼 때까지는 보통 6~18개월이 걸린다. 6개월 정도로 제품개발 시간이 단축되는 것은 회사설립 이전부터 제품을 설계해왔거나 전 직장의 지원을 받고 제품을 만들어왔던 경우 등에 한한다.

첫 번째 자금조달을 끝내고 법인 등록을 마친 후 창업자는 무엇과도 비교할 수 없는 기쁨에 젖는다. '이제 내 회사가 생겼다'고 기뻐하지만, 얼마 지나지 않아 창업자는 은행에 남아 있는 현금만으로는 첫 제품개발을 완료하고 영업매출을 올릴 방법이 전혀 없다는 사실을 알게 된다. 이때에 2차 자금조달이 필요해진다. 충분한 자금을 조달하는 한편 소중한 자본 활용의 효과를 최대한으로 높이는 것이다. 실리콘밸리의 경험에 비춰볼 때 이때부터 향후 1~4년간 대표이사 시간의 25%와 임원들 시간의 20%는 추가자금 조달에 투입된다.

첫 제품 출시 단계가 된다. 스트레스가 쌓여가지만 대표이사와 경영진들은 마감 날짜를 맞추기 위해 줄달음치고 있다. 자금은 급속히 소진되어 가지만 첫 제품은 시험 일정에 근접하고 있다. 존 네샤임 코넬대 교수는 "이때 다른 제품이나 다른 기술, 또는 다른 대상고객으로 분야를 확대하는 것은 큰 실수"라고 지적한다. 기회를 제대로 이용하고 시장을 제대로 공략하기 위해서는 당초 사업계획을 고수하는 게 좋다는 얘기다. 한 가지 일에 초점을 맞추는 것만큼 중요한 일은 고객을 찾고 확보하는 것이다. 고객의 존재는 매출을, 또 현금 유입을 의미한다. 현금 유입 없는 기업은 오래가지 못한다.

시장에 첫 제품을 내놓으면서 창업자는 이제 자금조달은 끝났다고 생각할지 모른다. 하지만 자금조달은 그렇게 쉽게 끝나는 게 아니다. 자금조달은 일회성 이벤트가 아니라 연속되는 '과정'이기 때문이다. 기업이 존속하는 한 창업자는 자금조달에서 해방될 수 없다. 스타트업의 자금조달은 마치 10대 소년의 먹성과도 같다. 자금지출은 '곱하기 2 법칙'이 적용되는 부분이다. 자금지출은 당초 예상했던 것보다 두 배가 더 많이 든다.

3) 3단계 : 성장 단계

3단계에서는 성장을 위한 스케일업(scale-up) 전략, 투자 회수, 기술사업화 전략 등이 중요하다. 사업 전개에 따라 사업 아이템도 진화, 변경 또는 발전하게 된다. 하지만 사업화 과정에서 주변의 관심을 끌지 못하면 추가 자금 및 필요인력의 유입이 끊겨 더 이상의 성장이 불가하게 된다. 스타트업들 중 창업자가 지분고수에 집착하여 투자유치 및 기업성장 기회를 상실하는 경우가 많다. 투자자로부터 펀딩의 횟수가 증가함에 따라 창업자의 지분이 희석되기 마련이나, 국내 스타트업의 평균 창업자(임원 포함) 지분은 70% 수준에 육박한다. 또 투자가 아닌 차입으로 자금을 유치하면서 높은 부채 의존도가 경영의 압박요인으로 작용한다.

미국의 스타트업은 소요자금의 10% 정도를 부채로 조달하는 반면, 국내 스타트업은 부채조달 비율이 80%에 달한다. 그리고 기업 규모가 커짐에도 불구하고 경영시스템은 초기 경영단계를 벗어나지 못하는 기업들이 다수 존재하고 있다. 이는 기업을 개인 소유물로 인식하여 권한 이양이 지연되고 성장 단계에 부합하는 내부 관리시스템의 정비가 지연되고, 창업 인력과 영입인력 간 불협화음도 빈번하게 발생한다.

4 창업자의 딜레마

1) 1인 창업 vs. 공동 창업

공동 창업할 것인가 1인 창업할 것인가? 우선 이 질문에 대한 답을 준비해야 한다. 결론적으로 1인 창업보다는 공동 창업이 권장된다. 이는 많은

[그림 1.1] '1인 창업' vs. '공동 창업'과 관련한 핵심 질문

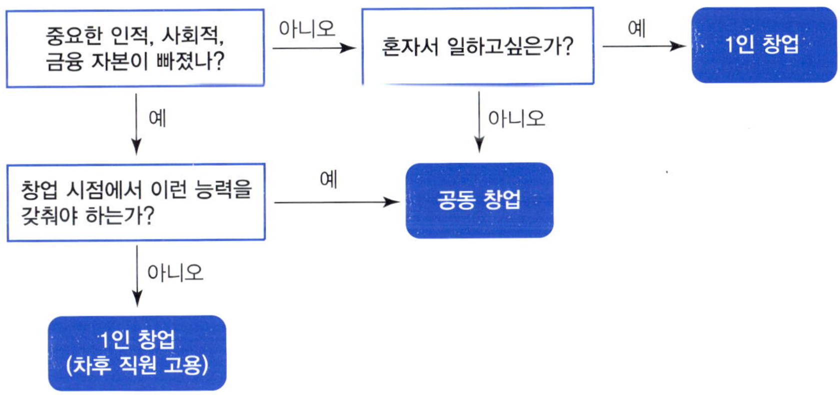

성공 사례들이 입증한 결론이다. 이미 실리콘밸리에서는 공동 창업이 대부분이며, 현재의 구글, 페이스북과 같은 테크-자이언츠 기업을 보더라도 공동 창업의 우위가 입증된다.

다시 강조하면, 혼자보다는 팀을 구성하는 편이 창업에서 성공할 확률이 높다. 물론 혼자 일할 수밖에 없는 조건이라면 1인 창업을 할 수밖에 없다. 그런데 1인 창업을 할 수밖에 없더라도 항상 도움을 받을 수 있는 연결체계는 유지하고 있어야 한다.

'1인 창업' vs. '공동 창업'이란 질문에 대한 답을 도출하는 과정을 '의사결정 트리(decision tree)'로 표현하면 [그림 1.1]과 같다.

공동 창업을 결정한 후에도 추가적인 의문에 대한 답이 필요하다. 그 의문은 바로 공동 창업을 한다면 '과연 몇 명이나 필요할까?'이다. 이 질문에 대해서 정해진 정답은 없다. 그런데 만약 공동 창업팀을 구성한다면, 3~4인을 권장한다. 그 이상이면 지나치게 많은 편이다. 실제로 성공하고 있는 스타트업에서 3~4인의 공동 창업이 다수 발견된다. 예컨대, 스냅챗, 유튜브, 페이스북 등이 3인 창업 멤버로 성공을 거두었다.

2) 창업팀 구성

'누구와 같이 창업할 것인가?' 이 질문은 어떤 창업팀 멤버를 구성할 것인가라는 질문과 같다. 창업에는 의기투합하는 파트너가 필요하다. 또 멤버의 역할은 기능을 보완하는 것이 바람직하다. 2005년 초 창업한 '유튜브(YouTube)'의 창업팀은 3인이었다. 그들은 2명의 컴퓨터 엔지니어와 1명의 웹디자이너로 구성됐다. 스티브 첸(Steve Chen), 채드 헐리(Chad Hurley), 자웨드 카림(Jawed Karim), 이들 3인이었고, 스티브와 자웨드는 컴퓨터 엔지니어이고 채드가 웹디자이너이다. 당시 결혼한 채드의 집 차고(garage)에서 모여 일을 했다.

이렇듯이 서로 기능이 보완될 수 있는 멤버로 구성되는 것이 권장된다. 이들은 주로 전 직장인 '페이팔(PayPal)'부터 알던 사이이다. 상대방이 어떤 역량을 갖고 있고, 어떤 시각이 있으며, 감각이 어떠한지를 서로 경험한 사이였다. 이렇게 '직장연', 즉 직장에서 서로의 역량과 성격을 확인한 연줄로 창업팀을 구성하는 것은 실리콘밸리 스타트업에서 많이 보이는 사례이기도 하다. 미국 실리콘밸리는 반도체 관련 창업자의 대부분이 '페어차일드(Fairchild)'라는 반도체 회사에 근무한 경력이 있다는 특징이 있다. 페어차일드에서 나오는 인력들이 직장에서 이미 직장연(緣)을 갖고 창업을 구상하는 것이다. 첨단기술 창업자들의 창업 동기를 보면 영웅적이고 고독한 기업가보다는 많은 사람과의 다양한 네트워크를 통해서 탄생하는 편이다.

기능 보완을 포함해서, 창업팀 멤버의 구성에는 다양성이 권장된다. 즉, 창업팀은 다양한 배경, 다양한 경력, 다양한 실력을 갖추는 것이 바람직하다. 동질적인 멤버 구성은 단기적으로 편리함은 있지만, 장기적으로는 유유상종(類類相從)으로 모인 창업팀 멤버의 구성은 오히려 위험을 초래할 수 있다. 다양한 문제를 해결할 능력이 없기 때문이다.

공동 창업을 하더라도 위계질서는 있어야 한다. 창업 경험자는 이에 대해 이렇게 말한다. "두 사람이 운전대를 잡는 것은 최악의 방법이다. 왼쪽이나 오른쪽으로 가야 할 때도 직진하게 되거든요." 스타트업도 조직이다. 누군가는 책임을 져야 하고 길을 돌파할 사명감을 가져야 한다. 선두에 서서 진두지휘할 최고결정자가 있어야 하고 그를 중심으로 위계질서가 서 있어야 한다.

벤처캐피탈과 같은 투자자들이 어떤 창업팀을 선호하는지를 알면 도움이 된다. 전문투자자들이 중요하게 고려하는 창업팀에 대한 평가기준에는 다음의 요인들이 있다. 그 평가기준들을 자세히 살펴보면 투자자들이 창업팀 구성과 리더의 역할을 얼마나 중요하게 생각하는지를 잘 알 수 있다.

- 강력한 리더가 있는지? 리더가 사업구상을 충분하고 원대하게 하는지?
- 회사 내에 강한 기술적 리더와 비즈니스 리더가 존재하는지?
- 창업팀은 그들의 의견에 대해 경청을 잘하고 논리적으로 대응하는지?
- 긍정적인 방향으로 그들의 의견을 받아들이려고 하는지?
- 리더는 어떤 형태로 문화를 창조할 것인지?
- 특별한 사업 아이디어나 회사를 성공적으로 만들기 위해 열정적인지?
- 창업팀이 계획대로 추진되지 않을 때 다른 아이디어들을 가지고 현명하게 대처하려는 의지가 있으며, 실제 할 수 있을 것인지?
- 팀 구성원들은 회사를 끝까지 끌고 가기에 적당한 팀이 아닐 수 있다는 점을 이해하거나 받아들이는지?
- 리더와 창업팀은 유능한 인력을 영입할 수 있을 것인지?
- 그들이 추구하는 가치가 무엇인지?

3) 지분 분배

스타트업에게 지분 분배는 한마디로 '전쟁' 자체이다. 일단 성장궤도에 들어서면 수익을 취할 수 있는 이해관계의 양과 폭이 크기 때문에 갈등이 쉽게 조정되기 어렵다. 처절한 이득이 부딪치며 각자가 가진 몫의 논리와 설득력이 만난다. 약육강식의 논리가 들어설 수 있고, 조금 더 이득을 확보하려는 탐욕이 들어설 수도 있다. 각 개인에게도 매우 민감한 사안이다.

지분 분배는 기본적으로 합리적인 과정이어야 한다. 각 창업자의 가치와 기여도가 지분에 반영되는 것이 가장 합리적인 배분일 것이다. 그런데 이 합리적 배분이 쉽지 않다. 현실 속에서는 감정적이고 본능적인 면이 개입되며, 또 '합리적'이란 기준은 동의하지만 저마다 다른 해석을 하고 있을 정도다.

영화 〈소셜 네트워크〉는 페이스북 창업자인 마크 저커버그와 동료 창업 멤버들의 지분 분배에 얽힌 스토리를 담고 있다. 저커버그는 친구 2인과 같이 창업했지만 막상 크게 성장하면서 지분 정리에서 이해관계가 충돌하고 그것이 법정 소송으로 이어지게 된다. 막연한 이득에 대해서는 의기투합을 했지만 그 이득이 현실화되고 또 엄청나게 큰 몫으로 다가오자, 이때에는 더 이상 친구는 없다. 페이스북과 같이 어마어마한 급성장을 하게 되는 경우, 지분 분배와 같은 '전쟁'은 더욱 치열하고 험악해진다.

벤처캐피탈에서 투자를 받게 되면, 지분 분배는 더욱 복잡해진다. 보통 투자자들이 들어오면 창업 동료 중 최소 1인의 지분은 축소되는 것으로 알려진다. 심지어 실리콘밸리에서는 '3인 공동 창업의 룰'이란 말이 있는데, 그것은 3명 중 1명은 투자전문가들에 의해 지분 정리를 당한다는 사례가 빈번하다는 점을 꼬집은 것이다. 페이스북의 경우 투자자인 '피터 틸(Peter Theil)'이 이사회 의장이 된 이후 공동 창업자의 지분축소가 시작된 것도 결코 우연이 아니다.

지분 분배는 언제나 문제를 발생시킬 수 있는 폭탄과 같다. '유튜브(YouTube)'의 창업자 3인에서도 지분 관계에서 한 명이 소외되는 일이 발생했다. 공동 창업자였던 스티브 첸, 채드 헐리, 자웨드 중 자웨드는 작은 지분을 갖게 된다. 그는 자신의 지분을 청산하고 고향으로 돌아가 중고교 설립을 했다고 알려진다. 채드가 CEO를 맡았고 스티브 첸은 기술책임자(CTO)를 맡았다. 2006년 11월, 유튜브가 정식으로 구글에 매각되는데, 매각 당시 스티브와 채드의 지분은 각각 17%, 19%, 자웨드는 4%였다.

실리콘밸리의 '스냅챗(Snapchat)'에서도 창업팀 멤버들 사이의 분쟁이 요란했다. 이 기업은 공동 창업자 3인이 시작했다. 그 3인은 레지 브라운(Reggie Browne), 에반 스피겔(Evan Spiegel), 바비 머피(Bobby Murphy)였다. 브라운과 스피겔이 먼저 스냅챗 아이디어를 고안했고, 나중에 코딩을 위해 머피가 합류했다. 이들은 주로 산타모니카 해변에 있는 스피겔의 아버지 집에서 개발작업을 했다. 그런데 법인 설립과정에서 스피겔과 머피는 브라운을 배제하고 주식을 한 주도 배정하지 않았다. 2011년 8월 이후 그들 사이에는 소송이 이어졌다.

4) 지분 분배를 결정하는 시점

지분 분배를 언제 결정하는 것이 좋을까? 이에 대해 정해진 철칙은 없다. 창업 초기부터 지분을 배분할 수도 있고, 어느 정도 기간이 지난 후 지분 분배를 결정할 수도 있다.

(1) 초기 분배가 필요한 경우

- 지분을 인센티브로 삼아 중요한 인력을 영입하려는 경우
- 다른 스타트업에서 이미 공동 창업자와 같이 일해 봤을 경우
- 분배 압박을 받기 전에 차분히 협상하기 위해

(2) 차후 분배가 필요한 경우

- 공동 창업자의 기여도를 판단하기 위해
- 공동 창업자에게 인센티브를 강화하기 위해
- 상황이 바뀔 때마다 계속 재협상해야 하는 수고를 피하기 위해

5) 지분 분배기준

지분 분배의 기준으로 무엇보다 중요한 것은 '기여도'이다. 즉, 기여한 부분만큼 지분이 배정되는 것이 가장 합리적이다. 또 이럴 때 창업자의 누

구도 불만 없이 받아들일 수 있다.

스타트업 창업멤버들의 '기여도'에는 다음 두 요인이 중요하다. ① 아이디어 프리미엄, ② 자본 기여이다. 사업 아이디어 구상에서 차지하는 역할은 매우 중요하다. 스타트업의 생명이 그 사업 아이디어이기 때문이다. 자금을 동원하는 역할도 중요하게 고려될 수 있다.

그런데 어떤 기준보다 중요한 것이 하나 있다. 그것은 "대표가 많이 가져야 한다"는 기준이다. 투자자들이 좋아하는 지분 분배가 바로 그것이다. 어떠한 일이 있더라도 대표가 충분한 지분을 갖고 경영권을 유지하는 것을 선호한다. 3인이 공동 창업이며, 만약 공평히 33%씩 가지는 것은 어떨까. 이는 두 사람이 마음을 먹으면 언제든지 대표를 바꿀 수 있다. 이 경우 투자자들은 절대 좋아하지 않는다.

'가장 큰 지분'이란 과연 어떻게 되어야 한다는 뜻일까. 만약 <40 : 30 : 30>으로 배분되었다면, 그것도 여전히 불안한 구조이다. 마찬가지로 두 사람이 힘을 합치면 경영권이 바뀔 수 있기 때문이다. <52 : 24 : 24>, 이런 정도의 배분이어야 한다. 그래야 투자자들이 선호하는 지분 구조가 되는 것이다.

투자자가 대표의 최대 지분 몫을 중요하게 보는 이유는 스타트업의 지분 문제가 언제든지 문제를 일으킬 수 있기 때문이다. 안정적인 위험관리와 성장 추구를 위해서는 경영권의 안정이 중요하다고 보는 것이다.

5 스타트업 생태계에 대한 이해

생태계는 위계질서와 먹이사슬 속성을 보인다. 초식동물은 식물을 섭취하며 육식동물은 초식동물을 잡아먹는다. 이것이 먹이사슬이 기본적인 모습이다. 기업생태계에 참여한 행위자들은 각자의 욕망과 본능에 의해 약육강식과 처절한 생존법칙에 지배당한다. 이곳에서 죽느냐 사느냐를 가르는 처절한 전쟁이 벌어진다. 그곳이 바로 생태계이다.

한 기업은 생태계에서 숨 쉬고, 성장하고, 투자받고, 부품을 사고, 제품을 파는 모든 활동을 한다. 또 그곳에서 꿈꾸고, 좌절하고, 실패하고, 회생하는 모든 풍상을 겪는다. 스타트업 생태계는 스타트업에게 무엇을 하면 유리한지를 알려주는 인센티브 체계가 담긴 곳이다. 스타트업 생태계는 한 스타트업이 어떻게 해야 생존하고 성장할 수 있는지를 알려주는 곳이다.

1) 스타트업 생태계의 구성요소

스타트업이 활동하기 위해서는 필수적인 요인들이 필요하다. 핵심적인 요인들은 다음 3가지이다. 즉, 창업기업가, 벤처캐피탈, 회수시장이다. 이 세 요인이 없다면 스타트업 활동이 성립되지 않는다.

(1) 창업기업가

우선 스타트업을 창업하는 기업가(entrepreneur)가 있어야 한다. '기업가'는 "자신의 기업에 대한 소유권과 배타적 경영권을 가진 자"(Hicks, 1946)로 정의할 수 있다. 스스로의 위험부담을 통하여 경영에 대한 책임을 지며 이로 인한 결과에도 책임과 권리를 가지는 사람이다. 이러한 위험을 감수하면서도 스스로의 부를 창출하겠다는 의지와 욕구가 특별히 강한 사람이 스타트업 창업자이다.

(2) 벤처캐피탈

벤처캐피탈(Venture Capital : VC)은 전문적인 벤처투자기관이다. 스타트업은 돈을 빌리는 대출보다는 주식을 주고 자금을 얻는 투자로 움직인다. 벤처캐피탈과 같은 투자자는 투자한 스타트업의 성장과 가치 증대를 통해 수익을 얻는 것이 목적이다. 벤처창업자는 창업에 관한 지식, 노하우, 기술 등을 무기로 삼으나, 동원할 자금은 취약하다. 그 기업가에게 자금을 제공해 줄 수 있는 젖줄이 바로 벤처캐피탈(Venture Capital)이다. 벤처캐피탈은

[그림 1.2] 스타트업 생태계의 구성요소

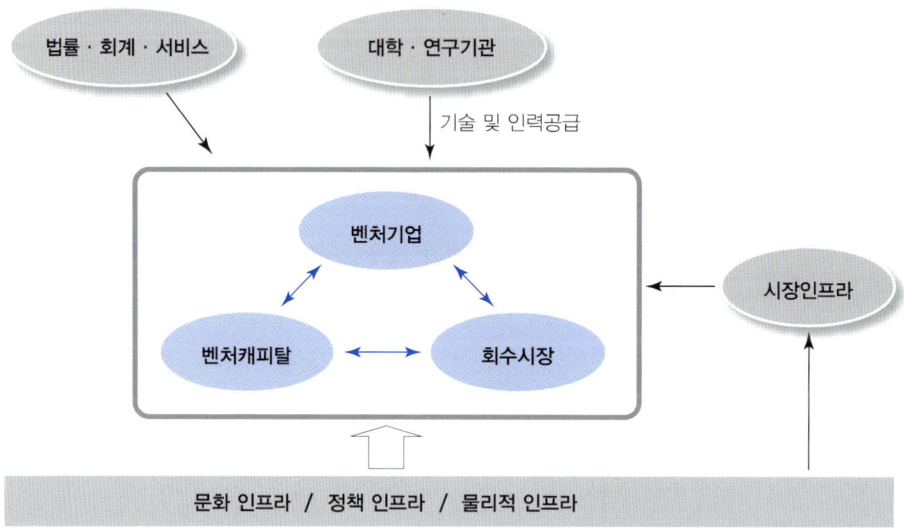

출처 : 손동원, 벤처 진화의 법칙, 2004.

돈의 수익(자본이득)을 높이려는 투자자금이 모여 하나의 펀드로서 형성되어 있는 것을 말하며, 한국에서는 창업투자회사가 대표적이다.

창업투자회사 외에도, 엔젤투자자, 엑셀러레이터 등이 벤처투자자에 속한다. 스타트업에 투자하고 지원해서 수익을 얻으려는 목적에서 움직인다. 스타트업에 대한 투자는 고위험을 감수(high risk-taking)하는 대가로 큰 이득을 얻을 수 있다.

벤처캐피탈은 보통 펀드 형태로 존재한다. 그 이유는 개별적으로 투자대상을 선별하는 것보다 공동의 선별이 더 효율적이기 때문이다. 스타트업 창업자는 받은 투자금을 기초해서 기업의 가치를 높이며 이를 통해 궁극적으로 자신의 부(富)를 높이려는 욕구를 이룬다. 반면, 벤처캐피탈은 선별적 투자를 통하여 고배당의 회수를 이루고 궁극적으로 자본이익을 달성하게 된다.

(3) 회수시장

투자가 활발해지려면 그 투자를 회수할 수 있는 길이 열려 있어야 한다. 스타트업 투자에 대한 회수통로는 크게 두 가지이다. 하나는 기업공개(Initial Public Offering : IPO)시장이며, 다른 하나는 기업매각(M&A)시장이다. 기업공개시장은 우리나라의 코스닥시장, 미국의 나스닥시장 등을 말하는 것으로 기업을 일반인에게 공개하여 대중적으로 주식이 거래되는 시장을 말한다.

기업공개(IPO)는 기업공개 이전에 투자한 엔젤과 벤처캐피탈에게 자신들이 투자한 자금에 대한 회수의 통로가 된다.

한편, 기업매각 시장도 매우 중요한 투자회수 통로이다. 모든 벤처기업이 코스닥시장에서 기업공개를 하는 것은 불가능하다. 예를 들어 2019년도 기준으로 한국의 벤처기업은 3만 개를 상회한다. 이 모든 기업이 코스닥 상장을 한다는 것은 불가능하다. 매년 코스닥에 상장하는 기업 수는 평균적으로 100~140개 사이이다. 이런 상황은 미국의 나스닥시장 상장에서도 마찬가지이다. IPO시장에서 회수를 도모하지 못하는 기업들은 자신의 사업을 매각을 통한 투자회수를 시도하게 된다. 이러한 기업 매도와 매수의 장소가 바로 인수합병(M&A)시장이다.

2) 스타트업 생태계의 상호 연결

스타트업 생태계를 구성하는 핵심적인 세 행위자는 상호 연결고리를 가지고 각 요소들이 하나의 순환 체계를 형성한다. 따라서 어느 한 요인의 변화는 다른 요인에 영향을 준다. 선순환이 형성되면 그 선순환이 더욱 강화되며, 악순환에 빠지면 악순환이 깊어질 수 있다.

벤처캐피탈의 투자는 회수시장의 상황이 좋을 때 활성화된다. 투자란 결국 회수시장에서 수익을 내야 하기 때문이다. 예를 들어, 코스닥시장이 활발하다고 하면 투자금이 몰려들게 되며, 반대로 침체되면 거꾸로 투자금이 줄어들게 된다. 또 하나의 회수시장인 '기업매각 시장'이 활발해지면 투자자금이 더욱 몰려들게 된다. 즉, 회수시장이 좋아지면 투자금이 몰려들고, 그 투자금에 힘입어 스타트업 쪽도 활성화된다. 이런 것이 선순환이다.

이와 동일한 논리가 회수시장과 스타트업 사이에서도 발생한다. 회수시장 상황이 좋아지면 스타트업 창업은 활성화된다. 예를 들어, 코스닥시장이 성장하게 되면 투자 상황도 좋아지게 되고, 그에 따라 우수한 스타트업이 유인될 수 있다.

이렇듯이 스타트업 생태계를 구성하는 요소 중, 어느 하나가 활발해지면 다른 요인들도 활성화된다. 이처럼 각 분야가 서로 연결성이 강하고 상호의존도 강하다. 스타트업 생태계의 선순환을 이루는 국가가 성공하는 스타트업을 많이 키워내는 이유도 바로 이 때문이다.

02

기업가정신과 기업가

1 기업가

세익스피어의 희곡 <세일즈맨의 죽음>은 "모험이 없는 곳에는 이득도 없다!(Nothing venture, nothing have!)"라는 구절로 시작한다. 그 모험을 감당하면서 이득을 추구하는 사람이 바로 기업가이다. 기업가라는 단어의 어원인 '앙트러프러너(entrepreneur)'는 프랑스어로서 "상호간에 주고받는 자"라는 의미를 띠고 있다. 기업가에는 단순히 이득만이 유일한 목표가 아니고 함께 산다는 철학을 가진 존재라는 의미가 담겼음을 기억해야 한다.

기업가에 대한 학술적 논의는 깊고 크다. 대표 학자들이 슘페터, 나이트, 커즈너 등이다. 그들의 견해와 논의를 종합하면, 기업가(entrepreneur)란 기회를 인지하는 능력이 출중하고, 도전을 받아들이며, 자원을 조직화해서 기업을 창업하는 사람이다. 그들은 같은 정보를 통해서도 다른 사람이 보지 못하는 기회를 보며, 그것에 대해 신념을 갖고 추진하는 사람이다.

세계 금융의 중심지인 뉴욕(New York)의 월 스트리트(Wall Street)에서는 기업가를 "모든 것을 잃을 수 있는 불구덩이 속으로 뛰어들어 한몫을 잡는 동물적 금전 감각이 그들의 세포 속에 깊숙이 내장되어 있는 사람"이란 표현을 쓴다. 세계 자본의 중심지에서는 기업가를 뼛속 깊은 곳까지 돈을 벌고자 하는 본능과 욕망이 강하고, 그런 기회를 탐지하면 어떤 위험도 감수하려는 도전의식을 가진 사람으로 묘사하는 것이다. 돈 되는 기회를 냄새 맡는 본능적 감각을 강조하는 다분히 미국적 시각이 담긴 표현이다.

그런데 기업가라고 해서 무조건 논벌이 욕망으로만 가득한 사람은 아니다. 미국에서도 기업가들은 청교도 정신에 기초해서 사회적 사명감이 강한 인물로 간주했던 사실도 기억해야 한다. 대표적으로 자동차의 대중화를 성공시킨 기업가인 헨리 포드(Henry Ford)가 그렇다. 그는 상대적으로 돈에 대한 욕심이 적었다고 알려진다. 오직 그의 관심은 "자동차의 대중화"라는 사명감이었다. 당시 고가품이었던 자동차를 대량생산을 통해 대중들이 사

읽어보기 **컴퍼니(company)의 어원**

기업을 뜻하는 영어단어인 '컴퍼니(company)'는 라틴어인 '*companio*'에서 유래했다. 로마 시대에는 '함께 빵을 먹는 사람'이란 뜻이었고, 나중에 10여명 내외의 군대 조직을 뜻하는 용어로 사용되었다. 프랑스어로 전환되었다가 영어가 되는 과정에서 '함께 지켜야 할 가치'라는 뜻이 추가되었다.

용할 수 있도록 하는 것이 그의 사명감이었다. 물론 그는 이 사명감을 실현하면서 엄청난 돈을 벌게 된다.

기업가는 혁신가(革新家)이다. 이 세상에 없던 새로운 제품 혹은 서비스를 시장에서 내놓는 사람이다. 그 혁신을 세상에 내놓아 사람들에게 편익(benefit)을 더욱 향상시키고 살기 좋은 세상에 공헌한다. 우리가 스마트폰을 만든 스티브 잡스(Steve Jobs)를 위대한 기업가로 칭하는 이유는 그가 스마트폰을 통해 세상의 변화를 주도했기 때문이다. 아마존 창업자인 제프 베조스(Jeff Bezos) 혹은 테슬라 자동차 회사의 일론 머스크(Elon Musk)와 같은 기업가에 관심을 높이는 이유도 같다. 즉, 그들이 내놓은 혁신이 세상을 계속 바꾸고 있기 때문이다.

장사꾼이라는 표현이 있다. 이 표현은 계산에 빠른 사람이라는 일반적인 의미도 있지만, 지나치게 계산적인 그래서 사리 분별조차 없는 사람이라는 부정적 이미지로 사용된다. 자기 이득만 생각하는 사람이 바로 장사꾼이다. 공동체 혹은 사회가 멸망해도 자기만 있으면 된다고 생각하는 사람, 그 사람이 장사꾼이다. 기업가는 사회의 희망이지만, 장사꾼은 사회의 부담이다. 한 사회가 발전하려면 기업가는 증가해야 하지만, 장사꾼이 증가하는 것은 바람직하지 못하다.

중국 최고의 역사가로 불리는 사마천의 <사기(史記)>에서도 탐고(貪賈)와 염고(廉賈)를 구분한다. '탐고'는 매점매석(買占賣惜)을 일삼으며 시장질서를 교란하는 탐욕스러운 장사꾼을 말하고, '염고'는 공정한 상행위를

읽어보기 마크 저커버그(페이스북 창업자)의 기업관

"내가 늘 집중하는 두 가지 문제가 있다. 한 가지는 페이스북과 우리가 건설하는 것에 대한 명확한 방향을 잡는 것이고, 다른 한 가지는 이를 위해 가능한 한 최고의 팀을 구성하는 것이다. 하고자 하는 일에 대해 명확한 방향을 설정하는 것, 그리고 일을 수행할 수 있는 훌륭한 사람들을 확보하는 것, 이 두 가지를 해내면 하나의 기업으로 대단한 성과를 거둘 수 있다." - 〈저커버그처럼 생각하라〉, 136쪽.

통해 부를 축적하는 기업가로 구분한다. 기업가의 인생을 살고 싶은 사람들이 반드시 명심해야 할 구분이다.

한국의 정서에는 기업가에 대한 이중적 정서가 존재한다. 한편으론 경제성장의 주역으로 생각하지만, 다른 면으로는 돈만 아는 장사꾼으로 보는 정서가 있다. 오직 돈벌이에만 눈이 멀어서 종업원들의 몫을 착취하는 인물로 보는 관점도 있을 정도다. 이런 이중적 정서가 계속된다면 기업가를 존경할 청소년은 줄어들 수밖에 없다. 기업가 스스로 장사꾼과 같은 비윤리적 행위를 일삼으면 그런 정서를 벗어날 수 없다. 때문에 기업가 스스로 철저한 윤리의식을 갖고 사회적 사명감을 갖고 있는지 돌아봐야 한다.

2 기업가 유형

기업가 유형은 개개인별로 모두 다르다고 할 수 있을 만큼 다양하다. 여기서는 실리콘밸리의 기업가 유형 구분에서 시작한다. 실리콘밸리의 기업가는 다음과 같이 4가지 유형으로 구분한다. 그 4가지 유형은 ① 비전 창조자, ② 인수 기업가, ③ 변형 기업가, ④ 연쇄 기업가이다.

1) 비전 창조자

이 유형의 기업가는 돈과 명예보다는 회사와 그 비전이 인정받는 것을 성공으로 본다. 또 그 비전의 실현을 위해 장기간 회사와 운명을 같이 할 의지를 갖고 있다. 이들은 기업이란 종업원들에게 미래에 대한 비전과 소속감을 제공하는 공동체로 간주한다.

야후(Yahoo!)의 창업자인 제리 양(Jerry Yang)과 데이비드 필로(David Filo)가 이 유형에 속한다. 이들은 야후(Yahoo!)가 세상에 큰 공헌을 할 것이며, 이를 위해 회사의 성공을 극대화하는 것을 자신들의 사명으로 생각했다. 실리콘밸리 인텔(Intel)의 창업자 중 한 명인 로버트 노이스(Robert Noyce)도 이 유형에 속한다. 그는 항상 끊임없이 비전을 만들어나가는 사람으로 알려진다. 인텔이란 기업을 창업한 이유도 자신의 비전을 실현하는 방법으로 생각했던 사람이다.

이 유형의 기업가들은 신기술 분야 혹은 새로운 시장에 끊임없이 도전한다. 한 번의 성공에 만족하지 않는다. 새로운 비전을 발굴하고 그것에 따라 끊임없는 개발을 추진한다. 이들은 새로운 영역에 도전하는 데 편집광적인 집착을 보인다. 페이팔 창업 이후, 전기자동차 회사인 '테슬라'와 태양광 회사인 '쏠라 씨티' 그리고 화성 프로젝트인 '스페이스 엑스'를 창업한 일론 머스크(Elon Musk)도 이 유형의 인물이다.

선(SUN) 마이크로시스템즈의 창업자인 스콧 맥닐리(Scott McNealy)도 이 유형에 속한다. 그는 인터넷을 수용해 회사의 새로운 비전의 중심으로 삼고 구체적인 변형의 수단으로 자바 프로그래밍 언어를 활용했다. 또한 이러한 변형의 중요성을 전파하는 데 앞장섰다.

이 유형의 기업가는 자신이 회사 경영에 적합하지 않다고 판단되면, 기꺼이 전문경영인에게 경영권을 이양한다. 그들은 경영 대신 아이디어 전파와 기술혁신에 전념하여 회사의 성공, 나아가 사회발전에 대한 기여에 더욱 관심이 높다. 이들은 권위를 탈피하는 행동, 조직을 가족처럼 생각하는 인식, 격의 없는 근무환경 조성 등으로 유명하다.

2) 인수 기업가

실리콘밸리에 본부를 둔 시스코(Cisco)의 존 체임버스(John Chambers)가 이 유형의 대표적 예이다. 이들은 워낙 빠르게 변화하는 기술 환경을 스스로 개발을 통해서 극복하기 어렵다고 보고 다른 기업을 인수함으로써 그 기술발전 속도를 따라가는 기업가들이다. 네트워킹 산업에 있어 세계적 선도업체인 시스코는 이러한 인수 전략에 적극적으로 임하여 사업내용을 구축해왔다.

인수 기업가는 인수 작업에 따른 고도의 비전을 명료하게 할 수 있어야 하고, 인수 이후의 이질 집단의 관리에 능력을 갖추고 있으며, 효율적인 경영진을 유지하는 능력을 갖추어야 한다. 인수 이후(post-merger) 쌍방의 융합이 매우 중요하기 때문에 각 기업은 이에 대해서도 상당한 노력을 기울이는 편이다. 시스코의 경우 전체 R&D 예산의 약 13% 정도의 금액을 인수한 기업의 직원, 기술, 고객을 관리하는 데 지출한다고 알려진다.

시스코가 인수한 기업의 상당수는 실리콘밸리 내에 있었던 기업들이다. 즉, 전혀 모르던 기업을 인수하는 것이 아니고, 이미 사정을 잘 알고 있던 기업들을 인수한다. 예컨대 '세렌트'라는 기업의 합병의 경우 시스코는 인수 이전에 이미 그 회사지분의 9%를 보유하고 있었고 정확한 역량을 파악하고 있었기 때문에, 양 회사의 인수 협상은 3일 동안 총 30시간을 넘지 않았다고 전해진다.

3) 도전 기업가

이 유형은 끈질긴 노력과 뚝심을 자랑하는 기업가이다. 어떤 어려운 조건에도 굴복하지 않고 때를 기다리며 기회를 얻는다. 한국 산업화의 주역들인 정주영(현대 창업자)과 구인회(LG 창업자) 등 한국 기업가들이 이 유형에 속한다. 일제식민지와 한국전쟁을 거친 후 최빈국에 처했던 한국에서 오직 '계속 가난할 수는 없다'는 일종의 저항의식과 '할 수 있다'는 긍정적 신념 아래 열정을 갖고 도전하며 사업을 성공시키는 유형이다.

미국 아마존의 창업자인 제프 베조스(Jeff Bezos)도 도전 기업가에 속한다. 1994년, 한창 인터넷이 시작된다고 풍문이 무성할 시점, 그는 인터넷이 초래할 기회에 깊이 주목했다. 엄청난 기회가 될 것이라는 확신을 가진 그는 금융가 펀드 매니저로서의 성공적인 경력도 던져버렸다. 그 후, 온라인 책 판매업체인 '아마존닷컴(Amazon.com)'을 설립했다. 인터넷 버블에 대한 논쟁이 깊어지면서 수많은 닷컴 기업들이 무너질 때, 그는 고통스러운 시련을 모두 극복했다. 그 이후 도전을 꾸준히 성공시켜 온라인 책 판매를 넘어서 이-커머스(e-commerce) 왕좌로 올라섰으며, 4차 산업혁명의 총아로 꼽히는 빅데이터(big data) 및 클라우드(cloud) 사업을 주도하는 공룡 기업으로 성장했다. 기업가 제프 베조스의 모험을 넘어서는 도전은 지금도 진행 중이다.

4) 연쇄 창업자

이 유형은 한 기업을 창업해서 매각한 후 또 다른 회사를 연쇄적으로 창업하는 유형이다. 실리콘밸리에는 여러 스타트업을 창업했던 유명 인사들이 즐비하다. 특히 페이팔(PayPal) 출신의 사람들이 괜찮은 스타트업을 연쇄적으로 창업한 것은 유명하다. 유튜브(YouTube) 창업자 '스티브 첸', 링크드인(Linked-In) 창업자 '리드 호프만', 옐프(Yelp)의 창업자 '제러미 스토플먼', 실리콘밸리의 최고 벤처투자자 '피터 틸', 테슬라(Tesla) 자동차의 창업자 '일론 머스크' 등이 그들이다. 이들을 '페이팔 마피아(PayPal mafia)'라고 표현한다.

넷스케이프의 짐 클라크(Jim Clark)는 실리콘밸리에서 'SGI', '넷스케이프', '헬시온', '마이CFO' 등의 창업을 했으며, 이들을 통해서 이미 수십억 달러에 이르는 부를 얻었다. 그런데 그는 여전히 새로운 창업을 준비하는 것으로 알려져 있다. 이 유형의 기업가들은 새로운 창업을 즐기며, 또 자신이 창업한 회사의 경영권을 전문경영인에게 넘기는 것을 전혀 꺼리지 않는다.

3 기업가의 기질(氣質)

기업가로서 적합한 기질은 무엇인가? 대표적으로 불확실성에 대한 인내, 성취욕, 내적 통제 등이 지목된다. 개인적 자질로서, 위험 감수의 동기, 예견력과 자신감, 위험에 대한 책임감 기회 포착 능력, 조정능력과 노력, 정보보유 및 판단능력 등이 특별히 많이 언급된다. 어느 한 가지 기질로 기업가로 성공할 수도 있고, 여러 기질이 복합적으로 성공 덕목이 될 수도 있다. 이는 밀림의 생존법칙과 같다. 하나로 정해진 성공 덕목은 없다. 상황마다 차이가 있고 동일한 상황을 기대할 수 없다. 언제나 상황에 적합한 적응적 생각이 중요하다.

창업 초기 창업자는 자신 외에 믿은 존재가 없다. 자신의 능력으로 실패 위험을 극복해야 하므로, 강한 자기희생과 인내력 그리고 성취욕구 등이 필요하다. 산업화 시대에서부터 발견된 창업자 기질에는 헝그리 정신, 자수성가 성공 욕구, 검약 근면, 신용 중시의 가치관이 강조된 바 있다. 한편 이득에 대한 동물적 감각, 불확실성에 대처하는 강한 모험심 등이 있으며, 또한 의사결정에서 오는 각종 스트레스와 긴장에 대한 강한 저항력이 지목된다. 높은 위험추구성향, 선도성, 혁신성, 기회 포착 등을 지목하기도 한다.

기업가 기질에 대해 대표 학자들의 의견을 정리하면 〈표 2.1〉과 같다.

〈표 2.1〉 기업가(entrepreneur)에 대한 학자들의 견해

기업가의 기능	위험감수자			시장중개인	조정자	기술혁신가	의사결정자
	투기자	위험 판단자	소유자				
대표 학자	Cantillon	Knight	Hawley	Menger · Hayek · Kirzner · Drucker	Say · Leibenstein	Schumpeter	Casson
기업가의 자질	위험 감수	예견력과 자신감	위험에 대한 책임감	기회포착능력	조정능력, 노력	기존 것들의 조합	정보보유 및 판단능력
기업가의 행동유형	–	–	–	시장 신호에 단순히 반응	점진적 변화 추구	혁신적 아이디어의 창출	–
시장변화 속에서 기업가의 역할	–	기업가활동과 변화는 동반되는 현상	–	주어진 시장에서 기업가가 변화를 유발	기업가가 시장시스템을 창출	기업가는 시장여건을 파괴하고 창출하는 역할	기업가 활동과 변화는 동반되는 현상
생산 과정에서의 역할	–	–	다른 생산 요소를 통제함	커즈너는 생산요소로 보지 않음	다른 자원을 통제하는 생산요소	단순한 생산요소가 아닌 경제발전과 경기변동의 원동력	–
이윤의 본질	투기에 따른 위험에 대한 대가	측정불가능한 위험의 감수에 대한 대가	소유에 대한 대가로 동기부여 하는 힘	시장중개 역할에 대한 보수	생산의 조정기능에 대한 임금	기술혁신의 성과로서, 변화의 신호등	단기 : 우월한 정보의 보상 장기 : 결정에 소요된 시간과 노력에 대한 보상

4 기업가정신

기업가정신이란 과연 무엇인가. 그것은 마차(馬車)의 시대에서 자동차를, 디자기의 시대에시 김퓨터를, 진화기의 시대에서 휴대폰을 만들어낸 의시와 욕망을 말한다. 기업가정신이 없었다면 이런 수준의 큰 혁신이 발생하지 못했을 것이다. 작은 혁신이라면 더 싼 마차(馬車)를 공급하는 수준의 혁신을 말했을 것이라는 헨리 포드의 지적이 통렬하다.

기업가정신은 한 국가 경제를 성장시키는 촉발 기제로 이미 인정받고 있다. 같은 수준의 천연자원, 인력, 교육 등이 있더라도 국가마다 경제성장이 다른 이유로 '기업가정신'이 가장 먼저 꼽힌다. 미국 조지메이슨 대학의 졸탄 액스(Zoltan Acs) 교수는 기업가정신을 국가경제의 부(富)를 부풀리는 효모와 같다고 말한다. 마치 빵을 굽는 것과 같이, 빵이 부풀려지는 이유는 밀가루나 설탕이 아니라 '베이킹파우더'라는 효모 덕분이듯이, 기업가정신이 있어야 국가경제가 크게 성장한다고 보는 것이다. 즉, 국가경제의 효모가 바로 '기업가정신'이다.

기업가정신이라 하면 보통 도전, 혁신, 인내, 위험 감수, 배짱, 추진력 등이 많이 언급된다. 기업가로서 성공한 덕목을 모두 나열하게 되는 경우도 많다. 혹자는 기업가정신을 말하면 온갖 좋은 단어만 모두 나열하게 된다고 꼬집기도 한다. 그런데 기업가정신이란 기업가의 어떤 행동에도 면죄부를 주는 화장술의 표현은 아니다. 기업가에게 돈을 벌면 무조건 그것을 인정해주는 개념도 아니다.

본 저자들은 기업가정신을 ① 인간에 대한 애정, ② 세상을 바꾸려는 혁신 의지, ③ 부를 이루려는 열망, 이렇게 3가지 요소로 구성된 것으로 본다. 전자 2개의 요소는 '반드시 있어야 하는' 필수적인 것이며, 마지막 요소는 보조적으로 '있으면 바람직한' 것이다.

1) 기업가정신의 필수 덕목

기업가정신에는 꼭 필요한 두 가지 덕목이 있다. 이 두 덕목이 없는 기업가정신은 헛것이며 위선이다. 첫째는 인간에 대한 '애정'이며, 둘째는 세상을 바꾸려는 '혁신 의지'이다. 이 애정과 혁신 의지가 합쳐진 것이 기업가정신의 본질이다. 이 두 정신이 없으면 어떤 덕목도 기업가정신에 속하지 못한다.

혁신의 원조 경제학자인 슘페터(Joseph Schumpeter)가 강조했던 기업가정신도 이와 다르지 않다. 슘페터는 1850년대 영국 기술자이자 발명가인 헨리 베서머(Henry Bessemer)의 사례를 언급한다. 베서머는 연료 공급이 불필요한 제강법을 발명하여 값비싼 철강제품 시대를 종료시키고, 값싼 강철의 시대를 만들었다. 단순히 부자가 되고 싶다거나 돈벌이가 목적이 아닌 "무언가를 창조해내고 자신의 에너지와 재능을 발휘하면서 즐거움을 느끼며 어려움을 피하지 않고 변화를 모색하는 행동과 태도"가 베서머를 움직인 동력이다. 바로 그것이 기업가정신이다.

자동차 왕(王)인 헨리 포드(Ford)에게서도 그 점이 잘 드러난다. 헨리 포드는 자동차의 발명자는 아니다. 자동차가 대중에게 사용 가능한 물품이 되도록 대량생산을 숙명으로 생각한 인물이다. 그는 '디트로이트 자동차'라는 회사를 설립하면서, 그에게 가장 중요한 본질은 자동차 대량생산과 대중화였다. 그것을 통해 세상을 바꾸는 혁신이라는 사명감을 실천한 것이다.

읽어보기 **문샷씽킹**(moonshot thinking)

'달에 간다'와 같은 불가능해 보이는 목표를 우선 설정하고 그다음에 방법을 거꾸로 찾아나가는 생각 방식이다. 구글의 창업자인 래리 페이지(Larry Page)의 아이디어로 시작했다고 해서 '구글의 방식'이라고도 부른다.

2) 기업가정신의 보완 덕목

핵심 덕목을 보완하는 덕목으로 '부에 대한 열망(熱望)'이 있다. 가난을 극복하려는 의지, 인내와 도전 등이 모두 이 열망에서 나온다. 이 열망은 한 개인이 창업자로서 역경을 이겨내고 성공하는 밑천이 되지만, 이 열망이 모여 한 사회의 경제를 움직인다. <국부론>의 저자인 아담 스미스(Adam Smith)도 기업가의 욕망이 경제를 움직인다고 지적한 바 있다. "우리가 일용할 빵을 구할 수 있는 것은 빵 가게 주인의 친절 때문이 아니라, 그가 돈을 벌 필요가 있기 때문이다. 빵을 먹으려는 우리의 욕구는 다른 사람의 욕심 덕분에 충족되는 것이다."

현대그룹의 창업자인 정주영 회장은 밑바닥 정서에 강하다. "임자, 해보기는 했어", 이것이 그의 지론이다. 그는 실제로 해보지도 않고 포기하는 것을 경계한 것이다. 가난을 더 참을 수 없다는 열망으로 그는 언제나 도전했고, 기다렸고, 뚝심을 발휘했다. 그 열망을 토대로 많은 사람들이 무모하다고 본 자동차, 조선 등의 중공업을 성공시켰고, 나아가 한국경제를 일으켰다.

삼성그룹의 창업자인 이병철 회장도 열망이 강했다. 그는 무엇이든지 값어치 있는 것을 누구보다 먼저 앞서서 만들어내고자 하는 본능과 이에 관한 욕망을 특별히 강조했다. 그러면서 그것을 '창조적 충동'이라고 칭했다. 그는 금전욕보다 이 창조적 충동이 강해야 사업에서 성공할 수 있다고 권장했다. 그는 사업 성공의 덕목으로 운(運), 둔(鈍), 근(根)을 지목했다는 점도 특이하다.

한 기업가의 가슴이 열망으로 가득 차고 또 그 방향이 옳다면, 하늘도 감동시키고 다른 사람들을 감동시킨다. 열망으로 똘똘 뭉친 사람은 다른 사람에게도 호감을 얻는다. 영화 <라라랜드>에서 주인공의 한 대사가 이를 명확하게 표현한다. "사람들은 다른 사람들의 열정에 끌리게 되어 있어. 자신들이 잊은 걸 상기시켜 주니까."

읽어보기 백범 김구의 직업관

"돈에 맞춰 일하면 직업이고, 돈을 넘어 일하면 소명이다. 직업으로 일하면 월급을 받고, 소명으로 일하면 선물을 받는다."

3) 4차 산업혁명에 필요한 기업가정신

4차 산업혁명이라는 용어가 널리 쓰이고 있다. 인공지능(AI), 빅데이터, 자율자동차, 사물인터넷 등과 같은 새로운 기술이 등장하고 발전하는 시대를 지목하는 표현이다. 컴퓨터의 지능이 날로 발전해서 인간의 지혜를 넘어설 것으로 예견하는 미래학자들도 늘어나는 실정이다. 기계의 지능이 인간의 것을 넘어서는 분기점을 미래학자인 래리 커즈와일은 '특이점(singularity)'이라고 칭했는데 그것에 대해 이제 익숙해지는 분위기다.

4차 산업혁명은 '초연결'과 '초지능화'를 키워드로 성립한다. 즉, 이전에 없던 연결의 양과 폭을 갖게 되고, 그 연결을 통해 기계, 사물, 인간의 지능이 극도로 발달해서 초지능화하는 혁명적 상황이 만들어진다고 예견된다.

이런 4차 산업혁명 시기에 필요한 기업가정신은 과연 무엇인가? 두 가지 요인이 핵심이다. 하나는 '기회 발굴'이며, 다른 하나는 '가치 창조'이다.

첫째, '기회 발굴'이란 주어진 기회가 아니라 자신이 스스로 새로운 기회를 찾아내야 한다는 뜻이다. 문제는 출제되어 있고 그것에 답을 구하는 상황이 아니다. 문제에서부터 스스로 출제하는 능력, 즉 호기심과 상상을 통해 가장 긴요하고 의미가 있는 문제를 찾아내는 것이 중요해졌다는 뜻이다. 둘째, '가치 창조'란 기회를 찾았다 하더라도 가치를 만들어내야 한다는 것이다. 공유경제의 원조이자 차량공유 스타트업인 '우버(Uber)'의 경우, 기존에 없던 가치를 발견해서 그것을 사업 모델로 설정했듯이 새로운 가치를 창조하는 것이 중요하게 된 것이다.

이 두 속성은 산업화 시대의 도전, 인내, 배짱, 추진력 등의 기업가정신

읽어보기 특이점(singularity)

최초의 컴퓨터 설계자인 '폰 노이만'이 만들고, 미래학자인 '레이 커즈와일'과 공상과학소설가인 '버너 빈지'가 대중화시킨 용어이다. 기계의 지능이 인간의 지혜를 넘어서는 점을 특이점이라고 표현한다. 인공지능 및 컴퓨터가 인간보다 똑똑해지는 순간이기에 일자리 문제 등 다양한 이슈를 생각하게 한다.

덕목과는 다소 거리가 있다. 4차 산업혁명이 초래하는 새로운 경제환경에서 요청되는 새로운 차원의 기업가정신인 것이다.

4) 실패의 용인, 기업가정신의 한 덕목

기업가는 혁신을 먹고 산다. 그런데 혁신은 많은 실패를 딛고 일어서는 것이다. 실패의 미학이 있다. 창업자는 실패를 감내해야 한다. 모든 성공한 창업자도 하루아침에 완성되지 않는다. 실패를 딛고 일어서며 우수한 기업가가 된다.

아이폰으로 성공하기 전, 애플 기업은 모토로라와 공동으로 만든 '락커(Rokr)' 휴대폰 모델로 참담한 실패를 경험했다. 이것이 아이폰이라는 히트 상품을 만들게 된 밑바탕이 되었다.

페이팔(PayPal) 설립자였던 맥스 레브친(Max Levchin)과 피터 틸(Peter Thiel)이 만든 첫 제품은 팜 파일럿(Palm Pilot)에 정보를 안전하게 저장하는 부안 소프트웨어였다. 이 제품은 실패했다. 그런데 이 실패 과정에서 인터넷에 돈을 안전하게 저장하고 사용하는 아이디어를 얻게 되어 페이팔을 창업하게 된다.

트위터(Twitter)의 아이디어도 우연히 탄생한 것이다. 벤처기업 오데오(Odeo)의 팟캐스팅 서비스가 인기를 얻지 못하자 새로운 기능을 개발하고자 했다. 이 과정에서 우연하게 트위터 아이디어가 탄생하게 되었다.

그루폰(Groupon) 설립자 앤드류 메이슨(Andrew Mason)는 본래 '더 포인트(The Point)'라는 플랫폼 사이트를 창업했었는데, 이는 집단지성으로 문제를 해결하는 비즈니스였다. 이 사업은 실패했다. 2008년 그룹 쿠폰에서 따온 '그루폰'이라는 이름으로 할인 쿠폰을 제공하는 웹사이트를 창설했는데, 이것이 '더 포인트' 사업이 실패하는 과정에서 얻는 아이디어였다. 그루폰은 전 세계 375개 도시에서 사업을 전개하며 소셜 커머스라는 새로운 사업의 개척자로 인정받고 있다.

세상을 바꾼 발명품도 실패를 용납받는 문화에서 세상에 나오게 되었다. 큰 발명도 한순간에 완성되는 것도 아니고 우연과 여러 사람의 도움으로 탄생하게 된다.

'포스트잇'의 발명은 1968년 3M 기업의 중앙연구소에서 우연히 발명되었다. 연구원이던 스펜서 실버가 새로운 접착제 연구를 진행하다가 우연히 붙었다 떨어졌다 하는 결과물이 나온 것이다. 한동안 묻혀 있다가 교회 성가대에서 붙었다 떨어졌다 하는 메모지를 절실하게 필요로 해서 1981년 현재의 '포스트잇'으로 상품화되었다.

자판기 종이컵의 발명도 여러 아이디어가 종합된 결과다. 1907년 하버드대학생이던 '휴그 무어'가 자판기 사업을 하던 친구를 도울 방법을 찾고 있었다. 당시에는 컵이 유리나 자기여서 자꾸 깨지는 문제가 발생했다. 휴그 무어는 종이를 떠올렸다. 하지만 종이는 물에 젖는 문제가 있었기에 왁스나 플라스틱으로 코팅하고 그것이 '태블릿 종이'로 탄생했던 것이다.

'지퍼'의 발명자는 '지트슨'이다. 그는 지퍼 기계를 만드는 데 무려 19년이 걸렸다. 오랜 연구기간 후에 발명이 나왔음에도 불구하고 사용처를 제대로 찾지 못하고 있었는데, 한 양복점 주인이 이 기계를 보고 지갑 주머니에 지퍼를 달아보자는 제안을 하게 된다. 이 시도가 성공하면서 지퍼가 대중화하게 된다. 이처럼 실패를 실패로 받아들이지 않고 새로운 기회로 받아들이며 그 실패를 용납하는 정서와 문화는 큰 혁신을 낳는다.

읽어보기 **통한의 오판 스토리**

(1) 영국 4인조 밴드 비틀즈를 못 알아본 오판

1962년 비틀즈에게 "기타 치는 그룹은 한물갔어"라고 말한 A&R의 딕 로웨.

(2) 전화기의 발명을 못 알아본 오판

1876년 '상업성이 없는 장난감'이라고 알렉산더 벨이 가져온 전화기를 거부한 웨스트 유니언 텔레그래프의 윌리엄 오튼 사장.

'전화기'라고 하는 물건은 커뮤니케이션의 수단으로 진지하게 검토하기에는 너무 많은 결점을 드러낸다. 우리가 보기에 이 기기는 아무런 가치도 없다. —웨스턴 유니온(Western Union) 내부문건, 1876년.

(3) 터치스크린을 거절한 빌 게이츠의 오판

1998년 빌 게이츠에게 터치스크린 기술을 적용한 모델을 프로그래머 배니티 페어는 보여주었다. 빌 게이츠는 'No'라고 말했다. 사용자 인터페이스가 '윈도'처럼 보이지 않는다는 이유에서였다. 키보드가 아니라 터치스크린이라는 점도 게이츠의 마음에 들지 않았다. 빌 게이츠는 모든 것이 키보드로 쓰는 'MS 오피스'에서 사용될 수 있기를 바랐다. (아마존 킨들은 2011년 4분기에만 전 세계에서 550만 대나 팔렸다.)

(4) 페덱스(Fedex)와 멤피스 대학 교수의 C학점

"개념이 흥미롭고 잘 다듬어졌지만 C학점 이상을 받으려면 아이디어가 실현 가능해야 한다." —테네시의 멤피스 대학 교수의 프레드 스미스의 과제물에 대한 의견. 프레드 스미스(Fred Smith)는 이 아이디어를 갖고 고향에 가서 페덱스(Fedex)를 설립했다.

(5) 텔레비전에 대한 오판

텔레비전은 이론적 및 기술적으로는 가능할지도 모르지만 상업적 금전적으로 따지면 불가능한 것이다. —리 드포레스트(Lee DeForest), 투자자.

(6) 라디오에 대한 오판

라디오는 미래가 전혀 없다. 공기보다 중량이 큰 물체가 하늘을 난다는 것은 불가능하다. 엑스레이는 장난질이라는 사실이 밝혀질 것이다. —윌리엄 톰슨(William Thomson), 로드 켈빈(Lord Kelvin) 영국 과학자, 1896년.

5 기업가는 타고날까요, 훈련하면 될까요?

우리나라에선 한때 '기업가 씨앗설'이란 말이 있었다. 기업가는 아무나 될 수 없고 타고나야 한다는 말이다. '큰 부자는 하늘이 낸다'는 말도 같은 맥락의 표현이다. 인간의 노력으로 될 수 없다는 메시지를 담고 있다.

그런데 기업가는 훈련으로 만들어진다는 발견이 더 많다. 미국 스탠퍼드 대학과 MIT에서 많은 창업자를 배출하고 있는데, 그들은 기업가를 체계적인 훈련을 통해 만들어진 인물이라고 본다. 그들은 이미 배출한 많은 창업자가 특별한 사람이 아니었다는 경험적 확신이 있기에 훈련의 가치를 강력하게 믿고 있다.

그런데 훈련으로 기업가가 100% 만들어지는 것만은 아니다. 실상은 타고난 것과 훈련된 분량이 모두 작동하는 방정식의 결과다. 다만, 훈련된 분량이 많을 뿐이다. 자메이카의 100미터 스프린터, 3연속 올림픽 금메달리스트인 우사인 볼트의 사례에서 잘 드러난다. 자메이카는 인구 500만에 불과한 카리비안 해의 작은 섬나라이지만, 100미터 10초 이내의 스프린터가 9명이나 된다고 한다. 그 이유를 찾은 스포츠과학자들의 결론은 유전자의 영향과 철저하게 훈련된 분량의 혼합된 산물인 것은 맞지만, 훈련의 분량이 훨씬 더 크다는 결론을 내고 있다. 100미터 스프린터의 결과를 기업가에 그대로 적용해보면, 타고난 기질도 중요하지만, 그것보다는 체계적인 기업가 양성 훈련을 받으면 우수한 기업가가 탄생한다는 결론이다.

미국 창업교육기관은 훈련에 의한 분량이 더욱 많다는 점을 강조하면서 신념으로 삼았다. 이것이 좋은 교육을 받으면 우수한 기업가가 나온다는 신념으로 발전한 것이다. 이것이 스탠퍼드, MIT 등이 창업교육을 정교하게 다듬는 경쟁을 지속하는 이유이기도 하다. 또한 '린 스타트업(lean startup)'과 같이 다양한 창업 전략 및 창업교육 프로그램의 정교화가 등장하는 배경이기도 하다. MIT대학의 '빌 올렛' 기업가센터장은 심지어 "훈련된 기업가(disciplined entrepreneur)" 개념을 확신하는 듯하다.

읽어보기 **린 스타트업(Lean Startup)**

최소기능제품(minimum viable product : MVP)

고객의 피드백을 받아 최소한의 기능을 구현한 제품을 뜻한다. 이 개념을 통해 스타트업은 최소의 에너지로 시제품을 빨리 만들어 신속하게 테스트를 한 뒤 시장 반응을 살펴가면서 제품을 개선하는 전략을 추진할 수 있다.

달리 표현하자면, 기업가는 정보와 기회의 산물이지 개인적 특성의 산물만은 아니다. 특히 첨단기술 분야는 더욱 그러하다. 기술적 기회와 그 기회를 상업적으로 이용할 수 있는 지혜가 모여서 기업가가 탄생한다. 씨티코프의 최고경영자 '존 리드'는 기업가가 될 수 있는 사람을 개인적인 특성으로 말할 수 없다고 말한다.

"내가 직업상 미국 내 50대 기업을 운영하는 사람들과 알고 지냅니다. 그런데 재미있는 점은 사업가들에게 스타일, 인간관계, 성격 등등에서 아무런 공통점이 없다는 것입니다. 그들에게 사업 외에 다른 일에서는 공통점을 찾을 수 없습니다. 술을 많이 마시는 사람, 여자 꽁무니를 따라다니는 사람이 있는가 하면 그런 일들과 담을 쌓은 보수적인 사람들도 있죠. 매우 진지하고 일중독에 빠진 사람도 있고, 별의별 사람들이 다 있습니다. 분명한 유형은 없고 서로 아주 다른 성격을 갖고 있지요. 또 반드시 부지런한 사람들도 아닙니다."

6 기업가 사례

기업가는 밀림에서 치열한 경쟁을 치르며 경험을 쌓는 자이다. 밀림에서 살아남는 자 모두에 적용되는 공통적인 법칙은 없다. 저마다 상황에 따라 생존법칙이 다르다. 밀림에서의 생존과 종족번식은 정해진 법칙에 따라 결정되는 것이 아니듯이, 기업가의 성공 법칙에 대해 보편적인 원리란 없다. 개별 기업가의 성공 비결은 각각 저마다 의미가 다르다. 그것이 기업가의 성공 법칙을 보편적인 이론으로 설명하지 못하는 이유이다. 성공하는 기업가와 스타트업에 대한 사례를 다양하게 접해야 하는 이유이기도 하다.

1) 사회적 가치를 알려준 기업가 : 브레이크 마이코스키

탐스 슈즈(Tom's Shoes) 창업자, '브레이크 마이코스키(Blake Mycoskie)'는 2006년 인턴 직원 3명과 함께 창업했다. 한 켤레의 신발을 사면 한 켤레를 기부한다는 혁신적인 비즈니스 모델이 통해서 10년 만에 전 세계 매장 1,000개, 70여 개국에 5천만 켤레 이상을 맨발에 신겼다. 엄청나게 빠른 속도로 성장했을 뿐만 아니라, 신발 할 켤레를 기부한다는 새로운 발상에 대해 대중이 호응했다는 새로운 사업의 길을 열었다.

블레이크 마이코스키가 사업 아이디어를 얻은 것은 인생 공부를 위해 떠났던 29세 때의 아르헨티나 기행에서였다. 그때 마이코스키는 두 가지를 새롭게 보게 된다. 하나는 맨발로 돌아다니는 아이들이 많다는 것이었고, 둘째는 '알파르가타'라는 아르헨티나의 전통 재질이 너무도 특이하다는 것이었다. 그에게 생각이 떠올랐다. 신발 한 켤레 팔 때 가난한 아이에게 신발 한 켤레 기부! 신발도 신지 못하는 저개발국 어린이를 위해 한 켤레 기부를 넣은 발상을 하게 된 것이다. 그것이 탐스 슈즈인데, 아르헨티나 '아파르가타'라는 전통 재질로 만든 캔버스 천으로 발을 감싼 간결한 신발을 만들어서 판매했다.

이 사업의 성공은 어려운 자를 돕는다는 사회적 가치가 기업세계로 들어는 본격적인 계기가 되었다. 기업에게 사회적 가치를 알게 했다는 점, 또 그것이 비즈니스에 도움이 되어 이득을 확대할 수 있다는 점은 탐스 슈즈의 창업자인 마이코스키가 이 세상에 알려준 새로운 진실이다. 탐스 슈즈 이후 안경 등 다양한 물품에서 "1 for 1" 모델이 적용되고 있으며, 사회적 기업, 소셜벤처라는 이름으로 사회적 목적을 실현하려는 창업자들이 늘고 있다. 이 기업들은 재무적 가치를 무시하지는 않지만 사회적 가치를 중요하게 본다. 또한 사회적 약자에게 단순히 도움을 주는 선을 넘어서 그들이 자생력을 갖게 하는 방법을 고안하게도 만든다.

2) 장인정신이 충만한 기업가 : 구찌오 구찌

1897년 갓 16세에 들어선 한 이탈리아 청년이 런던 사보이호텔에 짐꾼으로 취직했다. 이 청년의 이름은 구찌오 구찌(Guccio Gucci)이다. 사보이호텔은 유력 재력가들의 사교모임이 자주 열리던 호텔이다. 이 소년은 마구 업자 아버지 밑에서 자랐다. 짐을 들어다 주며 손님들의 최고급 가죽가방을 눈여겨 관찰했는데 가방들의 디자인과 박음질 등을 꼼꼼히 보았다.

이탈리아로 돌아온 이 청년은 공방에 들어가 20년간 가죽 기술을 익혔다. 1921년 고향인 피렌체에 자기 이름을 딴 가게를 열었다. 그는 질 좋은 가죽을 얻기 위해 피렌체뿐만 아니라, 독일, 영국을 돌았다. 그리고 고급스러운 디자인 가죽제품을 만들기 시작했다. 그는 품질에 대해서만은 어떤 일이 있어도 물러서지 않았다. 원재료에서부터 공방기술까지 어디에서도 오류를 인정하지 않는 장인정신을 유지했다.

구찌의 성장 과정은 품질을 놓치지 않으려는 창업주 구찌오 구찌의 헌신과 노력의 과정이다. 수익을 일시적으로 놓치더라도 명품으로서 구찌의 품질을 양보하지 않는 집념이 구찌 브랜드에 대한 충성도를 높였고 오늘의 브랜드 가치를 얻게 했다.

구찌는 2012년에 이미 전 세계 376개 매장에서 정규직원 8,300여 명을 포함해 5만여 명을 고용하고 있는 '명품 제국'으로 올라섰다. 세계 100대 브랜드 순위를 보면, 구찌는 39위, 아르마니 93위, 페라리 99위로서 구찌가 이탈리아의 넘버1 브랜드이다. 구찌의 브랜드 가치는 87억 6,300만 달러(약 9조 8,500억 원)로 세계 명품 브랜드 중 루이비통에 이어 두 번째 순위를 차지한다.

3) 가치 창조형 기업가 : 브라이언 체스키

과거에 보지 못했던 기회를 발굴해서 새로운 가치를 창출하는 기업가가 있다. 기존 관행을 깨는 혁신이 이들에 의해 등장한다. 예를 들면, 숙박 공유 서비스를 만든 '에어비앤비(Airbnb)' 창업자인 브라이언 체스키(Brian Chesky)가 바로 그런 기업가이다. 그의 창업 이전에는 숙박 공간을 공유한다는 발상을 사업으로 성공시켰던 적은 없었다. 그런데 2008년 27세의 미국 청년인 브라이언 체스키의 착상에서 시작해서 엄청난 비즈니스로 발전한다. 당시 브라이언 체스키는 생계를 위해 방 한 칸을 빌려주는 사업 아이디어를 떠올렸는데, 친구들이 '말도 안 되는 아이디어'라고 했던 것이 대박 사업이 됐다. 숙박 건물 하나 없는 '에어비앤비'가 기업가치 30조 이상의 기업으로 발전한 것이다.

이전에 없던 기회를 발굴하고 거기에 가치를 창조하는 것은 4차 산업혁명 시대에 적합성이 높은 덕목이다. 기존 관행을 역발상으로 바라보고, 새로운 관점에서 기존 현상에 접근하며, 그러면서 새로운 기회를 포착하는 것이다. 단지 새로운 기회를 발굴한 것으로 완성된 것이 아니다. 그 발굴된 기회에 '가치(value)'를 넣을 수 있어야 한다. 이를 가치 창조라고 부른다. '우버(Uber)'와 '에어비앤비(Airbnb)'가 만들어 낸 가치를 보면 이를 잘 알 수 있다.

4) 미래 창조형 기업가 : 제프 베조스 및 일론 머스크

뉴욕의 헤지펀드 매니저였던 제프 베조스(Jeff Bezos)는 인터넷의 가능성을 포착하고 1994년 6월 무작정 서부로 이동을 시작한다. 여러 아이템을 생각했으며, 결국 '책 판매'라는 아이템을 찾아내고, 입지 지역을 고심하던 중 워싱턴 주(州) 시애틀에 정착하였다. 이것이 오늘날의 인터넷 서적 업체의 대명사인 "아마존닷컴(amazon.com)"의 창업 스토리이다.

일론 머스크(Elon Musk)라는 기업가도 미래형 창업자이다. 그는 전기자동차 기업, '테슬라'를 창업해서 새로운 자동차의 시대를 열었을 뿐만 아니라, 화성을 개척하겠다는 꿈을 실현하려는 목적으로 '스페이스 엑스(Space X)를 설립했고, 태양광 사업체로서 '쏠라 씨티(Solar City)'를 창업했다. 모두가 인간이 상상하는 새로운 세상을 개척하기 위한 창업이다. 미래에 도전하는, 꿈을 실현시키려는, 인류에게 더 나은 세상을 선물하고자 하는 열망과 혁신 의식을 알려주는 기업가이다.

5) 뚝심과 도전의 기업가 : 정주영

현대그룹의 창업자인 정주영의 가장 주목할 기질은 도전과 뚝심이다. 그의 정서 한복판에는 가난한 국가에서 더 이상 후손에게 가난을 물려주고 싶지 않다는 생각이 자리 잡고 있었다. 그런데 그것을 실천하는 방법은 항상 도전, 또 도전이었다. 그것도 새로운 발상을 통한 도전이었고, 남들이 무모

하다 할 정도의 도전이었지만 뚝심으로 버텨내서 성공시킨 사례가 많다.

포기하지 않는 아산 정주영의 뚝심은 어디서 왔을까? 그것은 낙관주의, 주도성, 불굴의 의지, 책임감과 같은 정서의 복합적인 산물로 생각된다. 조선업을 시작할 때도 조선소에 대한 부정적인 보고서가 줄지어 올라왔다. 그런데 정주영은 박정희가 생각했던 '포철의 쇠를 소화할 산업이 필요하다'는 발상에 동의했다. 조선업이 한국의 공업화에 기여할 것이라는 꿈도 작용했다. 그런데 조선업은 단순히 돈을 버는 비즈니스의 결정만이 아니다. 이것은 돈이 아닌 목숨을 건 도박이었다. 그런데 그는 도전했고 성공했다.

해운업을 시작했던 것도 당시로선 엄청난 도박이었다. 그는 재고가 된 유조선을 이용해 해운업(현대상선)에 진출해서 한반도를 해운 강국 반열에 오르게 했다. 시멘트 사업에서 혹독한 시련을 겪을 때도 뚝심으로 이겨냈다. 서해안 천수만에서 바다를 막은 작업도 그렇다. 이는 정부가 10년 동안 진행하지 못한 작업이었는데, 정주영은 기상천외한 방법으로 바다를 막아 토지를 마련했다. 그 방법은 '폐유조선 빠뜨리기'라는 아무도 생각하지 않던 방법이었다.

정주영은 기회의 포착만으로 만족하지 않는 끈기가 특징이다. "임자, 해보기는 했어."에서 "거봐 내가 뭐랬어." 이렇게 결과가 나왔다. 그만이 가진 특유의 끈기에서 나온 성과이다.

6) 차분한 인내심의 기업가 : 구인회

LG그룹의 창업자인 구인회는 해방 후와 한국전쟁이라는 엄청난 혼란의 소용돌이 속에서 차분하게 기다리면 승부했던 기업가이다. 요란하게 소리나진 않지만 큰 승부수를 던졌고 그것을 차분하게 인내하여 기회를 기다렸다. 여기에는 미래를 내다보는 혜안이 작용했다. 그가 미래를 내다보고 승부하는 천재적 기질을 가진 것이다.

구인회는 1946년에 전 재산을 털어 흥아화학이란 사업을 시작하는데, 이때 토지를 판 전 재산을 상업자본으로 전환하기란 쉽지 않았다. 실제로 구인회는 1950년 2월 이승만 농지개혁조치 이전에 전 재산 토지를 털어 상업자본으로 전환한 유일한 인물이다. 흥아화학의 기술자 김준환(金俊煥)이 구인회의 동생 구정회와 친해지면서 '위대한 만남'이 시작되었다. 김준환의 기술과 구인회의 자본 및 기업가정신이 합쳐져 사업이 성립되었다.

그들은 전쟁 중 "깨지지 않는 플라스틱 뚜껑" 개발에 돌입했다. 이것도 쉽지 않은 도전이었다. 그는 "사업은 눈앞의 이익이 아닌 미래를 내다보고 해야 한다"는 주장을 펼치며 사업에 집중했다. 당시로서는 엄청난 혜안과 통찰을 가진 사람인 것이 분명했다.

그 개발이 성과를 얻어 1952년에 플라스틱 빗을 출시할 수 있었다. 당시는 전쟁 중이었지만, 생필품이었던 덕분에 매출이 상당히 발생했다고 알려진다. 1953년 11월, 전쟁이 종료한 후 "락희화학㈜"을 창업하며 이때부터 화장품에서 플라스틱으로 사업 중심을 이동한다. 그리고 치약을 생산했다. 미국의 콜게이트 제품과 경쟁하는 국내 최초의 치약 제품이었다. 콜게이트의 브랜드 명성 탓에 락희의 치약사업은 매우 어려웠으나 이에 좌절하지 않고 꾸준한 노력을 기울였다. 1957년 락희화학은 '반도상사'로 개명, 이를 통해 무역상사에서 국내 최대 화학업체로 부상하게 된다. 락희의 치약은 급기야 미국 콜게이트를 제치는 성과를 얻는다.

"처음에는 무시당하더라도 참고 버티면 기회는 온다." 그가 얻은 럭키 치약에서의 교훈이다. 구인회는 곧이어 라디오(트랜지스터) 사업에 도전한다. 1958년 10월 금성사 설립이 바로 그 시작이다. 이 사업은 앞의 치약과 마찬가지로 초기에는 시장의 무관심이 높았다. 그런데 엄청난 대전환이 일어났다. 1961년 정권을 잡은 박정희 정부의 '농촌 라디오 보내기 운동'이 펼쳐지며, 금성사 라디오 사업은 급속하게 번창하게 된다.

03

사업기회 포착

1 아이디어와 사업기회

1) 아이디어와 사업기회

예비창업가들은 흔히 사업을 반짝이는 아이디어를 바탕으로 참신한 제품을 만드는 것으로 잘못 이해하곤 한다. 비즈니스 모델의 개발은 우연히 떠오른 아이디어만으로 만들어지는 것도 아니고, 기발한 아이디어가 반드시 성공적인 비즈니스 모델이 되는 것도 아니다. 비즈니스 모델은 사업기회(business opportunity)의 발견에서 출발하며, 일반적으로 통용되는 아이디어와 사업기회는 엄밀하게 구분되어야 하는 개념이다.

일반적으로 아이디어는 여러 가지 상황 아래서 (우연히, 혹은 의도적인 아이디어 도출 프로세스) 머릿속에 떠오른 것이다. 이렇게 떠오른 아이디어는 보통 사업성에 대한 면밀한 판단이 고려되어 있지 않고, 어떻게 제품이나 서비스로 구현될지에 대한 구체적 구상도 이루어져 있지 않다. 반면

[그림 3.1] 매력적인 사업기회의 요건

사업기회는 [그림 3.1]에서 제시된 바와 같이 뚜렷한 대상, 매력적인 가치 창출, 시의성, 지속성과 성장가능성, 구현가능성, 시장공백 및 경쟁우위 등 다양한 요건을 갖추어야 한다는 점에서 아이디어와는 구분된다.

따라서 창업의 과정에서 기회 포착 단계는 단순히 새로운 아이디어를 개발하는 것이 목적이 아니라, 아이디어가 사업화되기 위한 조건을 따져보고 그 타당성을 구체화하는 과정이라고 할 수 있다. 즉, 기회 포착의 단계는 아이디어를 도출하는 창의적 과정과 타당성을 분석하고 실험하는 과학적·논리적 과정이 결합된 단계이다.

2) 발명과 사업기회

기회 포착의 단계에서 저지르는 또 다른 대표적 오류는 발명(혹은 기술)과 비즈니스 모델을 혼동하는 것이다. 예비창업자들은 경험을 통해 어떤 문제를 발견하고 그 문제를 해결할 솔루션을 만드는 것이 창업의 모든 것인 것처럼 생각하는 경우가 많다. 제품 중심, 혹은 기술 중심의 시각을 경고하는 유명한 격언으로 '위대한 쥐덫의 오류(Great Mousetrap Fallacy)'가 있다. 쥐를 잘 잡는 쥐덫을 만들면 모든 사람들이 내가 만든 쥐덫을 사러 몰려올 것이라는 안이한 태도를 경계하는 격언이다. 이러한 잘못된 사고는 흔히 기술창업의 과정에서 나타나지만, 때로 기술과 무관한 비즈니스 모델의 개발에서도 발견된다.

사업은 제품을 개발하는 과정이라기보다는 고객을 획득하는 과정에 더 가깝다. 사업의 성공을 판단하는 유일한 기준은 바로 지갑을 여는 고객(paying customers)을 확보할 수 있는지의 여부이며, 기술과 제품은 그 목적을 달성하는 데 필요한 여러 가지 요구조건 중 하나에 불과하다. 발명이나 아이디어는 지갑을 여는 고객을 확보하는 과정의 출발점일 뿐인 것이다. 기술(제품) 중심의 시각은 자칫 자신의 기술과 특허를 맹신하여, 주변의 조언을 간과하거나 경쟁자를 무시하는 등 시장에서 발견되는 신호들을 놓칠 수 있다. 심지어 무리한 투자를 서슴없이 시도하거나 실패의 이유를 시장에 돌리는 경우도 있다. 기회 포착은 시장의 변화를 관찰하는 데서 이루어져야 하며 철저하게 고객중심의 사고에 기반을 둔 과정이어야 한다.

2 기회 포착의 과정

사업기회는 외부환경의 변화하는 과정과 그 속에서 사업기회의 틈을 포착하는 창업자의 내적역량이 결합하는 과정에서 탄생한다. [그림 3.2]에서 보는 바와 같이 기회 포착 역량을 가진 창업자는 환경의 변화 속에서 가용한 것과 가능한 것의 격차를 인지하고 이것을 기회로 삼아 새로운 사업기회를 제시한다. 새롭게 등장한 문제, 시장의 욕구변화, 신기술의 새로운 가능성 등은 모두 새로운 사업기회를 잉태할 수 있는 틈새를 만들어낸다.

시장 환경의 변화를 분석하는 도구로 흔히 PEST(Political, Economical, Social and Technological Analysis) 분석이 사용된다. 이는 환경의 변화를 크게 정치·제도적, 경제적, 사회적, 기술적 환경으로 구분하여 탐색하는 과정이다. 그러나 이렇게 잉태되는 사업기회가 모든 사람의 시야에 포착되는 것은 아니다. 사람에 따라 기회를 포착할 수 있는 능력이 차이가 있기 때문이다. 즉, 새로운 사업기회는 환경의 변화에 대한 관찰과 이를 인지할 수 있는 창업가의 역량 및 노력의 과정에서 발견된다.

1) 변화의 관찰 – PEST 분석

사업기회의 포착은 환경의 변화를 지속적으로 관찰하고 변화의 동력과 향후의 전개방향에 대한 깊은 사고를 요구한다. 구체적으로 사업기회 발견을 위해서는 환경의 변화가 어떠한 형태로 나타나는지 살펴볼 필요가 있다.

[그림 3.2] 기회 포착의 과정

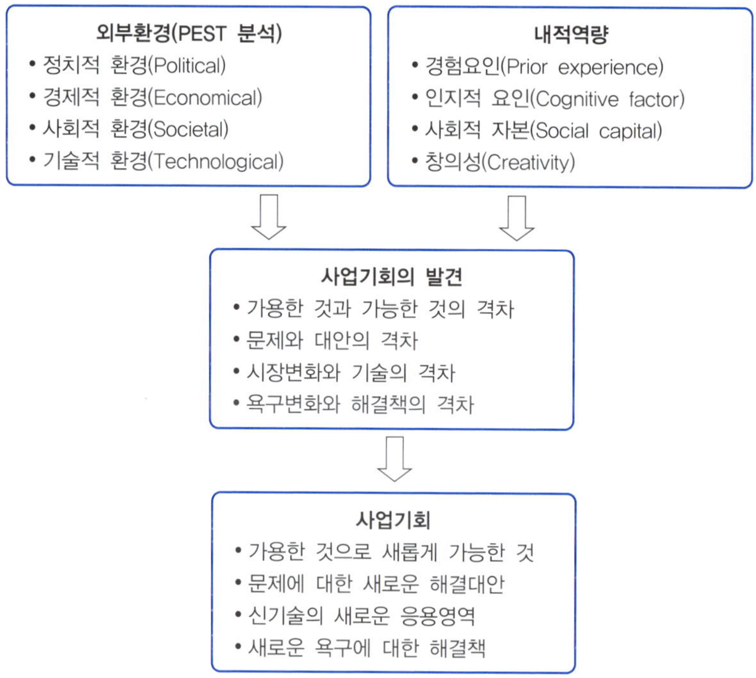

출처 : Barringer and Irlend, *Entrepreneurship : Successfully Launching New Ventures*, 3rd Edition, Prentice Hall, 2008.

(1) 경제 환경의 변화

경제 환경의 변화는 다양한 사업기회의 원천이 된다. 가령 국민 소득수준, 물가, 이율 등의 변화를 통해 발견되는 돈의 흐름과 구매력의 변화는 특정한 사업기회의 매력도를 변화시킬 수 있다. 제조업 중심에서 서비스업 중심으로의 경제구조 변화는 제품의 가격과 품질보다는 서비스의 만족도를 높일 수 있는 방안에서 더 매력적인 사업기회가 발견될 수 있다. 인건비와 유류비의 국가 간 차이는 노동집약적이고 복잡한 자재의 흐름이 요구되는 사업을 해외로 이전하여 비용을 절감할 수 있는 기회를 제공한다.

예를 들자면, 중국과 베트남 등 신흥경제에서 구매력을 갖춘 새로운 시장이 발견될 수 있다.

(2) 사회 환경의 변화

삶의 방식, 삶에 대한 가치, 교육 및 노동환경 등 사회 전반에서 발생하는 변화의 흐름 역시 중요한 사업기회 포착을 위한 관찰의 대상이 될 수 있다. 출산율의 감소, 대학진학률의 감소, 인구고령화로 인한 노인계층의 증가, 1인 가구의 증가, 조기퇴직 등으로 인한 길어진 노후, 양질의 영유아 교육에 대한 수요 증가 등의 사회변화는 그에 부합하는 사업기회를 제공할 것이다. 헬스케어 사업, 보험이나 연금 등 노년층을 위한 금융상품, 영유아의 교육을 위한 사업 등이 앞서 언급한 사회 변화에 대응하여 고려해 볼 수 있는 사업기회이다.

(3) 기술 환경의 변화

경제 및 사회 환경의 변화와 더불어 기술 환경의 변화는 창업자가 특히 주목해야 할 부분이다. 기술 환경의 변화는 경제적 · 사회적 환경의 변화를 수반하는 경우가 많다. 1990년대 창업열풍은 단연 인터넷 기술이 경제 및 사회 전반에 끼친 혁명적 변화의 결과라 할 수 있다. 또한 1980년대는 마이크로프로세서 및 컴퓨터 관련 하드웨어 기술이 비약적으로 발전하였다. 이는 상대적으로 기술발전의 속도가 더뎠던 소프트웨어 산업의 성장기회를 제공하였는데 마이크로소프트나 구글 등의 소프트웨어 분야의 강자가 탄생한 기술적 배경이라 할 수 있다. 최근에는 모바일기기 및 통신기술의 비약적 발전으로 다양한 모바일 애플리케이션 기반의 사업기회가 커지고 있다.

(4) 제도의 변화

제도 변화는 경제 및 사회의 변화에 대비 혹은 대응하기 위한 방안으로 만들어진다. 때로는 바람직하지 않은 사회 및 경제적 변화를 억제하기 위한 방안으로 제시되기도 하고 때로는 그 반대로 바람직한 변화를 유도하기 위한 유인책으로 수립되기도 한다. 가령 산업화로 인한 환경파괴를 억제하기 위한 다양한 제도들은 환경보호와 관련된 많은 사업기회를 제공할 수 있다. 혹은 정보 인프라의 고도화, 무선통신 환경의 확대, 빅데이터나 클라우드 환경의 확대 등으로 인한 데이터의 증가는 정보 보안이나 사생활 침해 등의 사회적 문제를 야기하게 되고 자연적으로 이를 억제할 제도의 수립으로 이어질 것이다. 1980년대에 통신시장과 항공시장에서 탈규제 정책을 통해 무수히 많은 기업들이 등장하였던 것은 새로운 사업기회를 제공하였던 제도적 환경의 변화 사례라 할 수 있다.

2) 기회 포착 역량

경제, 사회, 기술 및 제도 환경이 변화하는 과정에서 나타나는 다양한 징후들이 모두에게 포착되는 것은 아니다. 기회 포착은 많은 정보를 획득하려는 노력과 획득된 정보를 창의적으로 해석하는 인지능력을 필요로 한다. 기회 포착은 본격적인 창업을 실행하기 이전의 단계이지만, 성공하는 사업의 대부분은 탁월한 기회 포착에서 출발하는 경우가 많다. 변화의 흐름 속에서 성공의 기회를 적시에 포착하기 위해 요구되는 창업자의 요인으로 크게 (1) 경험, (2) 인지능력과 창의력, (3) 사회적 자본을 꼽을 수 있다.

(1) 창업자의 경험

사업 아이디어의 원천을 묻는 조사에서 빠지지 않고 등장하는 것이 창업자의 이전 직장에서의 경험이다. 다음카카오의 김범수 의장은 삼성데이터시스템에서 근무하던 시절 유니텔 사업부에서 인터넷 기반 게임사업의 기회를 보았고 한게임을 창업하였다. 스티브 잡스의 매킨토시는 제록스에서의 경험이 아이디어의 원천이 되었다. 보스턴 커뮤니케이션 그룹을 성공적으로 창업한 폴 토빈(Paul J. Tobin)은 위성 사업에서 근무한 6년의 경험과 기타 관련 기업에서 보낸 5년 이상의 경험이 큰 자산이 되었다고 말한다. 매킨토시에서 작동하는 채권거래 소프트웨어로 큰 성공을 거둔 제프 파커(Jeff Parker, Technical Data Corporation)는 3대 투자은행에서 보낸 10년 이상의 경험이 사업아이디어를 발견하는 원천이 되었다고 하였다. 이처럼 매력적인 사업기회를 포착한 사업가들의 상당수는 이전 직장에서의 경험과 업무 과정에서 획득된 사회적 자산에서 기회를 발견하는 경우가 많다. 큰 기업에서의 경험은 시장과 기업이 작동하는 방식을 이해하는 원천이 될 수 있으며, 업무 수행과정에서 접촉하게 되는 다양한 외부 기업과 인적 네트워크는 변화의 흐름을 읽어낼 수 있는 식견을 제공하는 원천이 된다.

(2) 인지능력과 창의력

기업가는 타고나는가에 대한 많은 연구들은 창업가가 기회를 읽어내는 감각의 원천으로 상황을 분석하는 분석적 사고력과 창의적 사고력이 뒷받침하고 있다고 주장한다. 동일한 경험환경일지라도 창업가 개인의 인지 역량에 따라 사업기회의 발굴가능성은 달라진다. 연구에 따르면 사업기회의 인지는 창업자의 인지작용의 결과로, 이는 타고났거나 훈련을 통해 획득된 내적 능력임을 강조하고 있다. 혹자들은 창업가들은 일반인들이 가지지 못한 여섯 번째 감각기관(sixth sense)을 가지고 있다고 말하기도 한다. 주어진 환경에서 본능적으로 기회를 읽어낼 수 있는 능력이 있다는 것이다.

사업가들은 대부분 관심 분야의 새로운 정보에 대한 높은 갈망을 가지고 있으며 다채로운 지식 축적을 위해 지속적인 노력을 기울이는 것을 볼 수 있다. 자신이 알지 못하는 부분에 대해서는 적극적으로 전문가 그룹을 만나서 자문을 구하며 관련 주제에 대하여 정보를 얻고 토의하는 것을 즐긴다. 구체적으로 말하면 그들은 어느 누구보다 높은 독서량을 자랑하며 신문이나 잡지, 시장보고서, 기술동향보고서, 관련 논문, 세미나나 워크숍 등 가용한 정보원천에 지속적으로 접속하며 정보를 획득한다. 이러한 기본적인 노력이 남들과는 차별화되는 감각능력의 원천이 되며 창의력과 분석력을 증진시키는 밑거름이 되는 것이다.

(3) 사회적 자본

기회 포착의 가능성을 높이는 또 다른 공통적 요인 중 하나는 지속적인 사회적 자산의 축적이다. 사업가들은 흔히 권위 있는 시장조사기관의 보고서보다도 고급정보를 얻을 수 있는 동종 혹은 관련업종의 다른 사업가들을 중요한 정보의 원천으로 꼽곤 한다.

인적 네트워킹을 소홀히 하는 사업가는 없다. 경험이 일천하고 부족한 역량이 많은 초기 창업자들은 자신의 역량을 보완하고 부족한 지식을 채워줄 동료의 힘이 절대적으로 필요하다. 한 설문조사에 따르면 창업가의 상당수가 자신의 사업 아이디어를 사회적 관계에서 얻을 수 있었다고 고백하고 있다. 자신의 역량과 경험을 이해하는 동료의 권유나 제안 등을 통해 사업에 뛰어들게 되었다는 것이다. 무엇보다 건강한 인적 네트워크의 구축은 신뢰할 수 있는 동반자를 찾고 어려운 시기에 자신을 도와주고 지지해 줄 수 있는 지원군을 확보하는 데 큰 도움이 된다. 창업의 90% 이상은 개인이 아닌 팀에 의해서 이루어진다는 사실에 주목할 필요가 있다. 또한 사업이 실질적으로 실행되는 단계에서 가장 중요한 부분은 바로 인적자원의 확보이며 이는 투자자금이나 전문서비스의 확보에서 가장 강력한 밑바탕임을 인식해야 한다.

3 기회 포착의 도구

지금까지 살펴본 기회 포착의 요건들은 주로 창업가 개인이 갖추어야 할 요건을 중심으로 제시되었다. 물론 창업가 개인의 경험, 인지능력, 창의력, 사회적 자산 등은 성공적인 사업기회 포착에 있어서 매우 중요한 요건이지만, 이러한 역량이 사업기회 발굴에 더 효과적으로 작동하도록 촉진시켜주는 다양한 기회 포착 도구들도 제시되고 있다.

1) 디자인 사고(Design Thinking)

디자인은 '지시하다', '성취하다', '계획하다'라는 뜻의 라틴어 데시그나레(Designare)에서 유래한 단어로, 우리가 흔히 생각하는 외형적인 아름다움과 더불어 물리적인 정교함과 실용성 및 기능성을 갖춘 제품 설계를 통해 문제를 해결하는 방식을 일컫는다. 디자인 사고는 이러한 전통적인 디자이너들의 문제해결 방식을 비즈니스 문제 해결에 적용시킨 개념이다. 비즈니스 문제를 위한 디자인 사고는 고객과의 공감을 바탕으로 고객경험을 혁신적으로 변화시키기 위해 필요한 것을 만드는 과정이다.

디자인 사고에서는 고객의 경험에 대한 공감의 과정을 가장 중요시한다. 고객이 불편해하는 것에 대해 인간 중심의 관점으로 접근하고 해결하여 더 나은 경험을 제공하는 것이다. 이런 접근법은 사용자 경험(UX : User Experience) 디자인의 개념을 등장시켰고, 최근에는 제품의 기획, 마케팅, 고객 서비스 등 비즈니스의 전 과정에 디자인 사고를 적용하려는 시도가 나타나고 있다. 주요 기업의 경영진들이 '탁월한 고객 경험'을 자사의 핵심 경쟁력이라고 믿고 있으며 디자인 담당 임원을 주요한 보직에 채용하고 있는 것을 보면, 더 이상 디자인이 비즈니스를 돕는 부가적인 것이 아니라 비즈니스의 전체적인 흐름을 관장하는 중요한 요소로 인식되고 있는 것을 알 수 있다.

[그림 3.3]은 디자인 사고의 다섯 단계를 나타낸다. 각 단계의 구체적인 수행 과제는 다음과 같다.

① 공감(Empathize) : 사용자에 대한 관찰과 분석을 통해 고객의 문제에 대하여 공감하는 단계. 공감지도(empathy map) 등의 방법을 통해 고

[그림 3.3] 디자인 사고의 단계

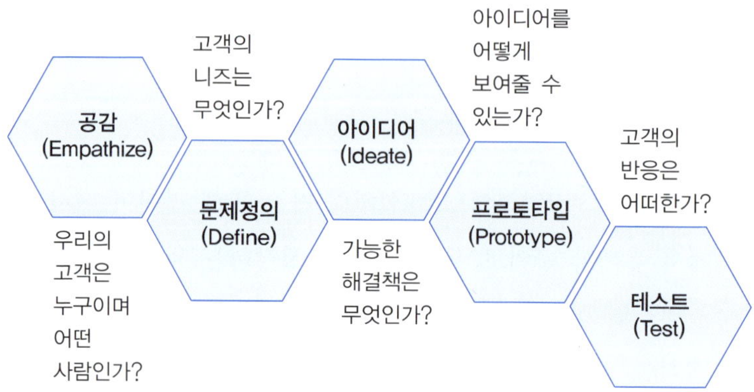

객의 사고, 감성, 욕구, 경험 등 모든 요소들을 분석가의 관점에서 공감하고 이해하려고 노력.

② 문제정의(Define) : 고객에 대한 분석과 공감을 토대로 고객의 핵심 문제를 정의하는 단계.

③ 아이디어 도출(Ideate) : 정의된 문제를 해결할 수 있는 다양한 아이디어를 도출하는 과정. 전통적인 아이디어 도출 기법 등을 활용하여 문제에 대한 해결책의 대안들을 도출.

④ 프로토타입 구현(Prototype) : 아이디어를 프로토타입으로 만들어 보거나, 구체적인 서비스 시나리오를 설정해 보는 단계. 기술적 완성도보다는 아이디어의 타당성을 빠르게 확인하는 목적을 가짐.

⑤ 테스트(Test) : 완성된 프로토타입을 고객이 사용하도록 하고 고객의 피드백을 바탕으로 프로토타입의 개선사항을 파악하는 단계. 반복적인 사용성 테스트를 통해 문제점을 개선하고 완성도를 높임.

2) 공감지도(Empathy Map)

디자인 사고의 시작 단계인 '공감'은 디자인 사고의 성과를 좌우하는 가장 중요한 단계 중 하나이다. 공감단계에서 활용할 수 있는 유용한 도구로 공감지도(Empathy Map)가 있다. 공감지도는 고객의 행동 및 태도에 대한 관찰결과를 도식화한 시각물이며, 고객을 더 잘 이해할 수 있도록 도와준다. 공감지도는 자료조사에서 얻은 간접적 지식을 실제 관찰을 통해서 확인하고 때때로 사용자의 니즈에 대한 예기치 않은 통찰력을 이끌어내는 데도 도움이 된다. 공감지도는 이해관계자, 마케팅 및 영업 조직, 제품개발 인력 또는 최종 사용자 모두에게 공감대를 형성할 수 있는 의사소통 도구가 된다.

[그림 3.4]는 공감지도의 일반적인 형태를 보여준다. 공감지도는 고객에 대해 관찰이 가능한 4가지 주요영역(생각과 감정, 보는 것, 듣는 것, 말과

[그림 3.4] 공감지도(Empathy Map)

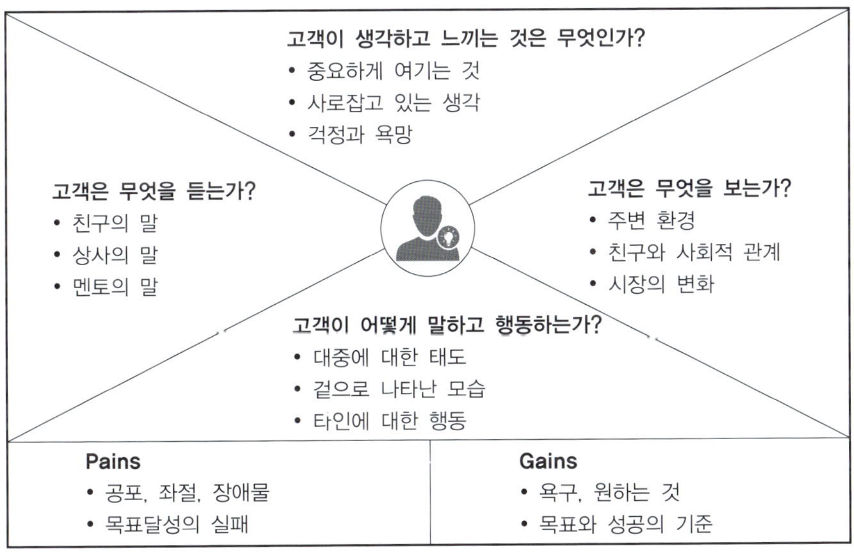

출처 : Osterwalder & Pigneur, *Business Model Generation*, Wiley, 2010.

행동)으로 구성되며 각 영역에 관찰대상과의 접촉과 경험을 통해 수집된 자료와 특이점들을 기록한다. 이를 통해 궁극적으로 고객이 얻고자 하는 것들(Gains)과 고객이 어려워하거나 두려워하는 고통의 요소들(Pains)을 도출한다.

〈표 3.1〉은 공감지도의 각 영역을 작성하는 과정에서 고객을 대상으로 던져볼 수 있는 핵심적인 질문들을 나열하고 있다. 제시된 질문들에 대한 답을 관찰과 리서치를 통해 획득하면서 공감지도의 각 영역을 채워나가게 된다. 공감지도가 완성되면 최종적으로 고객의 문제를 정확하게 정의할 수 있다. 이를 바탕으로 고통을 해소하거나 최소화하면서 이익과 욕구만족을

〈표 3.1〉 공감지도 작성에 필요한 질문들

관찰 요소	질문
생각과 감정 (Think & Feel)	• 고객이 걱정하거나 두려워하는 것은 무엇인가? • 고객이 만족하고 있는가? 왜 그런가? 또는 왜 그렇지 않은가? • 고객의 우선순위는 무엇인가? • 고객의 꿈과 열망은 무엇인가? • 고객에게 감정적인 반응을 일으키는 것은 무엇인가?
보는 것 (See)	• 고객에게 영향을 미친 것 또는 사람은 누구인가? • 고객들이 영향을 받기 쉬운가? • 고객이 어디서 정보를 얻는가? • 고객이 대부분 사용하는 정보채널은 무엇인가?
듣는 것 (Hear)	• 고객이 공공장소 또는 개인 장소에서 많은 시간을 보내고 있는가? • 고객의 환경은 무엇과 비슷한가? • 고객이 자신의 환경과 어떻게 상호작용을 하는가?
말과 행동 (Say)	• 고객이 다른 사람들 앞에서 자신을 어떻게 묘사하는가? • 고객은 대화할 때 무슨 단어를 사용하는가? • 고객이 다른 사람들과 대화할 때 어떤 정보를 공유하거나 생략하는가? • 그들이 말하는 것과 행동하는 것 사이에 차이는 무엇인가?
고통 (Pain)	• 고객이 극복해야 할 장애물이 무엇인가? • 고객에게 어떤 좌절감이 있는가? • 왜 고객이 그들의 목표를 이루지 못했는가?
얻는 것 (Gain)	• 고객이 성공하기 위해 사용하는 방법은 무엇인가? • 성공은 어떻게 측정되고 어떤 모습인가? • 고객의 장·단기적 목표는 무엇인가?

극대화할 수 있는 제품의 개념을 도출할 수 있다. 즉, 공감지도의 작성은 고객의 니즈에 정확하게 부합하는 해결책을 도출하는 것을 가장 중요한 목적으로 한다.

공감지도를 바탕으로 디자인 사고의 과정을 진행하는 것은 다양한 분야의 지식과 스킬이 요구된다. 때문에 디자인 사고는 혼자가 아닌 다양한 사람들이 함께 고민하는 집단적 사고가 필요하다. 또한 이 과정의 참여자들은 디자인 사고를 촉진할 수 있는, 공감능력, 최적 대안을 분석하는 능력, 다른 의견을 포용하는 능력, 모호함을 견디는 능력, 실행 능력, 반복과 개선의 끈기, 창의성 등 다양한 역량이 요구된다.

3) 아이디에이션(ideation)을 위한 도구들

공감지도를 통해 고객문제가 정확하게 파악되었다면 문제 해결을 위한 여러 가지 해결대안들을 도출해야 한다. 이 과정은 아이디어를 도출하는 창의적 과정으로 이 단계를 도와주는 다양한 기법들이 존재한다. 아이디어 도출 과정을 행위(action)로 간주하고 이를 명사화시킨 개념이 아이디에이션(ideation)이다. 아이디에이션은 아이디어 자체보다 아이디어가 만들어지는 과정(The formation of idea or mental images)에 중점을 둔 개념이다. 즉, 새로운 아이디어를 생성(Generating)하고, 이를 설명하고 공유하며(Communicating), 문제점을 개선시키는(Developing) 과정을 모두 아우르는 개념이다. 아이디에이션을 수행하는 표준화된 방법은 없지만 널리 활용되는 몇 가지 도구를 소개하면 다음과 같다.

(1) 브레인스토밍(Brain Storming)

알렉스 오스본(Alex Osborn, 1930)이 개발한 사고 방법으로 특정 주제에 대해 자유롭게 발상하고 발언하는 방법이다. 다른 사람의 의견을 비판하지 않고 무조건적으로 수용하는 것이 핵심이다. 브레인스토밍에서는 '말도 안 되는 아이디어'처럼 보이는 것에도 일단 관심을 갖는 것이 중요하다. 브레인스토밍의 변형된 형태로 브레인라이팅(Brain Writing)이 있다. 브레인라이팅은 다른 사람의 의견을 바탕으로 자유로이 발상하되 그것을 카드에 적는 방법이다. 말하지 않고 쓰면서 하기 때문에 침묵의 브레인스토밍이라고도 불린다.

(2) 여섯 색깔 모자 기법(Six Thinking Hats)

에드워드 드 보노(Edward de Bono, 1985)가 고안한 기법으로 참석자들이 각기 다른 색의 모자를 쓰고 자신이 쓰고 있는 모자의 색깔이 의미하는 바대로 사고하는 방법이다. 일반적으로 사회자, 논리주의자, 상상주의자, 직관주의자, 낙관주의자, 비관주의자의 여섯 가지 역할을 구분하고 각자의 역할에 부합하는 사고와 발언만을 하도록 한다. 예를 들어, 파란 모자는 논리주의자로 수치나 정보에 바탕을 둔 논리적 사고에 집중하고, 노란 모자는 직관주의자로 아이디어를 듣고 떠오르는 느낌과 감성을 직관적으로 말하게 하며, 흑색 모자는 비관주의자로 아이디어가 불가능한 이유나 문제점 등 부정적인 시선에서만 생각하게 하는 등의 방법이다. 참여자가 각기 하나의 관점에만 집중하게 되므로 하나의 주제를 다양한 관점에서 논의할 수 있는 장점이 있다. 브레인스토밍에서 뾰족한 아이디어가 나오지 않는 경우 적용해 볼 수 있다.

(3) 스캠퍼(Scamper)

스캠퍼는 브레인스토밍의 창안자인 오스본(Alex Osborn)의 아이디어 창출 체크리스트가 1970년대 에이벌(Bob Eberle, 1971)에 의해 개선된 방법론이다. 브레인스토밍의 변형된 형태로 대체하기(Substitute), 결합하기(Combine), 응용하기(Adapt), 변형－확대－축소(Modify-Magnify-Minify), 다르게 활용하기(Put to other uses), 제거하기(Eliminate), 뒤집기(Reverse)의 약자를 따서 Scamper라고 불린다. 일종의 아이디어 도출을 위한 체크리스트로 참여자가 다양한 발상을 할 수 있도록 도와준다. 젓가락의 재질을 실리콘으로 바꿔본다(대체), 전화기와 컴퓨터를 합쳐본다(결합), 베이킹파우더를 청소에 사용한다(다르게 활용), 장갑에서 손가락 구분을 없앤다(제거) 등과 같은 방식으로 아이디어를 도출한다.

(4) 델파이(Delphi) 기법

전문가들의 의견수립, 중재, 타협의 방식으로 반복적인 피드백을 통한 하향식 의견 도출 방법이다. 1964년 미국의 RAND연구소에서 개발되어 IT, 연구개발, 교육, 군사 등 다양한 분야에서 활용되고 있다. 델파이 기법은 어떠한 문제에 관하여 다수의 전문가들의 독립적 견해를 수집하고 이를 서로에게 공유·배포하여 자신과 타인의 견해를 비교해 본 후 수정된 의견을 재수집하고 재배포하는 과정을 반복적으로 수행한다. 이 과정을 거쳐 최종적으로 합의된 집단의 판단에 도달하는 방식이다. 제시된 문제에 관한 정확한 정보가 없을 때에 "두 사람의 의견이 한 사람의 의견보다 정확하다"는 계량적 객관의 원리와 "다수의 판단이 소수의 판단보다 정확하다"는 민주적 의사결정 원리에 근거를 둔다. 또한 전문가들이 직접 모이지 않고 주로 우편이나 전자 메일 등 비동기적 통신수단으로 의견을 수렴한다는 것이 특징이다.

4 사업 아이디어의 평가

매력적인 사업 아이디어를 만들어 내는 보편적인 방법은 없지만, 크게 아래 4가지 기준으로 판단해 볼 수 있다.

1) 고객문제의 중대성

사업 아이디어의 매력도는 해결하려는 문제가 정확하게 정의되었을 때만 판단가능하다. 잘못된 비즈니스 모델은 고객의 문제에 대한 정확한 이

〈표 3.2〉 고객문제의 중대성(BLAC 프레임워크)

구성요소	주요 키워드
드러난(Blatant)	경제적인, 신속한, 편리한, 안전한 등
잠재된(Latent)	사회적 교감, 존경받고 싶음, 성취감, 고요함 등
욕망(Aspiration)	아름다움, 성적인, 맛있는 등 생물학적 인간으로서의 근원적 갈망에 관한 문제
심각(Critical)	긴급, 회피 불가능, 대체수단이 없는, 다음 단계를 진행할 수 없는 문제 등

해가 없이 솔루션의 구현에만 몰두하는 오류를 범하곤 한다. 잘 정의된 사업 아이디어는 고객이 처한 문제에 정확하게 부합하는 해결책을 제시해야 한다. 이때 고객의 문제가 중대할수록 아이디어의 가치는 커진다.

고객문제의 중대성은 〈표 3.2〉의 기준으로 판단해 볼 수 있다. 많은 성공적인 B2C 서비스들은 드러난 문제보다 잠재되어 있는 문제를 끌어내어 해결하거나 고객의 갈망과 욕구를 해결하는 경우가 많다. 예를 들어, Facebook과 같은 SNS의 성공은 인간의 소속과 교감, 존경과 같은 잠재욕구를 해결하여 성공한 사업모델이다. 반면 B2B 사업은 드러난 심각한 문제를 대상으로 하는 경우가 많다.

2) 부합성과 고유성

제품에 대한 가치판단은 기본적으로 주관적이다. 동일한 제품이라도 고객의 특성이나 처한 환경에 따라 인식되는 가치는 다를 수 있다. 예를 들어, 고객이 자동차를 선택하는 기준은 배기량, 가격, 사회적 지위, 디자인, 편이성 등 다양하다. 고객마다 기대하는 가치유형에 따라 다른 선택기준이 작용할 수 있다. 가령 프리미엄 시장의 고객은 고급화를 통한 차별화된 자동차에 지갑을 열 것이다. 특히 가치는 아직 실현되지 않은, 인지된 효용(perceived usefulness)으로부터 판단된다. 고객은 특정한 제품을 선택한 상황의 이미지를 머릿속에 그려보고 이를 통해 기대되는 가치를 인지한다. 이는 개개인의 심리적 프로세스에 따라 차별화된다.

또 하나 중요한 점은 동일한 가치가 다른 제품으로도 얻어질 수 있다는 점이다. 특정한 가치를 제공하는 제품은 다양하며 그 제공의 주체는 꼭 하나의 기업일 이유는 없다. 자동차의 이동편이성이라는 가치는 판매되는 모든 자동차가 제공할 수 있다. 이러한 점에서 사업 아이디어는 고유하고 압도적이어야만 회의적인 고객을 설득할 수 있다. 고객이 버스를 타고 가는 것에서 큰 불편을 느끼지 않는다면 자동차의 안락함은 압도적인 가치가 될 수 없다.

3) 정량화 가능성(Gain-Pain ratio)

매력적인 사업 아이디어는 제품이나 서비스를 통해 고객이 얻게 되는 가치를 객관적으로 정량화할 수 있어야 한다. 가치제안 정량화의 초점은 대상고객의 구매 기준을 객관적으로 제공하는 것이다. 객관화된 가치는 개별 고객의 성향에 관계없이 실질적인 가치로서 작용해야 한다. 대상의 특성, 취향, 행동양식에 따라 가치의 크기가 변하거나 가치로서 작용하지 못한다면 이를 바탕으로 하는 고객획득모형은 실현될 수 없다. 가치제안의 정량화는 고객이 지불해야 할 비용(pain)과 사용을 통해 얻는 이득(gain)을 동시에 평가해야 한다. Gain/Pain ratio는 제공될 제품이 가져다 줄 이득과 제품의 사용으로 치러야 할 비용을 가늠해 볼 수 있도록 한다. 이 과정은 발명자의 시각을 버리고 순수하게 제품의 사용자의 입장에서 가치제공을 평가하는 입장 바꾸기의 태도를 취하는 것이 필요하다. 사용자가 최소한의 노력과 현재 상황에 대한 최소한의 변화만으로 큰 이득을 얻을 수 있다면 여러분이 제공하는 가치의 Gain/Pain ratio는 높아질 것이다. 제품을 수용하는 것은 쉽게, 그렇지만 그것으로 얻는 이득은 크게 만드는 것이 중요하다. Gain/Pain ratio는 막대하게 커야만 한다. 만약 10배, 100배 이상의 Gain/Pain ratio를 제공하지 못한다면 고객들은 아무것도 하지 않고 현재 상태에 머무르려 할 것이다. 그만큼 현재 상태를 탈피하고 변화를 유도하는 것은 어려운 일이다.

4) 명료성과 구현가능성

사업 아이디어는 고객을 설득하는 중요한 도구이므로 최대한 고객이 이해하기 쉬운 형태로 표현되어야 한다. 간결한 문구, 시각화 이미지, 사용 시나리오 개발 등이 활용될 수 있지만 가장 효과적인 방법은 최소요건제품(MVP, Minimum Viable Product)을 만드는 것이다. 최소요건제품의 취지는 최소한의 기능만을 포함하여 비용을 최소화하되, 제품의 가치제안을 명확히 전달함으로써 잘못된 가치제안으로 인한 시행착오를 최소화하는 데 있다. 최소요건제품은 제품의 사양을 구체화하는 과정에서 고객의 주관적 가치판단을 실증적으로 객관화할 수 있는 훌륭한 도구가 된다. 따라서 제품의 특성에 따라서 최소의 기능이 어느 수준까지인지를 설정하는 것이 중요할 수 있다. 자칫 지나치게 구체화된 프로토타입의 개발에 초점을 두다 보면 불필요한 예산 낭비나 구성원의 집중을 방해할 우려도 있다.

04

시장분석

1. 시장세분화 : 표적시장과 거점시장
2. 시장조사 계획수립
3. 가격체계 수립
4. 시장규모 산정

1 시장세분화 : 표적시장과 거점시장

시장분석(market analysis)의 첫 단계는 시장세분화를 통해 뚜렷한 표적시장을 설정하는 것이다. 사업의 초점을 뚜렷한 목표고객 확보에 두지 않을 경우 '모두가 내 고객'이라는 함정에 빠질 수 있다. 초기 스타트업의 경우에는 자원이 더욱 한정되기 때문에 모든 고객의 욕구를 충족하는 것은 현실적으로 불가능하다. 목표고객의 설정과 관련한 또 하나의 흔한 오류는 소위 '차이나 신드롬' 또는 '숫자 놀이'와 같은 함정에 빠지는 것이다. 예를 들자면, 중국은 인구가 많으니 중국시장의 1%만 확보해도 수천만 대의 제품을 팔 수 있다는 생각은 안일한 생각이다.

아무리 낮은 점유율이라 하더라도 기존 시장에서 새로운 시장점유율을 확보하고 그것을 확대하는 것은 대량의 자원을 필요로 한다. 따라서 창업가는 시장 지배가 가능한 신규시장을 찾아 시장과 고객에 자원을 집중해야 한다. 이를 위해서 표적시장 선정을 위한 시장세분화가 필요하다.

1) 시장세분화(Segmentation)

모든 고객들이 만족하는 제품을 만드는 것은 사실상 불가능하다. 특히 스타트업은 전체 시장을 공략하는 대신 우위를 갖는 특정한 세분시장을 구분하고 이를 표적시장으로 공략하는 것이 효과적이다. 이를 위한 구체적인 전략이 시장세분화 전략이다. 시장세분화는 제품에 대한 욕구와 구매행동이 비슷한 몇 개의 소비자 집단으로 고객집단을 군집화하는 과정이다. 시장세분화는 최대한 포괄적인 범위에서 시작하되, 시장을 잘 구분할 수 있는 효과적인 세분화 기준의 선정이 중요하다. 이때 소비자의 구매 의도에 대해 질문을 던져보면 도움이 된다. 가장 포괄적인 방법 중의 하나는 〈표 4.1〉에 제시된 '4W1H'를 바탕으로 세분화 기준을 설정하는 것이다. 시장을 세분화하는 방법은 매우 다양하지만, 세분집단 내 동질성이 높고

〈표 4.1〉 시장세분화의 기준

기준	질문	세분화 내용
WHO	누가 사용하는가?	제품을 사용할 사람의 특성 -인구통계학적 특성(나이, 소득, 성별, 사회계층 등), 고객의 수, 지리적 특성(인구밀도, 크기 등), 고객유형(사업자, 일반소비자, 학교, 정부 등), 심리적-행동적 특성(제품인식, 라이프스타일, 충성도, 경험, 사용빈도 등)
WHAT	무엇을 사용하는가?	사용하는 제품의 특성에 따른 분류 -소모품 혹은 내구재, 부품 혹은 최종제품, 전문제품 혹은 일반제품
HOW	어떻게 획득하는가?	제품의 획득 방식에 따른 분류 -획득방식의 배타성(독점 혹은 경쟁), 계약기간, 구매위치(소매점, 쇼핑센터, 온라인, 우편), 단독 vs. 집단구매, 구매결정방식(입찰, 전문가집단 등)
WHERE	어디서 사용하는가?	제품이 소비되는 위치특성에 따른 구분 -국가, 지역, 건물, 넓은 혹은 좁은, 고정 혹은 이동 등
WHEN	언제 사용되는가?	제품이 소비되는 시점에 따른 구분 -사용시점, 사용시간, 계절, 휴가철 등

동시에 세분집단 간 이질성이 클수록 바람직한 세분화가 된다. 충분히 균일하고 구체화된 세분시장이 도출된다면 사업 아이디어에 가장 부합되는 표적시장을 식별할 수 있을 것이다.

시장세분화를 통한 표적시장 선정에 있어서 고려해야 할 중요한 원칙 중 하나는 파레토 원칙이다. 파레토 원칙을 시장분석에 적용하면 세분시장을 구성하는 20%의 핵심고객이 회사 수익의 80%에 기여한다고 할 수 있다. 혹은 세분화 전 단계에서 파레토 원칙을 적용한다면 100개의 세분된 시장 중 20개의 세분시장이 수익의 80%에 기여한다고 해석할 수도 있다. 파레토원칙이 의미하는 것은 적절한 표적시장 설정의 중요성이다.

아마추어 창업자가 흔히 저지르는 실수 중의 하나는 매출에 크게 기여하지 못하는 지엽적인 시장까지 모두 확보하려는 태도이다. 하나의 세분시장이라도 더 장악하고 싶고, 한 명의 고객이라도 더 확보하고 싶은 마음에서 지나치게 광범위하고 이질적인 세분시장을 동시에 고려하려고 하거나 최대한 다수의 고객에 접근하려는 전략을 펼친다면 성공적인 시장침투전략을 세울 수 없을 것이다. 파레토 법칙에 따르면 20%의 충성고객 이외의 고객은 과도한 획득비용으로 인해 회사에 손실을 가져올 수 있음을 생각해야 한다. 그만큼 정확한 표적시장의 설정은 효율적인 시장침투전략을 구현하고 불필요한 손실을 최소화하면서도 수익성을 극대화할 수 있는 출발점인 것이다.

2) 표적시장과 거점시장

(1) 표적시장의 설정

시장세분화로 선정된 표적시장은 이후 거점시장으로써 시장을 확대하는 전략적 가치를 가진다. 따라서 표적시장을 광범위하게 설정하거나 지나치게 많은 후보시장을 도출하는 것은 추후 거점시장을 선정하고 공략하는 데 불리할 수 있다. 접근이 쉽고 관찰이 용이한 최종사용자의 후보군을 바탕으로 10개 미만의 세부적인 후보시장을 도출하는 것이 유리하다. 표적시장 후보군을 도출하는 데 있어서 다음의 기준을 활용할 수 있다.

① 목표고객은 정확하게 식별이 가능한가?

표적시장은 객관적으로 식별과 관찰이 가능해야 하며 적은 비용으로 접근할 수 있어야 한다. 가령 '예술작품을 선호하는 40대 남성 소비자'나 '사회적으로 적극적이고 야근을 주로 하는 30대 여성' 등의 세분시장은 객관적인 방법으로 식별이 어려울 수 있다.

② 목표고객은 충분한 규모이며 지불능력은 어느 정도인가?

고객이 충분한 지불능력을 가지고 있지 않다면 적절한 가격설정이 어려우며 지속적인 현금 창출을 기대하기 어렵다. 또한 세분시장은 충분한 초기이익을 확보할 수 있을 정도의 규모를 가져야 한다. 각 소비자들의 기호에 정확히 부합하는 제품을 생산하더라도 충분한 이익을 확보할 수 없다면 의미가 없다.

③ 목표고객에게 쉽게 접근할 방법이 있는가?

대부분의 시장 구조는 제품이 최종고객까지 전달되는 과정에서 많은 이해관계자들이 존재한다. 산업의 가치사슬이 과거에 비하여 더욱 복잡해졌기 때문에 목표고객에게 직접적으로 접근하기가 더욱 어렵다. 시장진입 초기에는 목표고객에게 직접적으로 접근하고 그들에게서 제품에 대한 피드백을 받을 수 있는 채널이 확보되어야만 한다.

④ 목표고객이 구매할 수밖에 없는 절박한 이유는 무엇인가?

목표고객이 정확하게 규정되어 있지 않으면 아이디어 단계의 제품이 실제 효용을 제공할 수 있을지를 쉽게 판단할 수 없다. 제품이 주는 효용은 전적으로 사용자의 기준에서 판단되기 때문이다. 대다수의 고객은 변화를 거부하는 성향을 가지고 있어 새로운 제품에 대해서는 반드시 회의적인 시각으로 접근하려고 한다.

⑤ 난공불락의 경쟁자가 버티고 있는가?

목표시장에 아무런 경쟁자가 없다고 판단된다면 대부분의 경우 충분한 시장조사와 고객 분석이 이루어지지 않았음을 의미한다. 창업팀의 제품과 서비스가 시장에서 두각을 나타내 고객의 눈에 띄려면 어떻게 해야 하는지에 대한 뚜렷한 대응전략이 필요할 것이다.

⑥ 세분시장의 성공을 발판으로 다른 시장으로 진출할 수 있는가?

거점시장 장악은 인접시장에 진출하거나 동일시장에서 다른 제품을 출시할 때의 초석이 된다. 인접시장으로의 진출이 새로운 시장침투 전략을 요구한다면 선택된 세분시장은 거점으로서의 가치를 상실하게 될 것이다.

(2) 표적시장과 거점시장(Beachhead market)

시장세분화를 통해 매우 구체적인 표적시장을 선정하더라도 표적시장의 장악이 궁극적인 목적은 아니다. 표적시장을 통해 시장을 확대해 나갈 수 있는 확장성이 필요하다. 스타트업의 시장진출은 흡사 노르망디 상륙작전에 비유할 수 있다. 대륙을 침략하기 위해서는 전두기지를 구축할 거점공략이 필수적인 것처럼, 스타트업의 시장공략도 이와 다르지 않기 때문이다. 즉, 시장세분화를 통해 선정된 표적시장은 스타트업의 첫 침투공격의 대상이 될 거점시장으로써 역할을 할 수 있어야 한다.

거점시장의 필요성은 선택과 집중의 경제성에서 비롯된다. 창업팀은 10개 미만의 세분화된 시장 중 반드시 단 하나만의 거점시장을 선택해야 한다. 초기의 자원은 한정되었기 때문에 여러 개의 시장을 고려하는 것은 위험한 행동이다. 하나를 선택했으면 이에 집중하고 나머지 것을 배제하는 절제력이 성공을 가져온다.

단 하나만의 거점시장을 선택해야 한다면 어떠한 기준으로 거점시장의 매력도를 판단할 것인가가 매우 중요한 이슈가 된다. 올바르게 선택된 거점시장에 대해서 지배력을 확보해야만 기업 성장의 발판과 함께 인접시장을 공략할 기회가 주어질 수 있기 때문이다. 그만큼 최초의 '교두보'를 마련하는 것이 매우 중요하다. 거점시장을 선택하는 기준은 앞서 목표 세분시장(segment)의 선정에 사용한 기준을 그대로 활용할 수 있다. 분석 결과 최적의 시장으로 선택되었지만 그 규모가 너무 크다면 이는 적합한 시장이라 할 수 없다.

첫 발을 들여놓는 시장은 학습의 장으로서의 역할이 크기 때문에 너무 넓은 세분시장은 학습기회를 저해한다. 또한 소규모의 응집된 시장일수록 '규모의 경제'를 쉽게 달성할 수 있고, '입소문'이라는 초기 창업단계의 매우 강력한 도구를 확보할 기회가 존재한다. 따라서 소규모 지역에서 사업을 시작한다면 지역 내 거점을 확보한 이후 더 큰 지역으로 진출하는 것이 좋다. 한 거점시장을 자세히 검토하다 보면 얼마 지나지 않아 다시 세분화가 가능하다는 것을 깨달을 수 있다. 단기간에 지배력 확보가 가능한 시장에서 출발하고 싶다면 계속해서 거점시장을 세분화하는 전략은 매우 좋은 선택이라 할 수 있다.

2 시장조사 계획수립

충분한 매력을 가졌다고 판단되는 세분시장이 도출되었다면 이제 고객과의 대화와 관찰을 통해 시장매력도를 객관적으로 판단하기 위한 근거자료를 수집해야 한다. 즉, 표적시장에 대한 시장조사가 진행되어야 한다. 필요에 따라서 각종 시장조사기관의 보고서나 관련 자료들을 확보할 필요도 있을 것이다. 다만, 이러한 보고서들은 이미 많은 기업들이 침투해 있는 시장이므로 시장조사를 위한 참고자료로만 활용되는 것이 바람직하다.

시장조사의 가장 확실하고 효과적인 방법은 최종사용자를 만나서 그들로부터 정보를 직접 확보하는 것이다. 정확한 시장조사가 이루어지기 위해서 표적시장의 응집성, 구체성, 접근가능성이 중요함을 다시 한 번 알 수 있다. 고객과 직접 접촉하는 시장조사는 그 가치를 따지는 것이 불가능할 정도로 중요하다. 잠재고객과의 대화는 문제해결책을 얻기 위함이 아니라 불편사항과 잠재욕구를 확인하기 위함이다. 창업팀은 이에 대한 정확한 이해를 바탕으로 효과적인 해결책을 탐색해야 한다. 단순히 대화 또는 인터뷰만 할 것이 아니라 '관찰 연구(observational research)'를 하는 것도 중요하다. 고객의 말과 행동이 일치하지 않을 수도 있기 때문이다.

잠재고객과의 직접적인 접촉을 통한 시장조사에서 반드시 유의해야 할 점이 한 가지 있다. 이는 고객에 따라 제품에 대한 상충되는 요구사항이 파악되는 경우가 빈번하다는 점이다. 고객들은 자신이 처한 상황에서 발생하는 요구사항에 집착하고 개인적인 경험과 판단기준에 따라 제품을 평가하려고 할 것이다. 만일 동일한 고객집단 내에서 서로 상충하는 의견을 제시하는 경우가 있다면 보다 많은 대상을 통해 요구사항을 객관화하는 노력을 기울여야 한다. 모든 고객의 목소리가 항상 옳은 것은 아니다.

또 하나의 유의점은 고객의 요구를 해결하는 구현과정에 큰 비용이 유발되거나 아이디어의 지향점에서 어긋나 있는 경우이다. 종종 초기 스타트업 내부에는 고객의 요구사항을 제품에 관철시키려는 마케팅 부서와 제품의 기술적 이슈를 들어 이에 반대하는 개발부서 간의 대립이 있곤 한다. 이런 경우 매우 신중한 접근이 필요하다. 어떤 경우는 특정 고객의 개인적 욕심으로부터 비롯된 요구사항이나 제품에 대한 불만에서 표출되는 요구사항이 있는가 하면, 어떤 경우는 우리가 놓치고 있던 중요한 지점을 고객의 요구로부터 발견하는 경우도 있기 때문이다.

1) 시장조사 계획의 수립

시장조사 계획을 수립할 때는 시장조사 계획표를 작성하는 것이 도움이 된다. 조사표의 가로축에는 후보시장을 나열하고 세로축에 각 표적시장 별로 수집할 정보의 종류를 적은 다음 하나씩 채워 나가는 것이 좋다. 아이디어나 기술에 따라 다른 정보가 더 필요할 수도 있다. 다음을 참고해 각 시장에서 정보를 수집하도록 한다.

① **최종사용자** : 이들이 창업팀의 시장 진출의 성패를 좌우한다. 따라서 표적시장 후보 목록을 이미 한 차례 줄였다고 해도 시장조사를 통해 최종사용자를 더욱 세분화해야 한다.

② **용도** : 최종사용자가 제품과 서비스를 구매하는 목적과 이에 따라 어떤 부분에서 혁신을 이뤄내야 하는지 확인해야 한다.

③ **혜택** : 최종사용자가 얻을 수 있는 가치를 확인한다. 제품의 특징이나 기능이 아닌 궁극적으로 얻을 수 있는 혜택을 구체화해야 한다. 예를 들면, 시간과 비용 등이 있다.

④ **선도고객** : 신기술 채택에 가장 큰 영향력을 미치는 고객이 누구인지

를 확인해야 한다. 이들은 다른 고객들의 구매에 대한 준거점이 된다.

⑤ **시장 특성** : 목표한 시장이 신기술의 도입을 장려하는 시장인지, 아니면 가로막는 시장인지 조사할 필요가 있다.

⑥ **파트너 또는 참가자** : 고객의 욕구를 충족시키는 해결책을 제시하기 위해 어떤 기업과 연합해야 하는지에 대해 조사할 필요가 있다.

⑦ **시장 규모** : 시장 점유 100%에 성공한다고 가정했을 때의 고객의 수는 얼마나 되는지 확인할 필요가 있다. 사업 초기의 너무 작은 시장은 창업팀에게 충분한 수익기반이 되지 않을 수 있다.

⑧ **경쟁자** : 고객 관점에서 사업의 경쟁자가 존재하는가를 조사할 필요가 있다. 실제로 유사하거나 유사한 것처럼 보이는 제품과 서비스가 이미 존재한다면 경쟁에 있어 위험이 된다.

⑨ **필수 보완재** : 고객의 수요를 충족하기 위해 필요한 다른 제품 또는 서비스가 있는가를 확인하는 것도 중요하다. 만약 그렇다면 그것을 제조 또는 서비스하는 기업과 협력할 필요가 있다.

2) 고객 프로파일링

세분화된 거점시장이 선정되면 시장조사 자료를 토대로 세부시장 최종사용자의 특징을 구체적으로 정의한다. 창업팀은 팔고자 하는 재화와 서비스를 단순하게 시장에 밀어 넣을 수 없다. 현대의 시장은 과거와 달리 경쟁시장으로 공급이 많고 수요는 정해져 있다. 고객은 경쟁 사이에서 재화와 서비스를 선택할 기회를 갖게 된다. 따라서 효과적이고 효율적인 사업을 위해서는 고객을 알아야 하고, 이들이 원하는 것을 제공해야 한다.

고객 프로파일링에서는 최종사용자와 별도로 실질적인 구매의사결정을 내리는 의사결정자를 식별하는 것이 중요하다. 최종사용자는 제품구매 의사결정에 중요한 역할을 하며, 구매의사결정자에게 영향을 미칠 수 있지만, 최종적인 구매결정에는 참여하지 못하는 경우도 많다. 최종사용자는 말 그대로 단지 재화 및 서비스를 사용하는 고객을 의미하기 때문이다. 반면 의사결정자는 제품을 사용하지 않더라도 제품 구매 여부를 결정할 수 있는 권한을 가진다. 즉, 의사결정자는 자금의 지출결정권한을 가진 사람이다. 경우에 따라서는 직접 구매결정을 내리지는 않지만 구매결정에 영향력을 행사하거나, 거부권을 행사하는 사람이 있을 수 있다. 또한 기업 간 거래의 경우처럼 구매결정자가 사람이 아니라 구매부서 등과 같이 조직인 경우도 존재한다. 이럴 경우 구매결정은 개인의 판단이 아니라 조직의 프로세스에 의해 이루어지므로 해당 조직의 구매의사결정 과정을 이해하는 것이 필요할 수 있다.

고객 프로파일링을 통해 최종사용자에 대한 정의가 끝나야만 시장규모의 산정이 가능해진다. 이런 구체화 과정을 거쳐 사용자의 요구사항을 확인하지 않는다면 제품이 고객에게 도달하는 것 자체가 불가능하다. 창업멤버 중에 최종사용자의 프로파일과 일치하는 사람이 있다면 그것은 큰 행운이라 할 수 있다. 최종사용자를 얼마나 이해하는가에 따라 성공이 좌우되기 때문이다. 따라서 최종사용자와 유사한 프로파일을 가진 사람을 경영진으로 영입하는 것도 좋은 선택이 될 것이다.

3 가격체계 수립

비즈니스 모델의 다른 구성요소와는 다르게 가격체계는 시장의 환경에 따라 계속 변화된다. 원자재 가격, 외환시장, 유가, 물류비용 등은 제품원가에 크게 영향을 미친다. 또한 시장의 구매력에 영향을 주는 가처분소득의 변동, 금리 등 자본비용, 투자규모의 변동 등도 가격에 영향을 미친다. 따라서 가격은 특정한 금액으로 설정되는 것이 아니라 매우 복잡한 변수들을 고려해서 만들어진 가격결정 체계를 통해 결정되어야 한다. 처음 시장에 출시되는 제품의 가격을 정확하게 산정하기란 매우 어려운 일이지만 다음에 제시될 요인들을 면밀하게 고려한다면 정확한 가격체계의 선정에 큰 도움이 될 수 있을 것이다.

가격산정에 있어서 가장 먼저 고려할 요인은 원가이다. 하지만 원가와 투자비용에 적정한 수익을 붙여 가격을 산정하는 방식은 대부분 적합하지 않다. 제품의 적정가격은 시장에서 결정된다. 따라서 가격체계는 시장분석을 통해 제품이 제공하는 고객 가치와 고객의 지불의사 등을 토대로 수립되어야 한다. 즉, 가격체계의 수립은 고객생애가치와 고객획득비용 등을 바탕으로 수립되어야 한다. 한 제품의 가격체계는 결국 고객생애가치와 고객획득비용의 변화에 따라 끊임없이 수정되며 완성점에 다가가는 나선형 구조를 따라가게 된다. 가격체계의 수립에 있어 원가와 관련된 생산투입요소 이외에 시장의 특성과 관련된 요인들에 주목할 필요가 있다. 크게 한계비용, 대체재, 가격탄력성 및 가격차별화 등의 요소들이 중요하게 고려되어야 한다.

1) 고정비용과 한계비용

경제학에서 고정비용은 첫 번째 제품이 생산되기까지 소요된 총 비용을 의미하는 반면, 한계비용은 한 단위의 제품이 추가적으로 생산되는 데 투입되는 비용을 의미한다. 일반적으로 한계비용은 생산규모가 늘어나면서 생산용량의 한계지점까지 지속적으로 체감되는 특징이 있다고 알려져 있다. 이러한 비용 개념의 정의는 전통적인 제조업 중심의 시각을 바탕으로 하고 있다. 그러나 최근에 등장하고 있는 정보기술 기반의 사업모델에서는 이러한 전통적인 비용구조와 어긋나는 사업 형태가 빈번하게 목격된다.

소프트웨어 산업의 경우 제품 한 단위를 추가 생산하는 데 필요한 한계비용은 0에 수렴한다. 한계비용이 0에 수렴한다면 기업은 거의 무한대에 가까운 제품을 추가적인 비용 없이 공급할 수 있는 공급능력을 가지게 된다. 상대적으로 소프트웨어는 첫 번째 제품을 만들기까지 소요되는 고정비용이 높다. 여기서 고정비용이 높다는 의미에는 제품 생산이 실패할 수도 있다는 위험까지 포함시킨 개념이다. 만약 고정비용이 매우 높아 신규진입이 어려운 반면, 한계비용이 0에 수렴한다면 일단 시장에 첫 제품을 성공적으로 출시한 기업이 시장을 독식하게 될 가능성이 매우 높아진다. 이는 소프트웨어 시장에서 이미 시장진입에 성공한 퍼스트 무버(first mover)가 있다면 이 기업은 마치 독점기업과 같이 소비자 잉여가 최소화되는 높은 가격체계를 유지할 가능성이 높은 반면, 신규진입기업은 제품의 생산비용에 비해 턱없이 낮은 가격으로 출혈을 감수하면서 시장에 진입해야만 경쟁이 가능하게 됨을 의미한다.

2) 대체재의 가격

기업이 고객의 관점에서 대체재의 존재 및 그 가격을 이해하는 것은 매우 중요하다. 이는 고객이 경쟁제품에서 얻는 가치와 지불 비용을 신중하게 검토해야 함을 말한다. 이를 바탕으로 자신의 경쟁력을 판단해 가격을 결정해야만 비로소 고객들로부터 창업팀의 제품과 서비스를 선택받을 수 있게 된다. 이를 위해서는 자료 수집과 분석이 어느 때보다도 중요하다.

뚜렷한 대체재가 존재하고 그것의 시장가격이 파악되었다면 여러분이 출시할 제품의 가격은 대체재의 가격 제안에 대비한 상대적인 부가가치가 가격산정에 중심요인이 되어야 할 것이다. 이때 가격의 증분은 가치의 증분과 선형적인 관계를 가지지 않을 가능성이 높다. 즉, 100원짜리 제품을 사용할 때 고객이 느끼는 가치에 대비하여 고객이 200원짜리 제품을 사용함으로써 늘어날 것으로 판단하는 부가가치와 1,000원짜리 제품을 사용할 때 고객이 느끼는 가치에 대비하여 1,100원짜리 제품에서 기대하는 부가가치의 크기가 다르다는 것이다. 따라서 대체재의 가치제안에 대비한 상대적인 부가가치의 크기와 대체재가 없을 경우를 가정했을 때 여러분의 제공할 것으로 기대되는 부가가치의 크기는 절대적인 기준으로 비교되기가 어렵다.

일반적으로 이미 대체재가 존재하는 시장에서 새 제품에 대해 고객이 느끼는 부가가치는 훨씬 낮을 가능성이 높다. 왜냐하면 전혀 대체제가 없는 완전한 신제품의 경우 고객은 기존에 경함하지 못했던 새로운 가치제안을 기대하므로 높은 지불의사를 가질 가능성이 있기 때문이다.

3) 가격탄력성

가격탄력성은 가격의 변동 폭에 대한 수요의 변동량을 의미한다. 가격탄력성이 높은 세분시장이라면 미세한 가격조정에도 수요량이 크게 변동할 가능성이 높다. 가격탄력성이 높은 시장에서는 가격산정에 더욱 신중을 기할 수밖에 없을 것이다. 가격탄력성은 앞서 설명한 대체재의 존재 여부와도 연결되어 있다. 대체재가 없을 경우 가격탄력성이 낮을 가능성이 높다.

가격탄력성은 가격체계의 수립에 있어서 매우 중요한 고려요소 중 하나이지만 이를 정확하게 알아내기는 쉽지 않다. 특히 명확한 대체재가 존재하지 않는 신규시장의 경우에는 가격탄력성을 가늠해 볼 수 있는 근거자료가 거의 없다고 할 수 있다.

가격탄력성의 분석에 있어서 또 하나의 어려운 점은 개별고객마다 가격탄력성이 다르다는 점이다. 즉, 세분시장의 종류에 따라서 가격탄력성이 다르며, 만일 세분시장의 구성계층이 변동한다면 그에 따라 가격탄력성이 변동할 것이다. 특히 고객이 특정 제품이나 서비스를 접할 때 인식하게 되는 가치는 그들이 처한 상황과 환경에 따라 다르게 나타난다. 가령 신제품이 얼리어답터들에게서 회의적인 대다수에게로 확산되기 시작하는 시점에는 적절한 가격변동이 요구된다.

4) 가격차별화 전략

고객집단에 따라 차별화된 가격체계의 수립전략을 고려해 볼 수 있다. 우선 거점시장의 목표고객 중 시범사용의 대상으로 고려하고 있는 고객집단이나 시장에 대한 영향력을 가지고 있는 고객집단에게는 유연한 가격체계를 적용하는 것이 바람직하다. 이들은 사업 초기에 매우 큰 도움을 주는 집단이다. 이들과의 협력을 통해 품질을 개선하는 데 도움을 얻을 수 있고, 다른 고객들의 구매결정에 영향력을 행사하기도 한다. 따라서 선지급금 할인, 시범 도입, 무료 체험 등 탄력적 가격체계를 적용함으로써 이들로부터 충분한 지지를 얻을 필요가 있다. 이들로부터 수집된 풍부한 사례와 현장 경험은 기업에 필요한 정보로 활용할 수 있고, 시장의 준거 역할을 함으로써 제품 개선에 크게 기여할 것이다.

한편 얼리어답터들은 상대적으로 가격탄력성이 낮다. 이들은 가격에 관계없이 신기술 자체에 호기심을 가지고 있는 특성이 있다. 따라서 이들에게는 가격 측면의 효용으로 접근하기보다는 기술의 선도성에 초점을 두면서 가격책정에서는 어느 정도의 여유를 가질 수 있는 접근방법이 바람직하다.

마지막으로 시장 확대 시점에서 접하게 되는 고객층은 대부분 가격에 민감한 수동적 고객층이다. 따라서 시장이 확대되는 시점에는 가격하락의 가능성을 염두에 두어야 한다. 다만, 이 시점의 고객군은 가격탄력성이 상대적으로 높기 때문에 한 번 내린 가격은 쉽게 다시 올리기가 어렵다. 따라서 가격을 올릴 수밖에 없는 상황에 처하기보다는 가격을 적정하게 책정한 후 할인을 허용하는 편이 더 낫다. 일단 낮은 가격에 익숙해진 고객은 제품에 대한 가치를 그 정도로 인식하기 때문에 가격이 인상된다면 이를 받아들이기 어렵다. 시장에 따라 가격인상이 불가피한 경우도 있지만 가격인상이 성공적인 결과를 가져오는 일은 드문 편이다.

4 시장규모 산정

시장조사를 통해 표적시장과 최종사용자 프로파일이 확정되고 가격산정이 완료되었다면 이를 근거로 시장규모를 추정할 수 있다. 시장규모 추정을 통해 거점시장의 규모가 적정한지 판단할 수 있으며 그렇지 못할 경우 시장세분화 단계를 다시 수행할 수도 있다. 시장규모의 추정은 사업계획서를 작성하고 투자를 유치하는 데 필수적인 요소이다.

1) 총유효시장(TAM) – 유효시장(SAM) – 수익시장(SOM)

시장규모의 추정에서 널리 활용되는 방법으로 [그림 4.1]에서 보는 바와 같이 총유효시장, 유효시장, 수익시장의 개념을 활용하는 것이다.

총유효시장(Total Addressable Market : TAM)은 스타트업의 사업모델이 포함되는 비즈니스 도메인 총 크기이다. 예를 들어, 옷을 판매하는 사업은 의류시장 전체가 총유효시장이 되며, 배달 앱을 개발하는 스타트업은 스마트폰 사용자 모두가 총유효시장이 된다.

유효시장(Serviceable Available Market : SAM)은 총유효시장 중 스타트업의 비즈니스 모델과 직접적으로 부합하는 시장이다. 배달 앱의 경우 현재 배달 앱을 설치하여 이용하고 있거나 앞으로 이용할 가능성이 있는 고객들이 이에 해당한다.

마지막으로 수익시장(Serviceable Obtainable Market : SOM)은 유효시장 내에서 초기에 접근이 가능한 시장규모이다. 스타트업의 생존과 직결된다는 의미에서 생존시장이라고 부르기도 한다.

2) 하향식 추정, 상향식 추정, 수평적 추정

시장규모의 추정은 크게 상향식 접근과 하향식 접근으로 구분할 수 있다. 하향식 분석은 시장보고서 등의 2차 자료를 토대로 시장규모를 추정하

[그림 4.1] 총유효시장, 유효시장, 수익시장

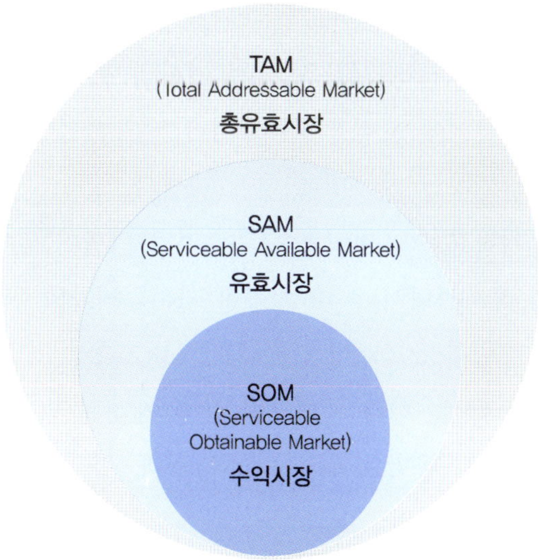

는 방식이다. 이 방법은 시장자료를 바탕으로 총유효시장을 추정하고, 비즈니스 모델의 특징과 최종사용자의 프로파일을 토대로 유효시장 및 수익시장으로 시장의 범위를 좁혀나가는 방식이다. 총유효시장은 공개된 자료와 보고서를 통해서 쉽게 유추가 가능한 장점이 있다. 하지만 스타트업의 표적시장으로 보기 어려운 너무 큰 시장이다. 따라서 하향식 추정은 최종적으로 산정된 수익시장의 규모에 대한 객관적 검증이 쉽지 않고 시장규모를 과장하는 경향이 있어 자칫 숫자 놀이의 함정에 빠질 가능성이 높다.

시장세분화를 통한 표적시장의 설정과 최종고객 프로파일 분석에 부합하는 시장규모 추정방식은 상향식 추정이다. 즉, 수익시장의 규모를 먼저 추정한 후, 향후 성장국면에서 달성이 가능한 유효시장의 규모를 추정하는 방법이다. 수익시장의 규모는 표적시장을 중심으로 실질적인 고객 목록이나 관련협회 회원 등의 자료를 습득하고 이를 토대로 구체적인 잠재고객의 수를 계량하는 방법으로 추정한다. 인적사항 등 잠재고객의 구체적인 특징을 바탕으로 추정하기 때문에 인구조사 방식이라 부르기도 한다. 수익시장의 크기는 표적시장의 명확성, 스타트업이 사업모델과 수행 역량 등을 토대로 추정되기 때문에 비교적 객관적 근거를 가질 수 있다. 생존시장을 파악하는 단계는 전체 시장을 보는 거시적 접근보다는 핵심 표적고객에 대한 세밀한 분석에 초점을 둔다. 이러한 의미에서 생존시장은 계산되는 것이 아닌 발견하고 찾아내는 것에 가깝다.

또 다른 시장규모 추정방법으로 수평적 방법이 있다. 수평적인 방법은 창업기업과 유사하면서, 이미 성공한 기존업체들의 수준과 비교해보는 방법이다. 이 방법이 효과적이기 위해서는 비교대상 기업과 창업기업의 조건이 매우 유사해야만 한다는 제약이 있다. 제시된 세 가지 접근방법은 원론적인 것으로 어느 방법도 충분한 것은 없다. 필요하다면 세 가지를 병행해서 사용해 볼 수 있다.

3) 연간 매출의 추정

수익시장의 최종사용자 규모가 도출되었다면 이를 바탕으로 개별사용자에게서 발생하게 될 연간 매출을 추정할 수 있다. 사용자 수에 한 사람당 매출액을 곱하면 연매출로 측정한 시장규모가 도출된다. 이 과정을 진행하기 위해서는 고객의 지불 의사를 추정하는 몇 가지 가정이 필요하다. 이를 위해 다음의 네 가지 질문을 확인하도록 한다.

① 동일한 가치를 얻기 위해 현재 지불하고 있는 비용은 얼마인가?
② 과거에 신제품이 출시됐을 때 고객은 얼마를 지불했는가?
③ 내가 잠재고객에게 제공하는 가치는 어느 정도인가?
④ 잠재고객이 보유한 예산은 어느 정도인가?

매출 추정은 보통 사업 시행 이후 3년에서 5년 정도의 기간에 대한 추정치를 산정한다. 〈표 4.2〉에 제시된 방법들을 참고해 볼 수 있다.

〈표 4.2〉 매출 추정 방법

항목	내용	예시
직접자료	국내·외 자료(각종 통계)를 통해 파악이 가능한 동일상품 판매총계를 잠재수요 예측의 기초로 삼는 방법	TV보급률, 스마트폰 보급률
상관관계	두 제품 간의 일정한 관련성이 있는 경우 한쪽 매출액을 기준으로 다른 상품의 잠재수요를 예측하는 방법	PC게임 매출과 그래픽카드 매출
소비율	가계의 지출대상 중 제품과 관련된 소비영역의 소비비율과 소비추이를 근거로 추정하는 방법	가계소득×통신비 지출비율
시계열 및 수리모형	판매액 변동에 영향을 미치는 여러 시장요소를 독립변수로 하고, 매출액을 종속변수로 하는 수리적 혹은 통계적 모형으로 선정하는 방법	과거 매출, 시장요인, 거시요인 등을 이용한 회귀분석

매출 추정의 과정은 많은 가정과 전제가 포함되어 있다. 따라서 추정된 수치에 대한 신뢰를 높이기 위해서는 다음의 요건을 갖추어야 한다. 첫째, 매출액의 추정은 시장세분화에 근거하여 설정된 목표시장을 초점으로 분석되어야 한다. 가령 반려동물 용품을 판매하는 매장의 매출을 추정한다고 할 때, 만일 국내 반려동물 용품 총매출에 적절한 비율을 곱하는 방식으로 추정한다면 결과의 신뢰성이 높을 수 없다. 매장 위치와 주요한 목표고객층의 특징(연령, 성별, 가구원 수, 거주형태 등)이 확정된 이후, 유동인구, 구매력 등을 고려한 목표고객층 규모가 산정된 이후에 이를 토대로 객관적인 매출규모를 추정할 수 있다. 둘째, 구체화되지 않은 세분시장은 수치화된 매출규모에 포함시키기보다는 추가적인 가능성으로 표현하는 것이 더 바람직하다. 현실화된 시장과 잠재시장의 추정매출액 수치가 함께 표현된다면 목표시장의 불확실성을 높이게 되고 잠재투자자들의 신뢰를 얻기 어렵게 된다. 셋째, 매출액 추정은 합리적인 근거를 가지고 있어야 한다. 매우 관련성이 높은 통계자료 등 객관적 자료와 합리적 추정논리가 제시되어야 한다. 신뢰도가 높은 기관의 자료를 활용해야 하며, 수식, 표, 그래프 등을 활용하여 표현하는 것이 좋다. 무엇보다, 다음 장에서 설명하게 될 고객 개발 및 검증 과정에서 직접적인 실험을 통해 획득된 자료를 바탕으로 추정하는 것이 가장 합리적이다.

05

비즈니스 모델 개발

1. 비즈니스 모델의 개념
2. 비즈니스 모델의 구성요소
3. 비즈니스 모델의 유형과 사례

1 비즈니스 모델의 개념

1980년대까지만 해도 비즈니스 모델(business model)은 특별한 용어가 아니었다. 제조, 유통, 소매, 서비스 등의 업종 구분이나 전자, 화학, 운송, 금융 등과 같은 산업 구분만으로도 한 기업의 비즈니스 모델을 설명하는 것이 충분하였다. 비즈니스 모델이 본격적으로 다양화된 것은 1990년대에 시작된 정보통신혁명과 밀접한 관련이 있다. 인터넷 관련 비즈니스가 급속하게 성장하며 많은 스타트업들이 이전에 없었던 새로운 비즈니스 모델을 제시하기 시작하였다. 아마존(Amazon), 델(Dell), 우버(Uber) 등은 기존과 다른 독특한 사업방식으로 새로운 형태의 비즈니스 모델을 제시한 대표적 기업이다.

비즈니스 모델은 한 기업이 어떻게 수익을 창출하는가를 설명하는 개념적 도구이다. 비즈니스 모델은 비즈니스를 구성하는 여러 요소들이 서로 어떠한 관계를 가지며 어떻게 가치창출에 활용되는가를 설명한다. 즉, 비즈니스 모델은 한 기업의 비즈니스 논리를 표현하는 개념적 모델이라고 할 수 있다. 구체적으로 비즈니스 모델은 [그림 5.1]과 같이 ① 기업이 제공하는 가치가 무엇이고(가치제안), ② 이 가치를 고객에게 전달하는 방법과 관련된 기업의 활동은 무엇이며(프로세스), ③ 이 활동을 수행하는 데 필요한 기업의 역량 및 파트너와의 관계가 어떻게 정의되며(자원), ④ 이를 통해 어떻게 지속적으로 수익이 창출될 수 있는가(수익모델)를 설명한다.

비즈니스 모델에는 제품 및 서비스 자체에 대한 설명뿐만 아니라, 그것이 제공하는 가치, 표적고객과 고객획득 방식, 제품 및 서비스의 가격 산정, 판매 후 지원 서비스의 제공 방식, 수익구조 및 비용구조 등과 같은 다양한 구성요소들이 포함된다. 비즈니스 모델의 설계는 다양한 방식으로 이루어지고 있으며, 비즈니스 모델의 형태 및 비즈니스 모델이 포괄하고 있는 범위 역시 매우 다양하게 제시되고 있다. 예를 들어, 어떠한 비즈니스 모델은 제품이나 서비스가 고객에게 전달되기까지의 과정을 간단히 제시

[그림 5.1] 비즈니스 모델의 구조

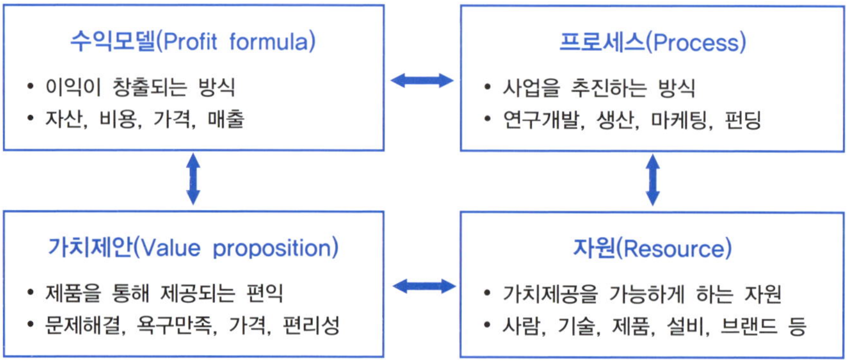

출처 : Christensen et al., *The Innovator's Prescription*, McGraw-Hill : 2009.

하는 반면, 어떤 비즈니스 모델은 재무적인 수익창출 방법과 구체적인 사업 실행 계획을 포함하고 있기도 하다. 이러한 비즈니스 모델의 다양성은 비즈니스 모델의 명확한 개념을 이해하는 데 있어 애로사항으로 작용한다. 특히 산업 유형이나 업종, 기술 분야에 따라서 서로 다른 절차로 비즈니스 모델이 개발되어야 하는 경우도 존재할 수 있다.

2 비즈니스 모델의 구성요소

비즈니스 모델에 대한 통일된 정의는 없지만, 모든 비즈니스 모델에 공통적으로 포함되어야 하는 핵심적인 요소를 크게 ① 가치제안(Value proposition), ② 고객획득모형(Customer acquisition model), ③ 비즈니스 기반(Business infrastructure), ④ 재무모형(Revenue model)으로 구분할 수 있다. 오스터왈더(Osterwalder, 2010)는 이를 더욱 세분화하여 비즈니스 모델의 핵심 구성요소를 크게 9가지의 블록으로 구성하고 이들 간의 논리적 관계

[그림 5.2] 비즈니스 모델 캔버스

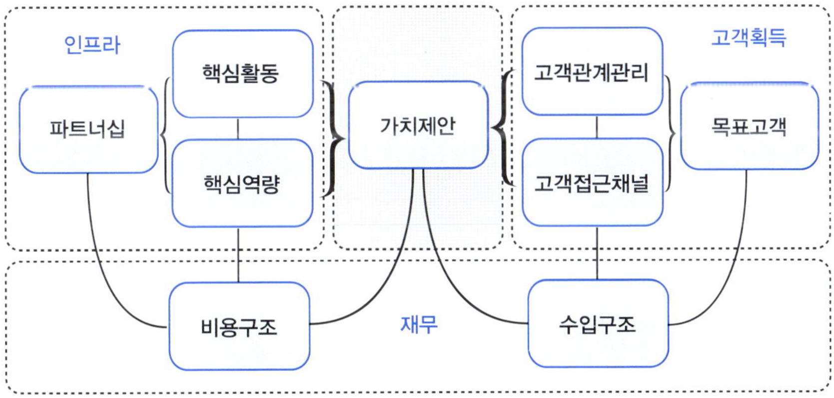

출처 : Osterwalder & Pigneur, *Business Model Generation*, Wiley, 2010.

를 표현하는 비즈니스 모델 캔버스를 개발하였다.

비즈니스 모델 캔버스는 9가지 구성 요소 중 가장 핵심이 위치하는 가치제안을 중심으로, 고객획득 부분의 3요소와 비즈니스 인프라의 3요소가 논리적으로 연결된 구조를 가진다. 고객획득 부분의 3요소는 고객세분화를 통한 목표고객의 정의, 목표고객의 획득 및 관계유지를 위한 활동, 목표고객에게 접근하기 위한 채널 정의로 구성되며 이 3가지 요소를 통해 수입구조가 규정된다. 비즈니스 인프라 모형에서는 가치제안을 만들어내기 위한 핵심역량과 핵심활동 및 파트너와의 협력구조를 3가지 요소로 정의하였으며 이 3가지를 통해 회사의 비용구조가 정의된다.

[그림 5.2]는 9개의 비즈니스 모델 구성요소를 도식화한 비즈니스 모델 캔버스이다. 비즈니스 모델 캔버스는 가치제안과 수입 및 비용구조를 중심으로 비즈니스 모델의 구성요소가 어떻게 유기적으로 연결되고 있는지를 잘 보여준다.

1) 가치제안(Value proposition)

가치제안은 비즈니스 모델의 중심에 있는 가장 핵심적 요소이다. 비즈니스 모델의 다른 요소들, 즉 고객획득모형, 핵심역량과 파트너십, 수익모형은 모두 가치제안을 중심으로 그 설계가 전개된다. 뚜렷한 대상에 대한 객관성 있는 가치제안의 정의는 창업과정에서 필요한 자원의 확보를 원활하게 하는 밑받침이 된다. 투자유치, 인력확보, 시장개척 등 이후의 모든 활동에 있어서 대상을 설득할 수 있는 밑바탕은 바로 모두를 설득할 수 있는 강력한 가치제안이다. 따라서 매력적인 가치제안을 개발하는 것은 비즈니스 모델 개발의 출발점이자 가장 본질적인 활동이다.

가치제안은 용어의 친밀함에 비해 다양한 유사용어와 변형된 개념들이 존재하는 복잡한 비즈니스 개념이다. 간략하게 설명한다면 가치제안은 '누구에게, 어떤 편익(benefits)을, 어떻게 차별화된 방식으로 제공하는가'를 정의하는 것이다. 즉, 가치제안에는 〈표 5.1〉에 제시된 ① 목표고객 설정과 니즈(문제)의 정의, ② 제공되는 제품・서비스의 개념, ③ 제품・서비스가 니즈(문제)를 해결하는 방식과 그 차별성이 핵심적으로 포함되어야 한다.

가치제안은 제품의 사양이나 기술적 특징을 설명하는 것이 아님에 유의해야 한다. 가치제안은 제품・서비스를 매개로 고객에게 전달되는 가치를 의미하는 것이며, 이는 제품의 언어가 아니라 가치 수혜자인 고객의 언어

〈표 5.1〉 가치제안의 구성요소

구성요소	핵심질문	평가요소
WHO	누구의 어떤 니즈를 위한 것인가?	목표고객과 문제(니즈) 정의의 타당성 (Target customer and needs)
WHAT & HOW	무엇을 어떻게 제공하며 어떻게 문제가 해결되는가?	문제(니즈)-제품의 부합성 (Market-product fit)
WHY	왜 다른 방식으로는 해결할 수 없는가?	제품의 경쟁우위 (Comparative advantage)

〈표 5.2〉 가치제안의 유형

유형	가치제안	대표 사례
성능향상	기존 제품보다 나은 성능을 제공	컴퓨터 · 세제 · 타이어
맞춤화	개인의 차별화된 취향에 부합	고객선택형 주문(Dell · 4food.com)
편리성	쉽고 빠르게 사용할 수 있는 제품	전자동커피머신 · 토스(Toss)
위험감소	고객의 불안요소와 위험요인 제거	FedEx 익일배송 · 현대차 워런트
비용절감	고객에게 유발되는 비용 제거	클라우드 서비스(Salesforce.com)
접근성	탐색비용 및 거래비용 제거	카쉐어링(Zip car)
낮은 가격	성능 및 효용대비 낮은 가격, 경제성	할인마트 · 저가항공
디자인	심미성, 인체공학적, 감성만족	애플워치
문제해결	고객의 고통 해소	공기청정기

로 기술되어야 한다. 가령, 자동차가 고객을 이동할 수 있게 해주는 것은 제품의 기능이다. 고객이 자동차를 이용함으로써 버스를 기다릴 필요가 없고 버스에 비해 안락하고 빠르게 이동하게 된다면 그것이 자동차가 제공하는 가치제안이다. 즉, 가치제안은 목표고객이 제품 · 서비스를 구매해야만 하는 이유를 설득해야 하며, 오직 고객의 니즈(문제)를 제품을 통해 해소할 수 있을 때만 실현된다.

가치제안의 유형을 모두 나열할 수는 없지만, 일반적으로 고객의 관점에서 몇 가지 대표적인 가치제안의 유형을 구분해 볼 수 있다. 〈표 5.2〉는 대표적인 가치제안의 유형과 사례를 보여준다. 표에서 확인할 수 있듯이 가치제안은 제품의 관점이 아닌 사용자의 관점에서 정의되는 개념임을 주목해야 한다.

2) 고객획득모형(Customer acquisition model)

고객획득모형은 가치제안을 중심으로 ① 고객세분화와 목표고객 설정, ② 목표고객에의 접근채널, ③ 고객관계관리 활동의 정의로 구성된다. 이 영역에서는 잠재고객의 제품 인지(perception)와 평가, 마케팅 및 구매의 거래과정, 제품 전달 및 사후관리에 이르는 모든 과정이 어떠한 활동으로 수행되는지가 정의되어야 한다.

(1) 목표고객(Target Customer)의 설정

가치제안이 아무리 매력적이라 하더라도, 제품과 서비스를 실제로 구매하는 고객이 존재하지 않는다면 아무런 의미가 없다. 따라서 고객획득모델은 제품을 판매할 뚜렷한 목표고객을 설정하는 것에서 출발해야 한다. 뚜렷한 목표고객이 설정되지 않은 비즈니스 모델은 누군가는 우리 제품을 구매할 것이라는 모호한 가설에 기반을 두고 사업이 추진되는 위험성을 가진다. 가령 '중국인구의 1%만 고객으로 확보해도 수천만 대의 제품을 팔 수 있을 것이다'같은 생각은 뚜렷한 목표고객이 설정되지 않은 비즈니스 모델의 허구성을 보여준다. 아무리 낮은 점유율이라 하더라도 뚜렷한 목표고객이 정의되지 않으면 부족한 자원을 불필요한 곳에 허비하게 된다. 목표고객의 설정은 체계적인 시장세분화 과정을 통해 정의되어야 한다. 이에 대해서는 앞의 '4장 시장분석'에서 구체적으로 다루었다.

(2) 고객접근채널(Channel)

고객접근채널의 정의는 제품과 서비스가 목표고객에게 도달하기까지의 물리적, 논리적 과정을 정의하는 것이다. 제조업에서 일반적으로 일컫는 유통망은 대표적인 접근채널이다. 접근채널은 판매 매장과 같은 물리적 공간, 인터넷이나 전화와 같은 통신매체, 전문 유통업체 같은 기존 유통망, 혹은 영업직원과 같은 사람 등 다양한 유형을 포함한다. 접근채널은 고객에 접근하는 방식에 따라 직접채널과 간접채널로 구분할 수도 있고, 채널의 소유방식에 따라 직접소유와 협력관계로 구분할 수도 있다. 하나의 비즈니스 모델에 여러 개의 접근채널이 정의되는 경우도 있다. 접근채널은 제품과 서비스의 전달이 가장 효율적인 방법으로 이루어지도록 설계되어야 한다. 또한 제품이 목표고객에 쉽게 노출될 수 있도록 하려면 잠재고객의 일상적 활동과도 결합된 채널이 바람직할 것이다.

(3) 고객관계관리(Relationship Management)

고객관계관리란 접근채널을 접점으로 하여 발생하는 비즈니스와 고객과의 관계설정 및 관계강화 활동을 의미한다. 이는 영업직원과 고객 간의 제품판매를 위한 거래활동을 기본적으로 포함하여 그 이외의 다양한 형태의 상호작용을 모두 포괄한다. 즉, 잠재고객의 제품인지에서, 평가, 구매 및 전달 및 사후관리에 이르기까지의 전 과정에서 비즈니스가 고객을 대상으로 수행해야 할 활동을 정의하는 것이다. 예를 들어, 홍보나 마케팅 방법, 제품 평가를 위한 추천시스템, 제품의 잠재고객과 관련된 커뮤니티나 사회연결망 활동, 반품 및 사후서비스, 콜센터 등 고객서비스 관련 활동 등도 고객관계관리 활동으로 정의된다.

3) 비즈니스 인프라(Business Infrastructure)

비즈니스 인프라는 비즈니스 모델이 실제로 작동하기 위해서 요구되는 자원과 필요 활동을 정의한다. 비즈니스 인프라는 제시된 비즈니스 모델이 실제로 구현될 수 있는가를 판단하는 데 중요한 영역이다. 대부분의 스타트업은 충분한 자원을 가지고 있지 못하지만, 제시된 가치제안이 실제로 구현되는 데 필요한 핵심역량은 뚜렷하게 제시되어야 하며 현재 보유한 것과 보유해야 할 것이 명확하게 구분되어 제시되어야 한다. 보유되지 않은 자원의 경우 관련 자원을 보유한 다른 기업들과 어떤 방식으로 협력하는 지가 구체적으로 제시되어야 한다.

(1) 핵심역량(Core Capability)과 핵심활동(Key Activities)

핵심역량은 비즈니스 모델을 실행하는 데 있어서 요구되는 가장 중요한 자산을 일컫는다. 여기에는 제조설비, 매장, 정보시스템, 운송장비, 기계설비 등 물리적 자산과 브랜드, 지식, 특허, 저작권, 데이터 등 지적자산이 포함된다. 또한 창업팀의 인적자원, 사회적 자산 및 재무자산의 보유 여부 역시 중요한 핵심역량에 포함된다. 일반적으로 비즈니스 모델의 설계단계에서는 기업이 확보한 자산이 아닌 가치제안의 구현에 요구되는 자산 모두를 정확하게 나열하는 것이 중요하다. 보유하지 못한 자산을 어떻게 확보할 것인지는 사업계획의 실행단계에서 구체화되어야 할 부분이다. 그럼에도 불구하고, 가장 핵심적인 자산의 경우에는 보유하고 있는 것이 중요하다.

(2) 가치사슬 네트워크와 파트너십(Partnership)

파트너십은 가치사슬 네트워크 및 산업구조 분석을 통해 사업의 핵심역량과 산업 내 보완역량을 분석하고 효과적인 제휴 및 사업계획 운영전략의 설정에 유용하다. 한편 가치 네트워크란 비즈니스 모델을 지원하는 부가적 협력업체들의 집합을 의미하며, 고객을 포함하여, 공급업체, 소매업체와 유통업체, 제휴업체, 보조적 산업의 참여자 등이 포함된다.

이 가치사슬 네트워크는 가치사슬이 어떻게 연결되어 있으며 가치사슬에 포함되어 있는 활동의 주체가 누구인지 그리고 가치사슬이 확장됨에 따라 발생 가능한 수익과 비용을 개략적으로 예측하는 데 도움을 준다. 필요에 따라 가치사슬 네트워크에는 잠재적 혹은 직접적 경쟁기업들을 포함하기도 한다. 기술 또는 제품·서비스의 경쟁자는 목표시장의 유사성과 기술의 유사성에 따라 직접경쟁자, 간접(대체재)경쟁자, 잠재적 경쟁자 등이 고려될 수 있다. 직접경쟁자는 목표시장과 기술능력이 유사한 경쟁자를 의미하며, 간접경쟁자는 시장 유사성은 높지만 기술능력에는 차이가 있는 경쟁자를 의미한다. 잠재적 경쟁자는 시장 유사성은 낮지만 기술능력이 비슷한 경쟁자를 의미한다.

4) 수익모델(Profit Model)

수익모델은 정립된 가치제안을 바탕으로 사업의 비용구조(cost structure)와 수입구조(revenue structure)를 제시하고 이를 기반으로 하여 수익이 발생하는 논리를 설명한다. 비즈니스 모델 캔버스에서 가치제안을 중심으로 우측에 위치한 고객획득모형, 즉 목표고객, 고객접근채널, 고객관계 활동을 근거로 비즈니스 모델의 수입구조가 논리적으로 도출되어야 한다. 수입구조는 비즈니스 모델과 시장분석을 토대로 제품가격, 예상 시장 크기 및 고객 규모 등의 추정이 수반되며 비즈니스 모델이 수입을 만들어 내는 논리를 설명한다. 제품·서비스를 어떠한 방식으로 판매할 것이며, 요금은 어떠한 방식으로 받을 것인지, 제품·서비스의 시장이 수용할 수 있는 적절한 가격은 어느 정도인지가 제시되어야 한다.

한편, 가치제안을 중심으로 좌측에 존재하는 비즈니스 인프라, 즉 핵심역량, 핵심활동 및 파트너십은 비즈니스 모델의 비용발생 논리를 설계하는 토대가 된다. 비용구조가 도출되기 위해서는 연구개발, 제품개발, 인력확보, 설비구축 및 파트너와의 이익배분 방법 등의 내용이 비즈니스 모델에 포함되어야 한다. 구체적으로 기술개발원가는 얼마인지, 기술을 제품·서비스화하는 데 소요되는 비용은 얼마인지, 가치사슬 네트워크를 구축하는 데 소요되는 비용은 얼마인지가 제시되어야 한다.

수입구조와 비용구조가 정의되면 비즈니스 모델의 예상 이익을 추정할 수 있고, 이를 통해 비즈니스 모델의 경제성을 판단할 수 있다. 결국 비즈니스 모델의 모든 구성요소들은 궁극적으로 비즈니스 모델의 수익창출 논리를 체계적으로 제시하는 데 활용되며, 이를 통해 투자자들과 사업행위자들 모두에게 비즈니스의 수익창출 가능성을 논리적으로 판단할 수 있는 근거로 활용된다. 즉, 수익모델이 비즈니스 모델의 구성요소로부터 논리적으로 도출되기 때문에, 때때로 어떤 사업의 수익모델을 말할 때는 비즈니스 모델을 포함하는 의미로 사용되기도 한다.

3 비즈니스 모델의 유형과 사례

비즈니스 모델의 종류는 지금까지 살펴본 구성요소들이 어떻게 정의되는가에 따라 다양하게 나타난다. 일반적인 분류기준인 수익모형에 따른 분류를 살펴본 후 가장 독특하면서 중요한 유형인 플랫폼 비즈니스에 대하여 자세히 알아보도록 한다.

1) 수익모형에 따른 분류

비즈니스 모델의 유형을 쉽게 구분하는 방법은 비즈니스가 수익을 창출하는 방식인 수익모델의 특징을 바탕으로 구분해 보는 것이다. 〈표 5.3〉은 여러 유형의 수익모델을 제시하고 있다. 앞서 설명한 바와 같이, 가치제안, 제품, 시장, 핵심역량 등 비즈니스 모델의 구성요소의 특징에 따라 가장 적합한 수익모델이 결정될 수 있다. 창업자들은 제시된 모델을 선택하거나 이들을 혼합한 모형을 현재의 비즈니스에 적용해 볼 수 있다. 또한 이런 비즈니스 모델을 바탕으로 다른 산업을 참고하는 것도 비즈니스 모델의 개발과 혁신에 유용한 방법이다.

2) 플랫폼 비즈니스

인터넷과 모바일 혁명으로 새롭게 나타난 특수한 유형의 비즈니스 모델 중 가장 중요한 유형이 바로 플랫폼 비즈니스이다. 다수의 이해관계자가 교류하는 플랫폼은 그 자체가 하나의 훌륭한 비즈니스 모델이 된다.

(1) 다면시장(multi-sided markets) 비즈니스 모델

플랫폼은 서로 다른 목적을 가진 고객집단이 서로 상호작용하며 각자가 원하는 가치를 얻어가는 물리적 혹은 가상의 공간이다. 예를 들어, 상거래 플랫폼에는 판매자와 구매자, 배달 플랫폼에서는 배달 음식점과 소비자,

〈표 5.3〉 **수익모형에 따른 비즈니스 모델의 사례**

유형	수익모형	특징 및 사례
원가기반	제품의 생산비용에 적정한 이윤을 더하여 판매	대부분의 제조업 상품
투입시간	서비스 제공시간에 비례하여 과금	서비스 업종에서 주로 활용, 수요기반 모형
구독모델	약정된 서비스 이용기간 동안 지정된 금액을 과금	지속적인 매출 발생, 약정기간 다양화를 통한 유연성
기술이전	특허 등 지식재산권을 라이선싱하고 제품의 판매수익 일부를 회수	낮은 위험, 특허의 가치가 높을 경우 가능, 최종고객 피드백이 없음
보완재	주제품을 저가로 제공하고 주제품과 호환되는 소모품 판매로 수익	고객의 초기비용을 낮추는 대신 지속적 구매를 유도(예 면도기, 프린터 등)
업셀링	주제품의 이윤은 낮지만 추가로 판매하는 제품의 이윤이 높은 경우	고부가가치 부품의 확장 (예 카메라 렌즈, 자동차 튜닝 등)
광고	고객 확보를 통해 제3자인 광고주로부터 수익을 얻는 방법	간접수익으로 다수의 고객확보 필요 (예 구글, 신문, 잡지 등)
거래수수료	거래플랫폼을 제공하고 플랫폼 내 거래에 대한 수수료 부과	(예 온라인 쇼핑몰, 신용카드)
정액 요금제	사용량과 기간을 약정하고 반복적으로 과금	예측가능성이 높음, 낮은 기본료에 비해 높은 추가요금(예 통신사업, 전기 등)
종량제	사용량만큼 비용을 부과하는 방법	고객의 비용통제 편리와 유연성 (예 클라우드 서비스)
정보제공	확보한, 혹은 가공한 데이터에 대한 한시적 접근권을 제공하고 수익	(예 링크드인의 구직자 정보, 병원의 진단 정보)
컨설팅	고객사가 직접 수행하기 어려운 일을 대신해 주는 비즈니스 모델	인력 중심, 축적된 비즈니스 노하우 (예 시스템 구축, SI 산업 등)
프랜차이즈	제품을 직접생산하지 않고 아이디어, 노하우, 재료 등을 가맹점에 제공	인지도 높은 브랜드의 효과적 유통
소액결제	온라인 결제수단을 이용하여 1만 원 미만의 소액 콘텐츠/서비스 제공	낮은 한계비용 (예 모바일 앱, 게임)
이익공유	고객의 비용절감이나 수익창출을 도와주고 그 이익분을 공유하는 방식	(예 에너지 비용 절감 서비스, 벤처캐피탈 등)

[그림 5.3] 구글의 플랫폼 비즈니스 모델

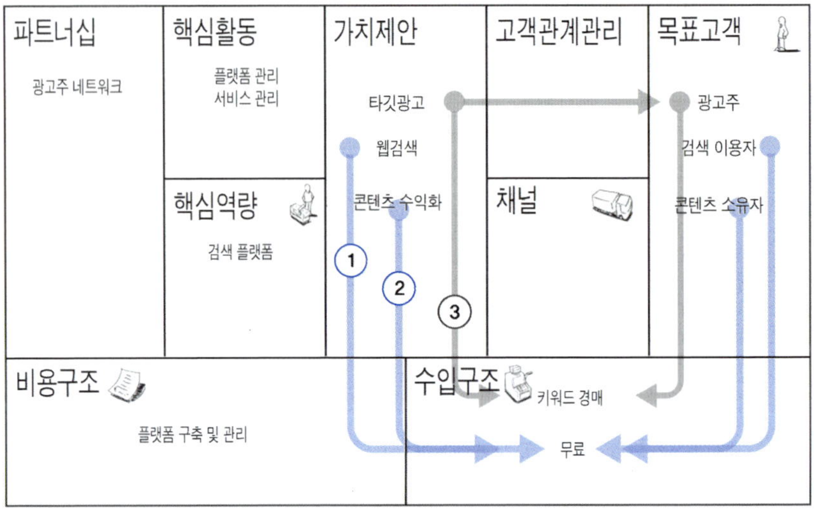

출처 : Osterwalder & Pigneur, *Business Model Generation*, Wiley, 2010.

동영상 플랫폼에서는 영상 제작자, 시청자, 광고주가 각기 플랫폼 참여자로써 각자의 가치를 획득한다. 즉, 플랫폼 비즈니스는 두 부류 이상의 고객 집단이 존재하며 각자 다른 종류의 가치를 획득한다. 이러한 의미에서 플랫폼 비즈니스를 다면시장(multi-sided markets) 비즈니스 모델이라고도 한다.

[그림 5.3]은 구글의 비즈니스 모델을 비즈니스 모델 캔버스에 도식화한 것이다. 구글의 비즈니스 모델은 ① 인터넷 검색이용자, ② 광고주, ③ 콘텐츠 소유자의 세 부류의 고객집단을 대상으로 하는 다면시장 플랫폼 비즈니스다. 캔버스에 나타난 것처럼 플랫폼 비즈니스는 가치제안과 수입구조가 목표 고객집단별로 다르다는 점에 주목해야 한다.

검색이용자에게는 인터넷 검색서비스를 무료로 제공하고(①), 콘텐츠 소유자들에게는 AdWords나 AdSense 서비스를 통해 자신들의 콘텐츠에 검색

광고를 붙여 수익을 얻을 기회(②)를 제공하며, 광고주들에게는 경매를 통해 구매한 키워드를 이용한 키워드 기반 표적광고 서비스를 판매한다(③).

(2) 네트워크 효과와 쏠림현상

플랫폼 비즈니스의 가치는 참여자의 수에 의해 좌우된다. 참여자가 늘어날수록(다른 기능적 변화가 없더라도) 플랫폼의 가치가 커지게 되는데 이러한 현상을 네트워크 효과(network effects)라고 부른다. 특히 서로 다른 두 부류의 참여자 수가 상호적으로 상승하는 현상을 교차 네트워크 효과(cross-network effects)라고 한다.

[그림 5.4]는 온라인 자가출판(self-publishing) 플랫폼인 Lulu.com의 비즈니스 모델을 도식화한 것이다. 자가출판 플랫폼의 목표고객은 자가출판을 원하는 작가들(작가주의 작품 등과 같이 수요가 적은 출판물의 저자들)과

[그림 5.4] Lulu.com의 플랫폼 비즈니스와 교차 네트워크 효과

<table>
<tr><td rowspan="2">파트너십</td><td>핵심활동
플랫폼 관리
물류관리</td><td rowspan="2">가치제안
셀프 퍼블리싱 서비스
니치(niche) 콘텐츠 거래시장</td><td>고객관계관리
커뮤니티 관리
온라인 이용자 프로파일</td><td rowspan="2">목표고객
니치 콘텐츠 작가
니치 콘텐츠 소비자</td></tr>
<tr><td>핵심역량
온-디맨드 출판 플랫폼</td><td>채널
Lulu.com</td></tr>
<tr><td colspan="2">비용구조
플랫폼 구축 및 관리 비용</td><td colspan="3">수입구조
판매 수수료(저가)
퍼블리싱 서비스 이용료</td></tr>
</table>

출처 : Osterwalder & Pigneur, *Business Model Generation*, Wiley, 2010.

[그림 5.5] 교차 네트워크 효과

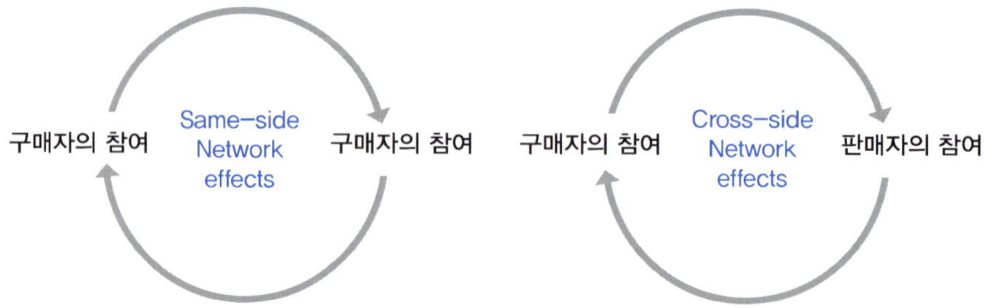

이들의 작품을 원하는 틈새시장 독자들이다. 이 플랫폼은 자가출판 작가 수가 늘어나야만 독자들의 가입이 늘어날 것이며, 같은 논리로 구독하는 독자들의 수가 늘어나야만 자가출판 작가들의 작품들도 증가할 것이다. [그림 5.5]는 이러한 네트워크 효과의 선순환 작용을 나타낸다. 플랫폼에는 구매자의 참여가 다른 구매자의 참여를 촉진하는 동일 네트워크 효과와(혹은 판매자가 다른 판매자의 참여를 촉진), 구매자의 참여가 플랫폼의 또 다른 참여자 그룹인 판매자의 참여를 촉진하는(혹은 그 반대의 경우) 교차 네트워크가 공존한다. 이러한 교차 네트워크가 존재하는 플랫폼에서는 두 부류의 고객 그룹이 플랫폼 참여를 서로 촉진하는 선순환이 나타날 수 있다.

또 하나 플랫폼 비즈니스의 중요한 특징은 거대 플랫폼으로의 쏠림 가능성이다. 네트워크 효과는 유사 플랫폼 간의 경쟁에서 특정한 하나의 플랫폼으로의 고객 쏠림 현상을 유발할 가능성이 높다. [그림 5.6]에서 점유율이 비슷했던 두 플랫폼 A와 B의 초기 경쟁에서 한 플랫폼(A)으로 고객 유입이 증가하면 이 플랫폼의 가치가 높아져 다시 신규고객의 유입을 촉진하는 선순환이 나타난다. 반대로, 초기 경쟁에서 뒤처진 플랫폼 B는 상대적인 가치가 감소하여 지속적인 고객이탈이 촉진된다. 그림의 단계 2에

[그림 5.6] 네트워크 효과에 의한 플랫폼 독식

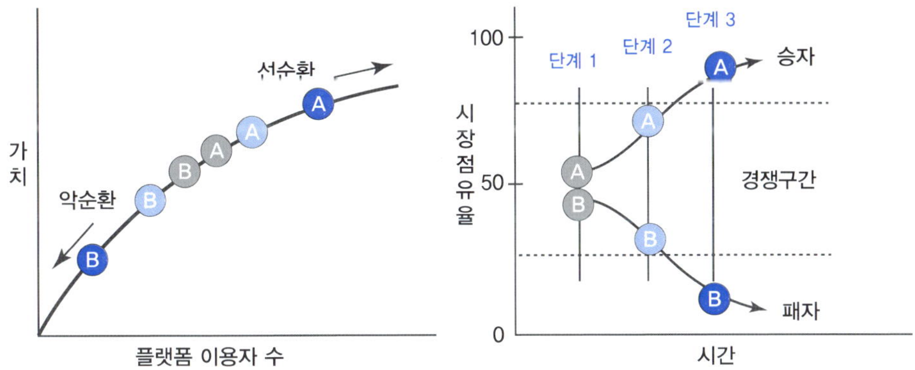

출처 : Shapiro and Varian, *Information Rules : A Strategic Guide to the Network Economy*, Harvard Business Review Press, 1998.

서 플랫폼 A에 참여하는 고객은 단계 1에서 참여하는 고객에 비해 더 큰 가치를 느낀다. 같은 논리로 단계 3에서 플랫폼 A에 참여하는 고객은 이전 단계에 참여한 고객에 비해서 더 큰 가치를 느낀다. 즉, 참여자의 증가만으로 플랫폼 A는 시간이 갈수록 플랫폼 B에 비하여 더 높은 경쟁력을 가지게 된다.

이러한 쏠림이 지배하는 환경에서는 유사한 플랫폼이 공존하기 힘들다. 따라서 다면시장을 목표고객으로 하는 플랫폼 비즈니스의 경우 더욱 정교한 사업전략이 요구된다. 선순환 기능이 작동하는 거대 플랫폼이 이미 존재하는 경우 강력한 네트워크 효과가 작동하므로 기 확보된 경쟁사의 고객을 빼앗아 오는 것은 거의 불가능하기 때문이다. 네트워크 효과가 작용하는 시장에서의 독과점 가능성은 이론적으로도 많은 연구가 수행되었다. 구글, 마이크로소프트, 유튜브, 페이스북 등과 같은 거대 독점기업이 존재한다면, 이는 지배사업자의 독점적 지위가 강화되는 시장임을 말한다.

(3) 플랫폼 전략의 성공조건

플랫폼 전략이 항상 성공하는 것은 아니다. 플랫폼 전략을 잘못 사용하면 오히려 더 큰 비용을 치를 수 있다. 플랫폼의 구성요소들이 유기적으로 연결돼 있기 때문에 하나가 잘못되면 연쇄적인 영향을 가져오기 마련이다. 특히 서로 다른 부류의 고객이 상대의 이탈을 촉진하는 악순환이 나타날 수도 있다.

플랫폼이 긍정적인 방향으로 성장하기 위한 전략으로 크게 호환성(compatibility), 보완성(complementarity) 그리고 연결성(connectivity)의 촉진을 들 수 있다. 호환성(compatibility)이란 플랫폼과 모듈, 그리고 모듈과 모듈 간에 충돌 없이 원활하게 작동할 수 있도록 하는 것이다. 예를 들면, 마이크로소프트의 오피스 프로그램들은 상호 호환성을 극대화하여 개인용 컴퓨터 프로그램 시장에서 애플의 추격을 따돌릴 수 있었다. 또 기존 플랫폼이 지속적으로 발전하기 위해서는 새로운 제품과의 호환성도 중요하다. 새로운 제품이 기존 제품과 호환되지 않는다면 제품 간의 단절이 생겨 오히려 더 많은 불편과 비용을 치를 수 있다.

두 번째는 보완성(complementarity)이다. 보완성이란 모듈과 모듈, 그리고 모듈과 플랫폼 간의 부족한 면을 채워주고 강점을 더 살려주는 역할을 말한다. 예를 들면, 아이팟은 디자인과 인터페이스의 우월성을 제공하고, 아이튠즈는 손쉽게 다양한 콘텐츠를 검색하고 구매할 수 있는 환경을 제

〈표 5.4〉 플랫폼 비즈니스의 성공요건

3C	특성
호환성 (Compatibility)	• 플랫폼과 참여자, 참여자와 참여자 간의 호환성 • 다른 제품과의 호환성, 새로운 제품과의 호환성
보완성 (Complementarity)	• 플랫폼 간의 상호의존성 • 약점보완, 강점강화
연결성 (Connectivity)	• 산업 간의 통합으로 새로운 산업구도 형성 • 산업 생태계 형성, 산업의 표준화 설정

출처 : 문휘창, 산업융합 시대의 플랫폼 전략, 2011, 동아비즈니스리뷰.

공하면서 높은 상호보완성을 제공한다. 만약 아이튠즈가 고객이 음악을 소비하는 전체 프로세스의 한 부분인 음원의 탐색과 구매를 담당하지 않았더라면 아이팟은 완전한 고객경험을 제공하는 제품이 되지 못했을 것이다. 상호보완적인 아이팟과 아이튠즈의 결합은 애플이 콘텐츠 유통 및 소비 플랫폼의 우위를 강화하는 데 중요한 요인이었다.

세 번째는 연결성(connectivity)으로 플랫폼 구성원들의 가치가 서로 연동하여 시너지를 만들어내는 것을 말한다. 예를 들어, 배달 앱 플랫폼은 단순히 고객들이 배달업체를 조회하고 주문을 수행하는 수준의 연결성을 넘어서, 배달업체 페이지에 리뷰를 통해 업체 및 다른 이용자들과 소통할 수 있는 환경을 제공해 준다. 플랫폼 구성원들 간의 높은 수준의 연결성은 플랫폼에 대한 충성도를 높이고, 다른 플랫폼의 이탈을 막는 고착효과를 촉진할 수 있다.

06

매력적인 사업계획서

1. 사업계획서의 본질
2. 투자자에게 설득력이 높은 사업계획서
3. 차별적 사업계획서 작성방법

"당신의 사업계획서를 보내 주셔서 감사합니다.
그러나 그것을 읽느라 시간을 낭비하지는 않겠습니다."
— 실리콘밸리 벤처투자자의 메모

1 사업계획서의 본질

1) 왜 사업계획서인가?

사업계획서는 기업을 표현하는 최고의 도구이다. 사업계획서에는 비전이 표현되어야 하고 또 그 비전이 어떻게 현실이 될 것인지를 말해주어야 한다. 사업계획서는 투자유치를 위해 작성하는 사업의 총체적인 정보이다. 사업계획서의 최대 목적은 벤처투자자에게 자신을 잘 표현하여 투자자금을 확보하는 것이다.

투자자는 고객을 찾지 않고 오히려 고객 중에서 소팅(sorting)해서 선별한다. 이것은 출판사와 같다. 출판사가 저자를 만나기 전에 원고부터 보기를 원하는 것과 같다. 투자받기 원한다면 이에 따를 수밖에 없다. 당신이 벤처투자자를 만나게 될 때는 그들이 당신 회사의 사업계획서를 읽고 좋은 느낌을 받은 이후이다. 사업계획서가 그들에게 매력적이어야만 그들과 말해볼 기회가 생기는 것이다.

투자자들은 시간을 낭비하고 싶어 하지 않기 때문에 가능한 한 빨리 마음에 안 드는 것들을 솎아내려고 한다. 명확한 결점이 있으면 투자자들은 거들떠보지도 않는다. 따라서 결함이 없는 사업계획서를 보여주는 것이 중요하다.

최근 사업계획서에 앞서 말로 표현하는 기회가 먼저 오곤 한다. 서류가 아니라 말로 하는 기업설명을 '피칭(pitching)'이라고 표현한다. 회의, 설명회, 컨퍼런스 등에서 자신의 기업을 투자자에게 짧은 시간에 말로 표현해서 감동을 얻어야 한다. 실리콘밸리에서는 '엘리베이터 피칭'이란 표현이

사용된다. 엘리베이터에서 만난 투자자에게 설명해야 하는 경우도 발생하는 것이다. 아주 짧은 시간에 감동을 주어야 하기에 준비된 자만이 효과를 볼 수 있다.

2) 사업계획서의 목적

사업계획서의 목적은 벤처투자자로부터 투자를 받기 위한 이유가 가장 크다. 다른 이유로는, 은행 등 금융기관으로부터의 자금을 대출받는 목적이 있고, 다른 기업과의 제휴 및 인수합병 시점에 상대방에게 자신을 표현하는 용도로 사용할 수 있다.

(1) 투자자금의 유치

개인투자자들과 벤처투자자로부터의 자금유치를 목적으로 하는 것이다. 투자자들은 스타트업이 어떻게 투자수익률을 실현해줄 것인지 그 방법을 알고 싶어 하기 때문에 사업계획서가 반드시 필요하다.

(2) 은행의 자금지원

은행 등 금융기관에서 대출을 받고자 할 경우, 사업계획서를 통해 대출 환수 능력을 보여준다. 금융기관은 이를 통해 이자율과 원금을 갚을 수 있는지를 결정한다.

(3) 전략적 제휴

기존 기업 혹은 성장 단계에 있는 기업들과 공동연구, 제품개발, 마케팅 등을 위한 전략적 제휴가 있을 수 있다. 이 경우 다른 기업에게 자신의 사업내용과 전망을 설득력 있게 설명하는 목적으로 사업계획서가 사용될 수 있다.

(4) 기업매각 용도

인수 · 합병을 결정할 때 매입하는 기업의 사업내용을 정확히 알아야 한다. 이때 사업계획서가 유용하게 사용된다.

2 투자자에게 설득력이 높은 사업계획서

1) 사업계획서 작성 요령

사업계획서는 대부분 거절된다. 사업계획서를 벤처투자자의 맘에 쏙 들게 작성하려면 벤처투자자를 이해하고 선호하는 커뮤니케이션 수단을 따르는 것이 중요하다. 벤처투자자가 가장 원하는 방향은 아마도 기업의 전략이 재무적 표현으로 녹아들어 있는 사업계획서일 수 있다. 대체적으로 첫 번째 투자유치(seed round) 당시의 재무 예측은 모든 사업계획서에 들어가 있다. 그러나 벤처투자자가 만족해하는 수준의 작품은 극히 적다. 대부분의 창업자가 재무나 회계 용어 및 철학 등에 익숙하지 않은 것도 한 원인일 것이다. 보통의 사업계획서는 자신의 전략을 재무적 표현으로 녹여 서술하는 것에 미숙하다. 재무는 재무대로, 전략은 전략대로 따로 표현된 경우가 많다.

영업계획이 재무적인 모든 세부사항에 들어가는 곳이 좋다. 이를 체계적으로 표현하기 위해서 스프레드시트(spreadsheet) 형식을 권장한다. 서로 의사소통이 잘되는 실질적인 형식이기 때문이다. 여기에는 기간 실적을 표시하고, 미래 예측도 표시한다. 스프레드시트의 장점을 살려, 숫자의 변화가 전체에 주는 영향을 정확하게 표현한다. 이것은 위험관리를 어떻게 해야 하는지를 보여줄 것이다. 어떤 기업전략이 적합한지에 대해 알려준다. 재무적 숫자들을 사업계획서의 단순 부속물로 생각해서는 안 된다. 그것은 벤처가 앞으로 헤쳐 나갈 전략의 기초 정보이기 때문이다. 그 숫자에 담긴

읽어보기 **엑셀러레이터(accelerator)가 중요하게 보는 것**

미국 샌프란시스코에 본사를 둔 엑셀러레이터인 '파운더스 스페이스(Founder's Space)'는 포브스 선정의 최고수준 Top 10에 꼽힌다. 엑셀러레이터란 스타트업을 발굴해서 소규모 투자와 인큐베이팅, 멘토링을 제공하는 기업이다. 벤처투자자인 벤처캐피탈(Venture Capital)이 보다 성공가능성이 높은 스타트업에 투자하는 것에 비해 위험이 높고 생존가능성이 검증되지 않은 상태의 스타트업에 투자하는 것이 엑셀러레이터이다.

이들이 주로 보는 것은 무엇일까? 앞서 언급한 파운더스 스테이스의 대표인 스티븐 호프만(Steven Hoffman)이 중요하게 간주하는 것은 다음 4가지 요인이라고 한다.

1) 자신의 타깃 고객을 정확히 알고 있는지
2) 고객과 많은 시간을 보내는지
3) 독창적인 기능인지
4) 재구매를 유도할 수 있는 아이템인지

이러한 4가지 요인을 보고 투자 여부를 결정한다고 알려진다.

숨은 뜻을 해석해서 사업계획서에 일관되게 표현할수록 좋다.

2) 사업계획서에 들어가야 하는 항목

사업계획서에는 특정한 양식이 없다. 가장 설득력 높을 포맷을 구상해내는 것이 중요하다. 사업계획서가 반드시 가지고 있어야 할 항목에는 다음의 항목들이 있다.

(1) 요약(Executive Summary)

요약은 사업계획서의 첫 이미지로서, 전체의 성패를 결정할 수 있을 만큼 중요하다. 이 요약본만 읽는 경우도 많기 때문에 정성을 들여 작성하는 것이 좋다. 풍문으로는 벤처투자자의 70% 이상이 이 요약을 읽고 난 후 더 읽을 필요가 있는지를 결정한다고 한다.

요약 사업계획서의 전체 페이지의 양은 많을 필요가 없다. 대부분의 사업계획서가 이 요약판에 많은 정보를 담고자 해서 양이 많아지는 경향이 있으나, '요약'은 대략 3페이지를 넘지 않는 것이 좋다.

유명한 벤처투자자에게는 매일 상당수의 사업계획서가 날아들어 온다. 이들에게 그 모든 사업계획서가 읽히는 상황을 기대할 수는 없다. 실제로 그들은 모든 사업계획서를 보지 않는다. 사업계획의 첫 부분인 '요약' 부분에서 승부를 내야 한다. 만약 요약 사업계획서에서 큰 인상을 남기지 못하면, 투자유치는 불가능하다고 생각해야 한다.

(2) 회사소개

회사소개가 길게 늘어지는 것은 좋지 않다. 회사의 사업프로젝트가 가지는 독창성과 시장성을 여러 차례 강조하는 것이 권장된다. 자신이 가진 고유 특성과 시장장악력 측면에서 벤처투자자의 관심을 끌지 못하면 투자가 어렵다고 보아야 한다. 자신의 제품에 대해 정확하게 설명하는 것이 필요하고, 또한 길지 않게 설명하는 것이 좋다.

(3) 시장 동향분석

시장이 어떻게 돌아가고 있는지 또 경쟁업체는 누구인지 등을 표현하는 곳이다. 이때 시장의 범위는 자신의 사업과 직접적인 관련이 있는 시장으로 제한하는 것이 설득력을 얻는다. 막연하게 폭넓은 시장자료를 보여주는 것은 오히려 설득력을 떨어뜨릴 수 있다.

경쟁업체 분석도 꼭 필요하다. 한 스타트업의 제품이 완전히 독창적이고 소위 블루오션에 들어선 것이어서 경쟁업체가 없다면 벤처투자자에게 가장 매력적인 투자대상이 된다.

그러나 경쟁업체가 존재한다면 그것에 대해 진솔하게 서술해야 한다. 경쟁업체를 축소시켜 설명할 필요는 없다. 오히려 축소 시도는 신뢰도를 추락시킬 것이다. 또한 경쟁업체에 대해서 과학적이고 객관적인 분석을 하는 것이 중요하다. 창업자로서 자신의 제품에 대한 주관적인 우월성을 가급적 배제하고 객관성을 유지하는 논리를 펼쳐야만 사업계획서가 설득력을 높일 것이다.

(4) 비즈니스 모델(business model)의 명확한 표현

이 부분은 수익을 내는 방법에 대해 설명하는 부분이다. 어떠한 경로를 통해 이윤을 얻는 사업모델(business model)을 갖고 있는지에 대해 일목요연하게 표현하는 것이 좋다.

특히 인터넷 사업체라면 사업모델을 더욱 확연하게 표현해야 한다. 예를 들면, 어떤 형태로 조회(클릭)건수를 상승시킬 것인지 또 거기서 수입 항목은 어떤 것들인지 상세하게 설명하는 것이 좋다. 수입을 확대할 수 있는 계기와 전략(예, 전략적 제휴)에 대해서도 상세하게 설명하는 것이 좋다. 또 그 전략을 뒷받침할 만한 구체적인 증거를 첨부하는 것도 도움이 된다.

이 사업모델에 대한 정보는 벤처투자자가 가장 꼼꼼하게 뜯어볼 항목이며 이의를 제기할 수 있는 부분이다. 때문에 전략적인 작성이 요청된다. 페이지 수에 구애받지 않아도 좋을 만큼 비중 있게 처리해야 할 것이다.

성장전략 부분은 기업이 스스로 어떤 속도로 성장할 수 있는지를 설명하는 섹션이다. 어조는 겸손한 어조일수록 좋다. 스스로를 과대하게 성장할 것으로 표현하는 자체가 마이너스 요인이다. 다음에 나오는 재무구조와 성장전략이 일관되면 좋다. 재무적 상황과 성장전략이 따로 노는 것은 좋지 않다.

아웃소싱에 많은 것을 의존한다면, 벤처투자자에게 자신이 생산하는 것과 아웃소싱하는 것을 구분해서 보여주어야 할 것이다.

(5) 시장진입전략

시장진입전략은 그 시장에 대한 객관적인 조사에 근거해 설명하는 것이 높은 설득력을 갖는다. 시장에 대한 이해가 취약하다는 평가를 받으면 투

〈표 6.1〉 **사업계획서에 들어갈 내용**

사업계획서의 내용(예)	
1. **요약 사업계획서**(executive summary) 2. **회사 소개** (1) 회사의 개관, 현재동향 (2) 제품 및 서비스에 대한 설명 3. **시장동향 분석** (1) 산업특성 및 전망 (2) 경쟁자 구도 (3) 경쟁전략 4. **사업모델 및 성장전략** (1) 수익원천 (2) 수익모델의 미래 진로 (3) 성장전략 5. **시장진입전략** (1) 고객, 시장규모, 경쟁조건 (2) 시장조사	6. **창업자 및 조직계획** (1) 창업자 및 핵심 경영진 (2) 조직계획 7. **투자회수 전략** (1) 투자회수계획 8. **재무구조 및 주주구도** (1) 재무상황 (2) 재무계획서(전망치 포함) (3) 소유구조 (4) 동업자, 주주, 기타투자자의 신상명세서 9. **재무계획서** (1) 투자유치 예산 및 계획 (2) 투자 계획안 (3) 투자회수방안 10. **부록** 각종 문서, 시장조사자료, 계약관계 등

자유치는 어렵게 될 것이다. 자신이 공략할 시장에 대해서만큼은 정확한 이해를 보여주어야 한다. 그 바탕 위에서 어떤 전략을 계획하고 있는지를 논리적으로 설명해야 할 것이다. 만약 다른 국가의 시장에 진출하는 경우에는 현지사정에 밝은 전문기관에서 자문을 받는 것이 필수적이다.

벤처투자자가 특별히 원하는 것은 어떻게 고객욕구를 충족시킬 것인지 하는 부분이다. 고객욕구를 새롭게 창조할 것이라는 말은 벤처투자자가 그리 좋아하는 말은 아니다. 시장이 만약 없으면 어떻게 접근할 것인지를 차분한 어조로 설명해야 한다. 과도한 마케팅 계획도 역시 좋아하지 않는다. 회사의 판매 채널을 말해주고, 왜 그것이 제품과 고객에 적합한지를 설명해야 한다.

(6) 창업자 및 조직계획

창업자의 이력사항은 매우 중요한 정보이다. 어떤 의미에서는 벤처투자자가 가장 주목하는 대목이다. 스타트업에서 최고경영자가 차지하는 비중이 그만큼 높기 때문이다. 벤처투자자의 입장에서 보면 현재의 사업 추진 상황보다 그 사업을 잘 진행시켜 나갈 수 있는지를 결정하는 경영자의 자질을 더 중요하게 보는 경향이 있다. 경영자의 이력과 능력에 주목하는 이유가 바로 이것이다.

부동산업계의 첫 번째 계명은 '위치가 좋은 곳'이다. 마찬가지로 스타트업 창업에서 가장 중요한 세 가지 요인을 꼽는다면 아마도 '사람, 사람, 사람'일 것이다. 그만큼 사람이 중요하다. 스타트업을 혼자 시작할 수도 있고 같이 할 수도 있다. 투자자들 눈으로 볼 때 여러 사람들(특히 숙련도가 높은 사람들)이 함께하는 것이 유리하다. 물론 마음도 맞아야 한다. 창업 동료들 간 서로 비전을 공유하고 전략에 대한 공감대가 형성되어야 한다. 사업계획서는 창업 멤버들 간의 다른 생각을 조정하는 기회가 될 수 있다. 사업계획서를 같이 써보면서 전체적인 합의를 도출할 수 있다.

놀라운 아이디어를 갖고 있으면 유리하다. 그러나 영원한 아이디어는 세상에 없다. 결국 그 아이디어를 실행에 옮기는 것은 사람이다. 스타트업에서 창업팀만큼 중요한 것은 없다. 사업계획은 막상 사업이 진행되면서 달라질 수도 있다. 시장상황이 달라질 수도 있고 생각지 못했던 경쟁자가 들어설 수도 있다. 이런 모든 상황을 대처해나가는 것은 결국 창업팀 인력들이다. 그만큼 사람이 중요한 것이다.

우수한 기술인력을 지속 보유하는 것은 매우 중요하다. 기술이 급변할수록 새로운 기술개발이 필요하기 때문이다. 직접 창업에 참여하지 않더라도 도움을 줄 수 있는 이사회(비상임 포함)를 구축하고 있는 것도 중요하다.

얼마나 많은 사람으로 창업 자문팀을 구성해야 할까. 미국에선 4~6명의 팀 구성이 많다. 미국 'Apax Partners'의 투자심사자인 자넷 에프랜드(Janet G. Effland) 같은 사람은 5 혹은 7명이라는 홀수가 좋다고 한다. 그래야 쟁점을 다수결로 결정할 수 있다는 것이다.

창업팀 멤버들이 머리를 맞대고 아이디어를 모아 창의성이 돋보이는 사업계획서를 작성해야 한다. 사업계획서는 창조성을 판매하는 도구이기 때문이다.

MIT 대학의 에드워드 로버츠(Edward Roberts) 교수에 의하면 창업자가 여러 명일수록 스타트업의 성공확률이 높아진다고 한다. 여러 사람이 창업팀을 구성할수록 외부 자금조달도 쉽고 보다 빨리 적절한 매출실적을 올린다는 것이다.

창업팀 멤버들의 경력 사항도 서술되어야 한다. 창업팀 멤버가 많다는 것은 좋은 일이다. 벤처투자자들도 많은 사람이 모여 창업했다는 것을 높이 쳐주는 편이다. 다만, 불확실한 인적구성의 표현은 바람직하지 않다. 예컨대, 차후 A 기업의 모씨가 참여할 것이다 등의 모호한 표현은 도움이 되지 않는다.

(7) 투자에 대한 회수 전략

스타트업에게 투자하는 벤처투자자는 기본적으로 자신의 투자에 대한 회수에 관심이 많을 수밖에 없다. 이런 점에서 사업계획서에 투자의 회수 전략을 체계적이고 현실적으로 설명하면 유리하다. 즉, 투자 회수를 어떠한 방법으로 할 것이며, 얼마만큼의 기간 동안 회수할 것인지를 구체적으로 명시하는 것이 좋다.

벤처투자 회수에 기본 통로인 기업공개(Initial Public Offering : IPO)를 막연하게 말하는 것보다는 구체적인 전략을 표현하는 것이 권장된다. IPO 성공을 모든 스타트업이 달성할 수 없기 때문에, 부분적인 주식매각이나 기업매도를 추진할 가능성이 있다고 서술하는 것도 하나의 방안이다.

(8) 재무구조 및 주주 구도

이 부분에서는 대차대조표, 손익계산서, 현금흐름표 등 현재의 재무상황을 보여줄 수 있는 자료들을 제시한다. 재무구조와 앞의 성장전략 사이의 일관성이 높을수록 벤처투자자의 눈에 들 것이다. 기업의 손익 예측치를 논리적으로 보여주는 것도 권장된다. 이를 위해서는 투자수익률, 재무제표 등의 계량적 지표와 함께 기술적으로 잘 표현해야 한다.

또 현재의 주주구성 및 투자자들에 대한 정보를 명시한다. 현재의 소유구도, 동업자, 기타 주주 등도 서술한다. 매우 상세하게 할 필요는 없다. 만약 벤처투자자 쪽에서 추가적인 의문을 표명하면 그때 더 자세한 정보를 제공하면 될 것이다.

(9) 재무계획

여기서 재무계획서란 투자유치에 대한 예산서이다. 어느 시점에서 다음 단계의 투자자를 유치할 계획인지 등을 표현하는 것이다. 이 재무계획서는 투자자와 일종의 약속과 같다. 투자자가 이것에 관심을 가지는 중요한 이유는 향후 새로운 투자유치가 발생할 경우 자신의 지분변동이 발생할 수 있기 때문이다. 신규투자에 의해 전체지분에서 자신의 몫이 축소되는 것을 방지하는 방안을 요청할 가능성이 높다.

기업의 미래 경영분석 자료를 간략히 표현하는 것이 좋다. 미래의 전망치가 표현되기 때문에 주관성이 개입될 수 있으나, 가급적 객관적인 전망치를 보여주는 것이 오히려 더 설득력을 가질 수 있다.

(10) 부록

투자가에게 도움이 될 수 있는 자료를 제공한다. 상품 안내서, 관련보도자료, 시장조사자료, 계약관계서류, 특허에 관한 사항, 임직원 이력서 등이 그 예이다. 일정한 포맷이 없는 만큼 전략적으로 투자유치에 도움이 되는 항목을 스스로 선택해서 표현하면 된다.

3 차별적 사업계획서 작성방법

1) 차별화 포인트

사업계획서의 목표는 명확하다. 사업계획서를 읽는 투자자들을 감동시켜 자금을 투자받는 것이다. 따라서 사업계획서에는 '뭔가 다른 것(something special)'이 담겨 있어야 한다. 소위 일방적 우위(unfair advantage)가 그것인데, 그 일방적 우위란 자기가 가장 잘하는 것, 남들과 차별화될 수 있는 것, 남들이 쉽게 따라할 수 없는 것들을 말한다.

미국의 벤처 전문가인 네샤임 교수가 지적하는 일방적 경쟁우위에는 다음과 같은 몇 가지 특성이 담겨 있다.

① 일방적 경쟁우위는 상대적인 것이다. 굳이 절대적일 필요는 없다. 비교대상과 '다른 무엇'이면 된다.
② 특히 잠재적인 경쟁자와 비교되는 것이다.
③ 유사한 것이 존재하지 않아야 한다. 꼭 같은 능력은 아니더라도 대체할 수 있는 것이 존재한다면 '일방적'이라고 하기 어렵다.
④ 쉽게 모방할 수 없는 것이라야 한다. 즉, 창의적이어야 한다.
⑤ 특히 쉽게 얻을 수 없는 것이라야 한다.

문제는 불행히도 일방적 우위는 결코 영원할 수 없다는 것이다. 신설 스타트업이 다행스럽게 일방적 우위를 확보하고 있다고 하더라도 3년 이상 지속시키기는 어렵다.

2) 투자자가 싫어하는 항목들

① 시장에 대해 잘못 알고 있는 등 부적절한 지식
② 효과가 높지 않은 마케팅 전략 수립

③ 경쟁 압력에 대해 취약
④ 제품(혹은 서비스)의 질에 대한 확신이 없는 경우
⑤ 제품 수명이 거의 다한 경우
⑥ 부동산 등에 자본이 묶여질 일이 많은 경우
⑦ 약한 창업팀 멤버

3) 투자자를 사로잡는 핵심사항

여기서 사업계획서를 작성하는 요령을 설명해 보자. 실제로 성공적인 사업계획서를 작성하는 왕도는 없다. 참고적으로 다음의 전략을 활용하되 자신만의 고유 전략이 따로 있어야 한다.

(1) 인적자원이 강하다는 것을 보여라

벤처투자자가 가장 주목하는 것은 누가 기업을 움직이는가이다. 많은 벤처투자자리스트들은 '사람에 투자하는 것이지 아이디어에 투자하는 것은 아니다'라는 표현을 곧잘 쓴다. 뛰어난 사람들은 현재 정확한 지식이 없더라도 차후 곧 따라잡을 것으로 믿는다. 인재가 모여 있다면 벤처투자자리스트들이 투자를 주저하지 않는 것은 이런 이유 때문이다.

창업자뿐만 아니라 창업멤버 전원에 대해 각자 어떤 강점이 있는지를 조금은 화려하게 표현해도 된다. 투자자들이 우리의 인적자원에 감동하면 현재의 조금 부족한 상황도 이해해줄 것이다. 인력(man power)이 강하다면 현재의 부족은 나중에 충분히 만회될 것으로 보기 때문이다.

(2) 수익에 대해 명확하게 설명하라

기업의 핵심은 수익을 내는 것이다. 수익을 어떻게 내고 있으며 또 차후에 어떻게 증가시킬 것인지를 설득력 있게 서술해야 한다. 재무적 정보는 어떤 방식으로든 반드시 필요하다. 대차대조표(balance sheet), 손익계산서(income statement)는 반드시 보여주어야 하며, 가능하다면 현금흐름(cash flow statement)에 대한 정보도 줄 수 있다.

(3) 사업기회 및 환경에 대해 통찰력을 보여라

자신의 사업과 기업 환경에 대해 전문적 통찰력을 보여주어야 한다. 깊은 분석과 생각을 했음이 여기에서 드러난다.

(4) 투자의 회수계획에 대해 반드시 명시하라

투자 회수계획을 반드시 표현하라. 투자자의 근본적인 관심은 투자회수이다. 투자회수를 언제 할 수 있는지는 사실 불확실하다. 그러나 계획마저 표시되지 않는 것은 좋지 않다. 가급적 구체적인 계획을 밝히는 것이 유용하다.

(5) 고유의 색깔을 보여라

대부분의 비슷한 사업계획서라는 인상에서 벗어나야 한다. 화려한 색깔, 디자인, 용지 등이 필요한 것은 아니지만, 표현 논리 혹은 논조에서 자신만의 설득력을 가질수록 유리하다.

(6) 쉬운 언어로 설명하고 길지 않게 작성해야 한다

사업계획서는 투자자가 기술 용어를 잘 이해하지 못하는 것으로 가정해야 한다. 기술 용어를 가급적 배제하고 자신의 제품을 명쾌하게 설명하는 것이 중요하다. 쉬운 언어로 의미가 잘 전달되어야 한다.

한편 사업계획서의 분량이 많아서는 절대 안 된다. 유명 벤처투자자들은 시간에 항상 쫓긴다. 그들이 가장 싫어하는 것은 두꺼운 사업계획서이다. 어떻게든 20페이지는 넘기지 않는 것이 좋다. 그 이상이면 인내의 한계를 넘어서게 될 것이다.

(7) 연락처는 눈에 잘 띄는 곳에 보여주어라

회사명과 연락처는 반드시 사업계획서의 첫 페이지에 손쉽게 눈에 띄는 자리에 배치한다. 간단한 일로 부주의함을 드러낼 필요는 없다. 예를 들면, 으레 사장과 접촉하겠거니 하고 연락처를 명시하지 않는 실수를 하기도 한다. 벤처투자자와 연락할 책임자의 이름과 전화번호를 별도로 기록하는 것이 좋다.

(8) 시장에 초점을 맞춰라

기술보다 시장이 먼저이다. 시장의 성장성과 성장잠재력을 보여주어야 한다. 우선 제품 시장의 추이를 설명하고, 그 시장이 성장할 가능성을 논리적으로 설명하는 것이 좋다. 기술적인 우위에 집중한 사업계획서는 설득력이 약하다는 점을 알아야 한다. 기술보다 시장이 먼저이다.

실제적인 구매가능성을 입증할 수 있으면 좋다. 소비자들이 제품/서비스를 구매할 가능성에 대한 자료를 첨부하는 것이 바람직하고, 시장성장의 입증자료로서 시제품을 사용한 경험 등을 첨부하는 방법도 있다.

시장의 미래성장을 설명하는 데 근거 있는 주장을 해야 한다. 객관적인 데이터를 갖고 설득력을 높이는 것이 좋다.

(9) 제출 양식을 잘 챙겨라

유난하게 화려할 필요는 없다. 양질의 종이에 프린트하는 것이 바람직하고, 읽는 사람이 자신의 생각을 메모를 할 수 있는 충분한 여백을 남기는 것이 좋다. 제본도 튼튼하게 한다.

(10) 엘리베이터 피칭(pitching)용 짧은 설명문을 준비하라

엘리베이터용 설명문이란 30초 이내에 당신의 사업구상을 설명할 수 있는 자료다. 엘리베이터 같은 곳에서 투자자를 만날 수도 있기 때문이다. 이런 경우 당신은 아주 짧은 시간 안에 상대의 흥미를 끌 수 있도록 짧고 강력하면서도 지적으로 사업 소개를 해야 한다. 그래서 투자가가 당신의 사업계획에 대해 더 알고 싶도록 유도해야 한다.

07

스타트업의 조직 갖추기

창업 초기 스타트업에게는 조직이랄 것도 없이 창업팀 멤버 몇 사람이 이리 뛰고 저리 뛰고 해야 한다. 규모가 작아 부서를 구분하며 특정 역할을 부여해놓을 수도 없다. 대부분 창업자 혼자 모든 것을 처리하게 된다. 즉, 창업자가 올-라운드 플레이어가 되는 것이다. 그런데 점차 인력이 늘면서 조직운영에 대한 설계가 필요하다.

1 조직 갖추기

1) 회사 유형의 선택

창업 후 중요한 결정 중 하나는 회사형태를 선택하는 것이다. 회사형태는 이론적으로 장차 사업수행에도 큰 영향을 주는 요인이므로 창업 이전에 신중하게 생각해야 한다. 크게 분류하면, 개인기업과 법인기업 중의 선택이다. 두 유형 중 어느 편이 유리한지, 그것이 최초의 생각 포인트이다. 일반적으로 기업의 영속성, 성장성 측면에서 주식회사 형태의 기업을 창업하는 것이 기업에 유리하다. 주식회사는 개인기업보다 대외공신력과 신용도가 높아서, 신주 및 회사채 발행을 통한 자금조달이 쉽고 기업 이미지가 제고되어 영업에서도 유리할 수 있다. 특히 스타트업을 창업하는 경우에는 개인기업보다는 주식회사인 형태로 하는 것이 더욱 유리하다.

개인사업자는 주식발행을 하지 못한다. 그러나 법인사업자는 주식을 발행해 외부투자를 유치할 수 있다. 이런 차이에 의해, 개인사업자가 외부 자금을 얻을 수 있는 양과 폭은 적을 수밖에 없고, 법인사업자는 대규모의 외부투자를 얻을 수 있다. 어떤 규모의 외부 자금이 필요할지 여부를 잘 판단해서 개인기업을 선택할지 혹은 법인기업을 선택할지를 결정해야 할 것이다.

스타트업은 개인사업자부터 시작해도 된다. 처음부터 대규모 외부투자를 반드시 결정적인 요인으로 생각할 필요는 없다. 개인사업자로 시작한 후 나중에 필요할 경우 법인기업으로 전환할 수도 있다. 개인기업 유형은 시작이 간단한 편이다. 관할 세무서에서 사업자등록번호를 받으면 되는데, 이에 요구되는 조건이나 서식이 복잡하지 않다. 한 시간 이내에 처리될 수도 있다. 사업자등록증을 받으면 그것으로 일단 개인사업자가 된 것이다.

법인 유형을 선택하면 개인사업자에 비해 절차가 더욱 복잡하다. 운영 과정에서 발생하는 비용의 유형도 증가한다. 예를 들면, 법인을 유지하는 비용이 든다. 또 연말에 회계법인에 맡겨 결산을 해야 하는데, 이때 비용이 발생한다. 하지만 예전에 비하면 법인설립이 많이 단순화되어 간편해졌다. 지금은 최소자본금이 100원이어도 가능하다.

법인사업자는 몇 가지 유리한 효과를 얻는다. 첫째, 각종 절세에 유리하다. 개인사업자는 대표급여와 퇴직금을 비용으로 인정받지 못하지만 법인사업자는 가능하다. 개인사업자는 소득세를 내야 하며, 법인사업자는 법인세를 내는데 이것은 이득에 대한 세금 종류가 다르다. 세금 정책에 따라 약간의 변동이 있지만, 현재 법인세 최고세율은 25%이며, 개인 소득세의 최고세율은 42%이다. 법인세를 선택하게 되면 현저한 절세(節稅) 효과를 얻는다. 간혹 대박이 난 동네 식당이 법인 전환하는 경우가 발생하는데, 이는 법인세를 내는 것이 유리하기 때문이다. 간혹 엄청나게 성공한 동네 골목식당이 주식회사 형태를 띠는 경우가 있는데, 그들은 절세 효과를 노린 것이라고 보아야 한다.

둘째, 회사가 망했을 때 책임의 범위에서도 법인기업과 개인기업의 차이가 있다. 회사가 망했을 때 개인사업자는 100% 자기 책임이다. 한편 법인사업자는 대표가 보유한 지분만큼만 책임을 진다. 그것을 유한(有限)책임이라고 말한다. 예를 들어, 창업자가 33%의 지분만 가졌다면 회사 빚의 33%만 떠안으면 된다. 물론 아직 실상은 창업자 책임이 그렇게 유한한 것만은 아니다. 지난 시절, 주 채권자인 은행은 회사 대표의 지분 분량과 무관하게 대출의 100% 연대보증을 개인에게 부여했다. 이른바 연대보증이란 이름으로 창업자에게 100% 책임을 옭아매는 것이다. 이런 관행은 창업 촉진에 역행하는 관행이므로 없어져야 할 것이며, 이와 관련한 규제도 축소되어야 할 것이다.

셋째, 주식회사, 유한회사와 같은 법인 타이틀이 개인기업 명함과 비교해 신뢰가 높아진다. 이 신뢰는 외부와 연구 협력, 교류, 투자유치, IR 등에서 유용한 가치를 발휘한다.

2) 이사회 구성

법인기업의 경우 이사회가 구성되어야 한다. 스타트업이 이사회를 구성하게 되면 의사결정의 객관화를 얻을 수 있고, 또 외부 전문가들의 조언을 통해 경영 지혜를 얻을 수 있다. 때론 필요한 주요 외부 투자자를 소개받을 수도 있다. 기술 자문도 가능하며, 지적재산권과 같은 법률적 문제의 자문도 얻을 수 있다.

너무 당연한 얘기이지만, 이사회 구성은 기업에 도움이 되는 인력들로 구성되어야 할 것이다. 앞서 언급한 자문, 도움, 지혜, 소개는 무조건 얻어지는 보상이 아니다. 이사회 구성원 한명 한명이 그것을 할 수 있는 역량을 갖추고 있어야 가능하다. 이사회 구성을 그저 형식적으로 생각하는 것은 오해이다. 이사회는 큰 도약을 줄 수 있는 귀중한 도구이다. 이사회의 멤버 선정에 치밀해야 하며 전략적일 필요가 있다.

벤처캐피탈과 같은 투자자는 이사회 멤버로 참여하려는 경우가 많다. 실제 미국의 벤처캐피탈은 투자 기업의 이사회 멤버가 되는 것이 일반적이다. 그들이 투자한 스타트업의 의사결정에 상당한 영향을 주는 것으로 알려진다. 피터 필(Peter Theil)이라는 실리콘밸리의 투자자는 투자와 동시에 이사회에 참여하며 스타트업의 도약을 이룩한 사람으로 유명하다. 그가 과거 페이스북(Facebook)의 이사회 초대 의장으로서 작은 사업을 꾸리던 당시 페이스북이 글로벌 비즈니스를 하도록 사업모델을 확대시켰고, 정교하게 다듬어서 오늘의 성공을 이끌었다고 알려져 있다.

회사의 주요 의사결정과 연관하여, 투자를 많이 받으면서 발생할 수 있는 창업자 지분의 희석, 그리고 이 과정에서 발생할 수 있는 경영권 탈취 등에 관한 염려가 있다. 이 이슈는 '차등의결권'이란 개념으로 해결이 논의되는 중이다. '차등의결권'이란 1주 1의결권 원칙의 예외를 인정하는 방책이다. 주식종류별로 의결권 수에 차등을 주는 것으로, 최대주주의 경영권 방어 때문에 등장한 방책이다.

이 '차등의결권'은 미국 실리콘밸리에서 이미 활용되는 것으로 알려진다. 예를 들어, 페이스북(Facebook)의 창업자 '마크 저커버그'가 보유한 14.3%의 지분 중 주당 10표의 의결권을 가진 B타입 주식을 77% 보유하고 있다. 그 덕에 그의 실제 행사 의결권은 약 59.7%이다. 또 구글(Google) 모회사인 알파벳(Alphabet)의 주식 중 구글의 창업자인 '래리 페이지'와 '세르게이 브린'은 1주당 10개의 의결권이 있는 B타입 주식을 83.3% 보유하고 있으며, 이는 51.1%의 의결권 행사로 본다.

읽어보기 조건부 지분투자

기업가치를 정하기 어려운 신생 창업 기업에게 투자할 때, 지분율을 나중에 정하게 하는 방법이다. 이는 투자자와 스타트업 양쪽이 염려하는 부분을 동시 해결하면서 투자를 활성화하기 위한 방책이다. 투자자의 입장에서 기업가치의 산정이 어려워 투자를 미루게 된다. 스타트업 쪽에서는 너무 일찍 투자자의 견해를 따를 경우 실제 기업가치에 비해 과도한 지분 분량을 넘겨줄 염려가 있다. 그래서 조건을 설정하고 일단 투자를 실행하고 지분율은 차후 결정하도록 하는 것이다. 지분율을 따지다 보면 투자시기가 지연되어 양쪽이 모두 손해를 보는 상황을 해소시키는 대책이다.

우리나라 현행 법에서 스타트업에게 투자하는 방식은 주식, 전환사채, 신주인수권부사채 등으로 제한하고 있다. 실리콘밸리에서는 조건부 지분투자가 활성화되고 있다. 그들은 조건부 지분투자를 'SAFE(Simple Agreement for Future Equity)'라고 표현한다.

2 성장에 따른 조직 이슈

1) 성장통 관리

스타트업은 성장의 과정에서 성장통을 앓게 된다. 기업은 성장을 위해 달리는 열차이다. 성장을 꿈꾸지 않는 기업은 기업이 아니다. 성장을 이끄는 방책도 중요하지만, 성장의 속성을 정확히 알고 관리하는 것도 중요하다.

그 성장과정에서 성장통(growing pain)을 겪는다. 청소년들의 성장 과정과 똑같다. 화분에서 자란 식물이 더욱 성장하기 위해서는 분갈이가 필요하듯이 기업이 이미 주어진 조직구조나 경영 스타일을 넘어선 뒤에는 변신을 준비해야 한다. 성장통이란 기업이 성장하는 과정에서 기존 시스템이 이를 따르지 못하기 때문에 발생하는 증상이다. 즉, 기업의 성장과 발전의 불일치가 바로 성장통인 것이다.

모든 청소년이 성장기에 겪어야 하듯, 모든 성장하는 기업도 겪어야 하는 것이 성장통이다. 성장하는 기업이어야 겪기에 행복한 고민일 수도 있다. 그래서 기업가 중에는 성장통이란 것을 겪어 봤으면 좋겠다고 말하는 사람들도 있다. 성장이 잘 안 되면 성장통이라는 것 자체를 만날 수 없기 때문이다.

또한 기업이 성장하면서 기존의 인프라로는 감당할 수 없을 만큼 조직이 성장했다는 의미를 띤다. 즉, 조직이 성장한 만큼 조직을 뒷받침해 줄 수 있는 시스템과 내부구조를 새로 만들어야 한다는 요청을 받는 것이다. 기업의 규모가 커지는 것과 시스템이 발전하는 것은 전혀 별개의 이슈이다.

성장통을 무시해서는 안 된다. 성장통을 잘 관리하지 못하면 기업 실패로 이어질 수도 있는 심각한 문제이다. 창업 초기에는 도전정신과 유연성이 무기다. 그런데 성장하면서 관료주의에 젖지 않고 보다 공식적인 시스템과 업무처리 과정 및 구조들을 발전시키는 것, 이런 것도 모두 성장통에 해당한다.

성장통 중 가장 심각한 문제는 관계의 문제에서 나온다. 직원들이 자기가 해야 할 일이 무엇인지, 동료들의 일이 무엇인지 모르고 서로 간 업무에 대해서도 아는 것이 없다. 어떤 의미에서 성장통은 조직 팽창에 따른 부작용이다. 즉, 관리 시스템이나 운영체계 등 조직 인프라가 기업의 팽창을 따라가지 못하기 때문에 발생하는 것이다.

성장통을 잘 관리하려면, 조직이 다음 성장 단계로 효과적으로 넘어가기 위해서는 어떻게 해야 하는가를 고민해야 하고, 개별 단계마다 수행해야 할 필수 과제, 그리고 성장하면서 겪어야 하는 문제들을 정돈하여 성공적인 조직발전 프레임을 구축해야 한다. 일종의 조직발전 로드맵을 갖추면서 성장통 문제에서 벗어날 수 있다.

성장 단계별로 기업은 각기 다른 성장통을 겪게 된다. 즉, 성장 단계마다 다른 성장통이 등장하게 된다. 마찬가지로 기업의 단계마다 해결해야 하는 중요 과제가 다르다. 그 중요성의 차이를 잘 이해하는 것도 중요하다.

기업의 성장 속도는 나이테와 유사하다는 표현이 있다. 나이테는 나무가 어릴 때는 그 폭이 매우 넓다. 그러나 나무가 어느 정도 성장하고 나면 폭이 좁아지기 시작한다. 나이테의 폭이 좁아진다는 것은 성장률이 낮아진다는 뜻이다.

기업이 어느 정도 성장하면 이때부터는 전년 대비 성장률보다 성장 자체의 절대 수치를 중요하게 생각해야 한다. 나이테의 성장 속도를 이해해야 한다. 이는 한 사람의 일생을 보듯이 기업도 라이프사이클(Life cycle) 관점에서 바라보고 분석하는 것이다.

에릭 플램홀츠 박사가 말하는 기업 라이프사이클의 7단계는, 첫째, 신생기업에서 조직적으로 성숙하는 과정으로서 1) 신생 벤처의 창업, 2) 사업 확장, 3) 경영의 전문화, 4) 조직력 강화 과정이 속한다. 둘째, 조직이 성장한 후의 과정으로서 5) 다각화, 6) 통합, 7) 쇠퇴 혹은 재도약 과정을 말한다. 여기서 말하는 성장통은 그 7단계 중, 1)단계에서 4)단계까지의 성숙 과정에서 발생한다고 보아야 할 것이다.

성장통을 잘 넘기려면, 같은 사람들도 역할 개념에 대해 변화해야 하며, 개인마다의 심리적 정서도 변해야 한다. 기업도 더 실질적으로 성장을 하려면 기술혁신이 유입되어야 하듯이 말이다.

변대규 대표가 창업한 셋톱박스 기업인 "휴맥스(Humax)"가 연매출 3천억 원 단계에서 겪은 성장통의 과정은 시사점이 크다. 휴맥스는 연매출 3천

읽어보기 성장통의 대표적인 징후(에릭 플램홀츠 박사)

1) 전 직원이 하루 종일 바쁘다. 예상하지 못하는 급한 일이 자주 발생하며 그것에 시간을 많이 빼앗긴다.
2) 많은 직원이 다른 직원이 하는 일에 대해서 알지 못한다. 자신이 하고 싶은 일만 처리하고 있을 뿐, 나머지 일은 '내 책임이 아니다'라고 미루어 버리는 경향이 있다.
3) 직원들이 자신이 속한 기업의 목표를 잘 인지하지 못하는 경우
4) 유능한 관리자가 육성되지 않는 경우
5) 혼자 있을 때 일이 더 잘된다고 생각하는 직원들이 늘어날 때. 다른 직원과 같이 해봐야 아무런 도움이 되지 않는다. 공동 작업은 자신에게 도움이 되지 않는다고 생각하고 있다. 이러면서 개인 그리고 부서는 서로서로 고립되며 팀워크는 당연히 약해질 수밖에 없다. 정보가 소통될 수 있는 공식적인 시스템이 없기 때문에, 부서 간이나 상하 간의 결속력이 약해진다.
6) 회의는 시간 낭비라고 생각하는 직원들이 많아지고 있는 경우. 그 이유는 유익한 협력과 정보교환을 도출하는 회의가 되지 못하기 때문이다. 회의가 해결책을 도출하지 못하고 단순히 토론에 그친다. 이런 일이 반복되면서 직원들은 지치게 되고 회의는 시간 낭비라고 생각하게 된다.
7) 조직 내부에서 아무런 계획이 없는 경우. 계획을 세운다 해도 사후관리가 안 된다. 또한 계획이 세워진 후에 그것을 실천에 옮길 후속 조치가 없다.
8) 회사에서 자신의 위치에 불만을 품는 직원들이 많다.
9) 매출은 계속 증가하지만 이윤은 그것을 따라가지 못하는 경우

억까지는 순항을 했던 편이었으나, 3천억 매출 시점에서 오랫동안 성장이 멈추고 있었다. 그들은 이 3천억 매출 선에서 발생한 성장통을 시스템과 시장규모 사이의 정합성으로 답을 찾았다.

성장통이 발생하는 시점과 그 여파, 그리고 극복 방책은 기업마다 다를 것이다. 3천억 매출도 물론 절대적인 기준선이 아니다. 중요한 성장의 고비가 기업마다 상이한 매출액 기준에서 발생할 수 있다. 1천억 원 수준도 매우 중요하고 어떤 기업은 5백억 원 매출액 시점에서 성장통이 올 수도 있다. 매출액이 늘어나면서, 운영시스템과 같은 기본 인프라가 기존 체계에 머물면서 많은 오류와 실수가 발생했다. 이런 실수들이 회사를 더 이상 성장시키지 못하고, 오히려 뒷걸음질을 쳐야 하는 상황이 되었다.

2) 부서 이기주의에 대한 극복

성장통의 한 유형은 부서 이기주의가 만연하는 것이다. 부서 이기주의란 부서 사이의 경쟁이 심하여 다른 부서에 협력하지 않거나 정보를 공유하지 않는 내부의 장벽을 말한다. 이런 이기주의가 작동하면 조직 내부 역량의 결집이 어렵다. 또 외부 환경에 민첩하게 반응하고 경쟁사보다 신속히 대응하지 못하게 된다. 조직 에너지가 내부 문제에서 벗어나지 못하게 되기 때문이다. 이런 점에서 성장을 지속하는 기업이 되기 위해서는 조직 장벽을 극복하고 내부에 있는 역량을 재조합할 수 있어야 한다.

미국의 GE 헬스케어 기업은 고객보다 부서 중심의 사고를 펼치다가 수익이 침체되었다고 알려진다. 우리나라 기업의 약 90% 이상이 다른 부서와 장벽을 느끼고 있다. 경쟁상대는 외부 기업이 되어야 하는데 오히려 내부 조직끼리 견제하고 눈치를 보느라 에너지를 소모하는 것이다.

부서 이기주의가 심해지는 이유는 무엇인가? 세 가지 이유를 지목할 수 있다.

첫째, 성장 둔화로 인해 자원이 한정되는 경우이다. 이 경우 성장이 늦어지면서 가용자원이 줄게 된다. 그러면서 내적인 경쟁이 발생하게 되는데 부서 이기주의는 심해질 수밖에 없다.

둘째, 잦은 조직 재편성으로 인해 구성원들의 불안감이 증가하면 부서 이기주의도 심해질 수밖에 없다.

셋째, 성과주의로 인해 내부 경쟁이 치열해질 수 있다. 내부 경쟁이 심해지면 부서 이기주의도 불가피하게 심해질 수밖에 없다.

3) 부서 이기주의 사례

(1) 마이크로소프트 : '부서 이기주의'로 혁신기회를 잃다

2010년, 미국 대표적 신문인 뉴욕타임즈(*NY Times*)에 실린 하나의 칼럼은 많은 사람을 놀라게 했다. 그 칼럼은 전 마이크로소프트(MS) 부사장이었던 딕 브라스(Dick Brass)의 글이었다. 그는 마이크로소프트의 소프트웨어 기반이 탄탄하고 실적이 유지되어 문제없이 보이지만 내부 분열로 인해 많은 기회를 놓치고 쇠퇴하고 있다고 꼬집어 말했다. 사람들이 외견상 느끼던 것과 달라 많은 반향을 일으켰다.

그가 지적한 몇 가지 단편적 사례들은 이렇다. 태블릿 PC를 2001년에 만들고 있었지만, 오피스를 담당하던 부사장이 태블릿 PC의 개념이 맘에 들지 않고 성공 가능성이 없을 것 같다는 이유로 오피스를 태블릿에 연결시키지 않았다. 태블릿 PC 시장을 선점할 기회를 놓치게 된 것이다. 또 e-book 상에서 문자 가독성을 높여주는 클리어 타입(Clear Type)이라는 기술을 개발했지만 오피스 부문에서 이에 협력하지 않아 적용되지 못했다.

실제로 부서 이기주의 문제가 심했던 모양이다. 2013년 마이크로소프트의 당시 CEO인 '스티브 발머'는 조직 재편을 결행한다. 그는 조직 재편의 선언 회견에서 "우리는 부문 전략의 집합이 아닌 하나의 회사에서 나오는 하나의 전략으로 집결해야 한다"고 표현했다. 이런 표현을 보면 부서 이기주의가 뿌리 깊게 내려 있음을 알 수 있고, 조직 재편에 대해 깊은 고민을 하고 있음을 느낄 수 있다.

(2) 일본 소니 : 내부 분열로 경쟁력을 놓치다

트랜지스터 라디오, 워크맨, CD 플레이어까지 한때 최고의 기술을 자랑하며 혁신의 아이콘으로 불리던 소니(Sony)였다. 그런데 어느 사이 과거의 영광을 잃은 기업의 대표주자로 불리고 있다. 내부 조직 간 이기주의에 의한 갈등에서 촉발되어, MD(mini disc) 플레이어가 실패하면서 시장을 선도하던 휴대용 음악기기 분야에서 주도권을 완전히 잃어버린 것이다.

2003년 부문 간 융합을 통해 시너지를 만들려는 '트랜스포머 60 전략'을 추진했다. 그러나 계획과는 달리 전자와 콘텐츠 사업 부문은 부서 이기주의로 인해 각자의 영역을 지키려다 서로에게 손해를 입히게 된다. 각 부문의 목표에 치중하다 보니 시장과 환경의 흐름을 놓친 소니 기업이 되었다. 시장의 대세이던 MP3 파일 포맷을 거부한 채, 자사의 휴대용 음악기기에서만 지원되는 ATRAC라는 고유의 파일 포맷만을 고집하는 오만함에 빠지게 된 것이다.

(3) 부서 이기주의의 극복

구성원들에게 협력 문화를 강조하는 것만으로는 부족하다. 조직 차원의 대안이 있어야 하고 확실한 실행 조치가 있어야 한다. 우선, 정확한 원인 파악이 중요하다. 무엇이 부서 사이에 협력하지 못하게 하는지, 각 부서는 무엇을 얻고 있는지, 병목이 일어나는 문제가 과연 무엇인지를 알아야 해결책을 내놓을 수 있기 때문이다. 부서 사이에 협력이 안 되거나 일 처리가 어려운 부분이 있다면 일 자체가 그렇게 설계되어 있을 수 있다. 원인을 정확히 알아야 해결책이 정확히 나온다.

인사제도가 부서 이기주의를 만들 수 있다. 특히 부서 단위의 성과에 대한 보상이 클 경우, 구성원들은 당연히 자신이 속한 부서에 해가 되는 일을 하지 않기 마련이다. 다른 부서에 적대적 입장을 가질 수 있다. 이것이 바로 부서 단위의 보상 제도에 대해 회의적인 이유이다. 본인이 속한 부서만 잘되려고 하고, 부서의 성과가 높으면 자신에게 돌아오는 이득도 높아지므로 모든 선택이 부서 단위로 발생한다.

특정 부서 간 이기주의가 특별히 심하다면 인력 순환배치를 고려해 볼 수 있다. 한 부서에 오래 근무하다 보면 그 부서의 논리에 빠져버리는 경우가 많다. 그래서 상대 부서를 이해할 여지가 없게 된다. 업무상 대립이 일어날 수밖에 없는 부서 사이에는 주기적인 인력 교류를 통해 부서 이기주의를 해소하려는 노력이 필요한 것이다.

부서 이기주의의 심각성을 알고 있는 CEO와 임원들은 많지만, 실제로 그들이 부서 이기주의를 없애기 위해 노력하는 경우는 적은 것이 현실이다. 이 부분은 경영진의 적극적인 실천이 필요한 영역이다. 생각은 많이 나오면서도 실행에 옮겨지지 않는 경우가 많기 때문이다. 부서가 항상 작은 그림만 본다면 조직 전체가 위기에 빠질 수 있다. 구성원들, 부서들이 기업 전체의 관점을 갖는 것이 중요하다.

3 스타트업 조직의 신 조류

스타트업은 조직 설계에서도 혁신적 방법을 과감하게 적용하는 편이다. 신생기업이기 때문에 새로운 시도를 하는 것에 특별한 부담이 없기 때문이라고 볼 수 있다. 일반 기업들은 기존 관행의 벽 때문에 시도조차 하지 못했던 유형을 스타트업은 시도하기도 한다. 특히 자율경영과 같은 시도가 그렇다.

1) 자율경영

자율경영은 직원들 스스로 움직이게 한다는 개념이다. 공식적으로 자율경영(self management) 개념은 조직원이 주도적으로 문제를 해결하는 창의적이고 유연한 경영체계를 의미한다.

이 자율경영은 '자포스(Zappos)' 기업에서 유명세를 얻게 되었다. '자포스'는 신발을 온라인으로 판매하는 이-커머스(e-commerce) 업체로서, 창업 이후 꾸준히 실적을 높여왔으며 2009년 7월 아마존에 인수된 기업이다. 현재는 거대 공룡인 아마존 기업의 한 사업단위이지만, 자포스라는 이름은 독립적으로 운영되며 명성을 쌓고 있다. 그 '자포스'의 경영자인 토니 세이(Tony Hsieh)는 자율경영의 효과를 크게 신뢰하는 신봉자로서 투자자로서 자포스와 관계를 맺기 시작해서 경영자까지 된 인물이다. 현재는 '홀라크라시(holacracy)'라는 개념의 창안자이자 실천가로 명성을 얻고 있다.

자포스 자율경영의 핵심인 홀라크라시는 다음과 같다. 홀라크라시는 보스 없이도 스스로 진화하는 역동적 조직을 뜻한다. 홀라크라시에서는 작은 위험도 놓치지 않는 의사결정 체계를 갖추며 업무 중심의 생산적인 회의 프로세스를 지향한다. 사내 정치가 끼어들 틈이 없도록 명확한 권한과 책임 배분을 확립한다. 하버드 비즈니스 리뷰(*HBR*)는 홀라크라시(holacracy)가 이미 전통적인 계층구조를 근본적으로 뒤흔들고 이에 관한 혁신적 대안으로 자리 잡고 있다고 말할 정도다.

예측할 수 없는 환경에 대응하기 위해서는 지난 굴뚝산업 시대에 만들어진 예측과 통제 방식에 벗어나야 한다는 믿음이 강하다. 지난 시대의 통제 방식을 따르면, CEO와 임원은 늘어나는 업무에 파묻혀 미래를 준비하지 못하고 현장의 직원들에게 실질적인 권한이 없게 된다.

자포스 기업은 고객인 원하는 신발이 없는 경우 다른 회사를 뒤져서라도 찾아준다. 또 신발과 무관한 문의가 들어와도 최선을 다해 응대해주는 것으로 유명하다. 이런 수준의 서비스는 창립 이래 꾸준히 지속적으로 유지하고 있다. 이제는 자포스가 서비스 혁신의 대명사로 불려질 정도다. 이에 스스로 움직이는 자율경영 시스템을 구축하는 기업들이 늘고 있다. 이제 이 자율경영 개념은 '자포스'뿐만 아니라 전 세계 일천 개 이상 기업의 경영 패러다임으로 확산되는 추세이다.

2) 혁신 팀의 구성과 '피자 두 판의 법칙'

한 부서는 몇 명으로 구성되는 것이 좋을까? 이에 대한 정해진 철칙은 없다. 정답은 없다는 얘기다. 그런데 일반적으로 6~8명 선을 넘지 않는 부서 인원 규모를 권장하고 있다. 이것은 전체 기업의 규모 혹은 성장 속도와는 무관한 듯하다.

아마존의 창업자 제프 베조스는 '피자 두 판의 법칙'이란 표현을 썼다. 한 팀은 피자 두 판을 먹는 정도의 인원수(數)면 된다는 의미다. 그 인원수(數)를 넘어서지 않으면 부서 내 소통도 잘되고 갈등 문제도 과도하게 늘어나지 않는다는 의미다. 구글도 그 피자 두 판의 법칙을 그대로 따르고 있다고 알려져 있다.

한편 4명을 한 팀으로 구성하는 기업도 있다. 그들은 4명 사이의 견제와 긴장, 협력과 팀워크 등에서 나오는 효과가 가장 극대화된다는 생각에서 그렇게 적용한다. 일부 스타트업도 이를 선택하며, 독일의 대기업들도 이 4명 구성의 원리를 지켜가고 있다. 원활한 소통을 가장 중요하게 생각하는 부서 구성이다.

구글 같은 기업들도 조직이 커질수록 창조적인 능력이 약해질 것을 염려해서 그 '피자 두 판의 법칙'을 지키는 것으로 알려져 있다. 이미 테크-자이언트로 성장했더라도 꾸준히 혁신성향을 유지해야 하므로 조직운영에서도 그 원칙을 철저하게 적용하는 것이다.

3) 수평 조직 : 창의성과 소통 활성화

미국 실리콘밸리의 '8명의 반역자' 중 한 명인 로버트 노이스(Robert Noyce)가 고든 무어(Gordon Moore)와 함께 '인텔(Intel)' 기업을 창업했을 때, 그는 이미 위계질서와 권위를 즐기는 사람이 아니었다. 그에 의해 인텔

조직은 수평적으로 운영되기 시작됐다.

인텔이 자연스럽게 시작한 '수평 경영'은 그의 성격 탓도 크다. 그는 천성이 학자풍에 약간 부끄러워하는 성격을 가진 자였다. 사람을 만나고 협력을 조율하는 능력은 취약한 편이었으며, 오히려 차분히 연구개발을 하는 분위기를 좋아하는 인물이다. 그래서 그는 특권의식도 없었고, 복장도 늘 반바지 차림이었고, 경관 좋은 방, 큰 책상 이런 것에 대한 욕심이 없던 사람이다. 창업자가 권위의식도 없는 수평 지향의 인물이다 보니 인텔의 조직 모습도 그렇게 되었다. 인텔이 성공하는 모습을 지켜보는 다른 기업들도 탈(脫)권위의 조직운영을 취했던 것으로 알려진다. 오늘날 실리콘밸리에 만연한 탈(脫)권위, 반바지 문화, 격식 없는 업무 문화는 로버트 노이스에 의해 탄생했다고 봐도 과언이 아니다.

우리나라의 상황도 변하고 있다. 특히 한국 스타트업의 메카로 조성되고 있는 판교 지역이 수평적 운영의 초기 모습을 띠고 있다. 예를 들어, 게임업체 창업자인 김택진 대표는 종업원들과 정기적으로 만남의 시간을 마련하고 있다. 사무실도 모든 직원이 방문하기 쉬운 층을 선택한다. 회사 대표의 방이라고 해서 화려한 장식물로 치장하는 것도 거부한다고 한다.

기업에서 커뮤니케이션(소통)이 잘 안 되는 이유는 그것을 막아버리는 문화에 있다. 직원들은 뚜렷한 이슈를 갖고 불만을 표출하기도 하지만, 그저 현실이 답답하기에 하소연을 하는 경우도 적지 않다. 건강한 조직이라면 그런 불만이 공식적인 경로를 통해 흘러나올 수 있도록 해야 하며, 또 그것이 소화될 수 있어야 한다. 그것이 열리지 않으면 비공식적으로 더 많은 소문만 나오게 된다.

4) 고(高)맥락 문화에서 전문성 문화로 전환

한국은 '고(高)맥락(high context) 사회'이기 때문에 작은 표현도 중요하고, 표현이 잘못되면 큰 실수를 하게 된다. 사장님이 "일을 잘 처리하라"는 말을 할 때 회계 담당자는 어떤 일을 해야 하는지 잘 생각해야 한다. 그룹 전체의 재무실장이 예산장부를 "잘 만들어 주십시오"라고 했을 때, "쟁점이 없는 추경예산이 되도록 해 주십시오"라는 의미로 받아들이려면 경륜이 필요하다.

맥락(context)에 대한 이해가 필요하다. 맥락이란 '대화를 나누는 당사자 간에 당연한 것으로 받아들여지는 공유된 지식의 정도' 혹은 '암묵적으로 받아들여지고 참고가 되고 있는 공통의 논의 기반'이다. 동양권은 고(高)맥락 문화이며, 서양권은 저(低)맥락 문화이다.

고(高)맥락 문화란 '말하는 것이 꼭 의미하는 것은 아니며, 말하지 않아도 눈치껏 알아서 상황을 파악해서 행동하는 것을 바람직하게 보는 문화'를 의미한다. 예를 들어보자. 팀의 막내는 말식에 앉아서 재빨리 물을 따르고 수저를 놓는다. 중간 팀원이 팀장의 기호를 파악해 메뉴를 결정하며, 막내는 곧바로 주문을 넣는다.

고(高)맥락 사회를 잘 이해해야 한다. 그래야 그것을 변화시키는 것이 유리한지를 판단할 수 있고, 또 어떻게 변화시킬 수 있는지도 잘 알 수 있다. 고(高)맥락 사회에서 회의는 의제가 중요성을 결정하지 않는다. 회의가 중요해지는 이유는 높은 분이 참석할 때이다. 높은 분이 어떤 의제를 다루라고 하면, 바로 전까지 아주 중요했던 의제는 돌연 중요하지 않게 된다. 이렇게 맥락에 대한 의존도가 높다. 한국 기업에서 승진한다는 것, 그것은 지위가 올라가면서 더 좋은 자리 혹은 더 좋은 물리적 공간을 의미한다. 예를 들자면, 이런 것들이다. ① 회전의자/머리받침이 딸린 의자, ② 서랍장이 하나 더 있는 책상, ③ 창문 쪽의 자리, ④ 소파가 놓인 방 등이다.

서구 사회는 맥락 의존도가 낮다. 그런 사회에서는 의제의 무게가 가장 중요하고, 그 의제에서 가장 핵심을 꿰뚫고 있는 사람이 해당 회의에서 중심에 선다. 아프가니스탄의 빈 라덴 사살 소식을 전하는 백악관 핵심회의에서는 오바마 대통령은 한쪽 구석에 조용히 앉아 있고, 그 정보에 가장 정통한 사람이 중심에 앉아 말한다. 국무장관인 힐러리 클린턴(Clinton)

조차 언저리에서 그 정보를 들을 뿐이다. 이런 모습이 가능한 이유가 바로 저(低)맥락 사회, 즉 맥락에 대한 의존도가 낮은 문화를 갖고 있기 때문이다.

똑같은 제도가 작동한다 해도 그 효과는 맥락 수준에 따라 차이가 있다. 스톡옵션이 가장 대표적인 사례이다. 한 회사는 그것 때문에 문화가 좋아지고, 다른 회사는 그것 때문에 문화가 좋아지지 않는다. 그 이유는 사람들이 그것을 어떻게 활용하는가에 결과가 달려 있기 때문이다. 스톡옵션이란 제도의 효과도 역시 맥락에 대한 의존도가 높다. 맥락이 특별히 중요하기 때문에 같은 제도 혹은 혁신방법일지라도 결과의 차이가 크다. 우리나라와 같이 고(高)맥락 사회인 경우 그 차이는 더 크다.

많은 사람이 한국의 기업문화는 '온정적인 문화'라고 생각한다. 그러나 "업무를 할 때 협조적인가"라는 질문에는 긍정적인 답변이 현저히 적어진다. 즉, 가족적이기는 한데, 협조적인 것은 아니기 때문이다. 온정성이라는 가족주의 가치를 말하는 것이기 때문에 무엇보다 중요한 '공정성'이란 가치가 약하다.

온정성은 간혹 공정성의 결여를 의미한다. 그래서 '클리어 컷(clear cut)'이 없다. 원칙적으로 하고 싶더라도 어디까지 선을 그어야 분명하게 원칙을 지키는 것인지 판단하기 어렵다. 진급 심사가 사례이다. 공정한 승진자 결정이 원칙인 것은 모두 인정한다. 그런데 현실은 진급 대상자가 있으면 그 사람을 먼저 배려해야 하지 않느냐는 논리가 나서게 된다. 그 와중에 불이익을 당하는 사람이 나타날 수밖에 없고, 그 사람이 결국 떠나게 되기도 한다. 상대방 면전(面前)에서 싫은 소리를 하지 못한다. 매사에 옳고 그름을 따지는 행동도 좋게 평가받지 못한다. 직원들이 '받을 것'에 대해서는 매우 민감하지만, '받은 것'에 대해서는 그다지 고마워하지 않는다. 온정주의 문화의 가장 큰 폐해는 "주고도 뺨 맞는" 결과를 낳는다는 어색한 사실이다.

'권한 위임'을 말하지만 위임받은 권한을 제대로 사용할 수 없다. 눈치를 봐야 하기 때문이다. 팀장의 '전략'은 자신만이 아니라 상사들인 임원에게 설명하는 것이 전략이었다. 실질적인 권한 위임에는 아무런 관심이 없는 것이다. 이는 '면책' 혹은 '면피하기'만이 관심이다. 달리 표현하면, 빠져나갈 구멍만을 찾는 문화로 묘사할 수 있다.

4 스타트업 인적자원관리

1) 세 가지 의문

스타트업의 성공적인 인력관리에 대해 몇 가지 흥미로운 의문(puzzle)이 존재한다.

- 첫 번째 의문 : 스타트업의 인재는 금전적 인센티브로 움직인다.
- 두 번째 의문 : 스타트업은 스타급 인력 중심의 인력관리를 한다. 즉, 실적이 우수한 '스타'는 회사에 대한 충성심과 다른 사람과 협력에 문제가 있더라도, 그 우수한 실적이 그 문제를 해소한다.
- 세 번째 의문 : 스타트업은 단기 고용을 중심으로 운영된다. 스타트업에게 '장기고용'은 이미 사라졌다.

이 세 가지 의문에 대한 답은 스타트업의 본질에서 시작한다. 스타트업은 본질적으로 기술과 아이디어로 승부를 거는 기업이다. 스타트업의 사업성과는 그 기업의 기술적 역량에 의존하며 지속적이고 혁신적인 기술개발을 하는 데 달려 있다. 그만큼 한 스타트업에게 기술인력이 차지하는 비중이 높고, 이에 따라 기술인력을 지속 보유하는 것이 인적자원관리 측면에서 중요할 수밖에 없다. 또 스타트업에 참여하는 인력들은 직장보다는 직종에 충실하는 경향이 있어 이동 인력이 많게 된다. 이런 점에서 볼 때, 스타트업에게는 장기고용이라는 것이 존재하기 어렵다고 판단되며, 단기

고용을 중심으로 움직일 가능성이 크다.

이러한 세 가지 설명을 '의문'으로 설정한 이유는, 이들에 대한 현실 속 실증적인 답도 중요하지만, 전통적인 인력관리의 교훈에 비추어 볼 때 생각해 볼 과제이기 때문이다.

첫째, 금전적인 보상에 의존하게 되면, 과연 일 자체가 주는 보상은 과연 어떤 의미를 갖는지 궁금해진다. 인력관리에 있어 금전적인 보상이 모든 것을 해결하지 못한다는 것은 잘 알려진 사실이다. 금전적 보상 이외에 일 자체가 주는 성취감 혹은 만족감 등이 스타트업에게도 중요하다면, 스톡옵션을 중심으로 전개된 금전적 보상에 의존하는 인사관리에 대해 생각해 보아야 할 것이다.

둘째, 실적 중심의 인력관리 그리고 이와 연동된 스타 중심의 인력관리도 한 가지 이슈이다. 실적 중심의 인력관리는 구성원들의 기업에 대한 충성도, 구성원들 간 협력과 신뢰 등이 낮아지게 하는 편이다. 개개인의 성과에 초점을 맞추다 보면, 구성원들 간 가치의 차이가 발생하고 이는 전체 조직의 문화적 적합도를 떨어지게 한다. 개개인의 실적이 경쟁적으로 향상될 수도 있지만, 이 낮은 문화적 적합도에 의해 공동목표를 달성하고자 하는 일체감이 떨어질 수도 있다. 이때의 의문은 스타트업에서는 구성원 사이의 일체감 같은 문화적 요인을 무시해도 될까라는 의문이 된다.

셋째, 스타트업에게 단기 고용이 주는 의미도 크다. 단기 고용은 필요 인력을 적시에 얻고 불필요 인력을 배출해내는 효과를 준다. 그러나 장기 고용자들의 특징인 높은 충성심과 몰입을 유도하기 어렵다. 기존 기업과 달리 스타트업에게는 충성심과 몰입도가 높은 구성원들의 역할이 없는지를 파악할 필요가 있다.

2) 누구를 채용해야 하나?

스타트업은 위험을 안고 피는 꽃이다. 그런데 높은 위험을 감당한다고 높은 임금을 요구하는 사람은 스타트업에 적합한 사람이 아니다. 임금이 어느 정도인가에 따라 결정을 주저하는 사람을 고용하는 것은 좋지 않다. 스타트업을 즐길 수 있는 자와 일해야 한다. 누군가의 팔을 비틀어 같이 일하게 됐다면, 그 사람은 조직에 그리 오래 남아 있지 않을 것이다. 물론 스타트업을 즐길 수 있는 사람을 만나는 것은 쉽지 않다. 그동안 쌓아놓은 인맥 네트워크에서 올 것이다. 운도 따라야 하고, 위험을 같이 할 자를 선발해야 한다. 스타트업에겐 사람이 경쟁력이기 때문이다.

특히 기술인력은 중요하다. 스타트업이 첨단기술을 통해 틈새시장을 공략한 경우에는 기술이 단기적 장점에 그치지 않고, 지속적인 경쟁력의 원천이 될 수 있도록 기술혁신에 대한 노력이 필요하다. 이렇게 되기 위해서는 창업자 혼자서의 힘으로 되는 것이 아니고, 기술혁신과 개발을 담당하는 인력이 매우 중요하다. 우수 기술인력의 지원이 없는 경우와 있는 경우의 차이는 하늘과 땅의 비교에 해당할 만큼 중요하다. 만약 창업자가 첨단기술에 대한 지식과 숙련도가 부족한 경우는 더욱 그러할 것이다.

3) 어떻게 임금을 주어야 하나?

창업자, 종업원, 창업팀 멤버들에게 과연 얼마만큼의 임금을 줄 것인가? 월급, 프린지 베니핏(fringe benefit,) 스톡옵션 등을 줄 수 있는가? 스타트업 직원들의 임금결정에 있어 우선적으로 고려할 것은 현금흐름이다. “Cash is king, and you don’t die until you run out of cash(현금이 왕이다. 당신은 당신의 현금이 고갈되기 전에는 망하지 않는다)”란 투자 격언이 있을 정도이다. 따라서 임금결정의 현명한 방법은 천천히 현금흐름을 지켜보면서 점진적으로 접근하는 것이 필요하다.

우수한 팀 멤버를 갖는 것은 중요하다. 그러기 위해서는 고임금이 필요한데 그렇다고 현금흐름을 망가트릴 정도여서는 곤란하다. 미국의 경우도 작은 벤처기업이 엄청난 임금을 주는 경우는 거의 없다. 월급 이외의 보상

(예 : retirement plan)은 더구나 없다.

임금결정 시 실적에 기반한 전략(pay-for-performance)이 필요하다. 경쟁 시스템이 필요하며, 동시에 업계의 추세를 고려해야 한다.

가능하다면 고급 인력, 적합한 인력, 창업자의 약점을 보완할 수 있는 인력들과 일하려고 해야 한다. 특히 핵심 기술인력의 임금에는 과감할 필요도 있다. 벤처기업가도 그렇지만, 벤처기업에 들어오는 사람도 마찬가지로 아무나 되는 것이 아니다. 많은 사람이 안정된 큰 기업의 '편안함'과 '조직의 안락함'을 원하기 때문이다.

4) 스톡옵션(stock options)의 활용

스타트업이 우수한 인력을 유치할 수 있는 방책으로 스톡옵션이란 것이 있다. 스톡옵션(stock option)이란 회사가 임직원에게 일정량의 자기회사 주식을 일정 기간 내에 미리 정한 가격(행사가격)으로 매수할 수 있는 권리를 부여하는 일종의 인센티브제도이다. 스톡옵션은 귀속(vesting) 기간이 길어 직원들이 회사에 장기적으로 도움이 되는 인센티브로서 작동한다. 이런 점에서 현금 보너스보다 더 중요한 인센티브 역할을 한다.

스타트업에 '스타' 인력이 꾸준히 남아 있도록 하기 위해서는 적절한 인센티브 제공도 매우 중요하다. 이런 점에서 스타트업에서는 '스타'를 중심으로 하는 인력관리가 중요하게 간주되어야 한다. 이러한 인센티브의 중요한 도구로서 스톡옵션이 스타트업에 활발하게 도입된 것이 이를 잘 설명한다.

또한 스타트업은 본질적으로 고위험과 실패의 확률이 높은 생존의 모서리(edge)에 위치한 기업이다. 한 스타트업에게 생존은 절대 절명의 원리이며 그 생존의 토대인 실적(performance)이 매우 중요하다. 회사에 대한 소속감, 몰입, 구성원 간 문화적 적합도 등 기존 기업들에게 중요하고 효과를 발휘했던 요인들에 앞서 실적이 발생해야 한다. 말하자면, 실적이 나쁘면 이런 요인들이 의미를 잃게 되므로 실적이 다른 요인에 앞서는 중요한 요인으로 간주된다. 이런 점에서 스타트업에게는 실적이 우수한 이른바 '스타급' 모시기가 중요할 것으로 생각된다.

스톡옵셔은 하이테크 기업에게 성장을 위해 매우 중요한 수단이다. 실리콘밸리의 벤처기업들이 우수인력을 채용하고 유지하기 위한 전략의 일환이다. 즉, 스톡옵션이 아니면 모셔오지 못할 전문가를 모시게 되기도 한다. 현재의 직원들에게는 회사에 남아 있게 하는 유인책이 되기도 한다. 실제로 미국 벤처에서 스톡옵션이 이직을 최소화시키는 장치이기도 했다. 이렇듯 스톡옵션은 벤처산업과 인연이 깊다.

5 실리콘밸리의 인력관리 유형과 시사점

미국 스탠퍼드대학의 짐 배런(James Baron)과 마이클 해넌(Michael Hannan) 연구팀이 실리콘밸리의 첨단기업에게서 발견한 내용을 소개한다. 이들 연구팀은 약 8년에 걸쳐 약 200개의 기업들을 관찰하고 조사하였으며, 그 기업들은 실리콘밸리 지역에 소재하고 주로 컴퓨터 H/W 및 S/W, 바이오텍, 반도체, 통신 및 네트워킹 등의 업종에 속한 기업을 조사했다.

그들이 발견한 사항은 다음과 같다. 벤처기업은 창업기업가의 청사진(blueprint)과 의도하는 전략(intended strategy)에 따라 상이한 인력관리방안을 선택한다는 발견에서 출발한다. 창업자가 무엇을 원하고 무엇을 하려고 하는지 여부에 의해 시작시점의 인력관리 모델(청사진)이 정해지고 이 모델을 기반으로 경쟁전략이 추진된다. 어떤 의미에서는 다른 전통기업에서도 쉽게 예상할 수 있는 발견이다. 그런데 신생기업들의 창업자들은 분명히 남과 다른 청사진(blueprint)을 생각하고 있으며, 그들이 생각하는 '조직'도 다양하다고 한다.

창업자들이 생각하는 다양한 유형에 대해 스탠퍼드 대학의 짐 배런

(James Baron)과 마이클 해넌(Michael Hannan) 교수 연구팀은 다음과 같은 5가지 유형을 발견했다. 구체적으로, ① 스타형(star), ② 엔지니어링형(engineering), ③ 정서몰입형(commitment), ④ 관료제형(bureaucracy), ⑤ 전제주의형(autocracy)이다. 각 유형을 구분하는 기준으로 연구팀은 인력유인, 선발기준, 통제수단을 적용했다. 인력유인은 종업원을 무엇으로 유인하는가, 선발기준은 종업원 선발에 가장 중요하게 생각하는 요인, 통제수단은 종업원 통제를 위한 핵심사항을 말한다.

1) 실리콘밸리의 인적자원관리 유형

(1) 스타형

'스타형'은 스타급 기술개발자에 의존도가 높은 조직이다. 소수정예를 지향하는 경향이 강하며, 그 스타에게는 상당히 높은 임금이 지불되기도 한다. 이런 기업에서 개개인의 능력개발은 자신들의 몫이다. 스타형 기업은 높은 봉급과 일 자체의 매력을 유인도구로 삼아 우수인력을 유치한다. 스타급이 아닌 종업원은 미래 잠재력을 중요한 선발기준으로 삼는다. 기업 통제수단은 스타급의 자율통제 혹은 전문가 규범에 의존한다.

(2) 엔지니어링형

'엔지니어링형'은 전문 고급 인력을 우대하나 특정 스타급에 의존하지는 않는 유형이다. 이 인력들은 어느 직장인가보다는 어떤 일을 하는가를 더 중요하게 생각하기 때문에 직장 간 이동 인력이 많은 편이다.

엔지니어링형은 도전할 만한 작업으로서 인력을 유인하며, 인력 선발기준으로서 구체적인 과업수행능력을 활용한다. 동료들 간 자율적 통제와 거기서 형성된 규범에 의한 통제를 한다.

〈표 7.1〉 실리콘밸리의 인력관리 유형

구분	스타형	엔지니어링형	정서몰입형	관료제형	전제주의형
인력유인	도전할만한 일	도전할만한 일	정서적 유대	도전할만한 일 혹은 성장기회	금전적 보상
선발기준	잠재력 (potential)	구체적인 과업수행능력	문화 적합도	특정 자격, 역할수행능력	과업수행능력
통제수단	자율 통제 전문가 규범	동료 통제 문화적 통제	동료 통제	공식적 통제	개인관찰

(3) 정서몰입형

'정서몰입형'은 구성원 간 가치관 일치를 중요하게 생각하며, 능력보다는 문화적 적합도를 선호하는 기업이다. 이 유형의 기업에서는 종업원들의 충성과 몰입이 중요하므로 장기고용 경향이 있다. 신규 직원을 선발할 때도, 실력보다는 기존 문화와의 적합 여부를 중요하게 생각한다. 인력유인 장치는 정서적 유대이며, 문화적 적합도에 의해 인력을 선발한다. 이런 점에서 다양한 인력을 선발하지 못하는 한계를 가진다. 통제수단으로서는 동료들 간 문화적 통제가 유효하다.

(4) 관료제형

'관료제형'은 공식화가 지배하는 조직이다. 스타트업은 창업초기 관료제형이 가질만한 인력의 수를 가지기 어렵다. 이 관료제형은 어느 정도 수익을 신출하고 인력도 점차 증가하고 있는 기업에게서 발생할 수 있는 유형이다. 보통 내규모 기업이 되면 관료제형이 많다. 이 관료제형에서는 인력유인으로 도전할 만한 일 혹은 성장기회가 제공되며, 역할수행 능력에 기초하여 인력을 선발하게 된다. 구성원에 대한 통제수단으로서 공식적 통제가 활용된다.

(5) 전제주의형

'전제주의형'은 모든 사항이 창업자의 의도에 의해 결정되는 유형으로서, 종업원의 생각과 가치관은 별로 인정되지 않는다. 종업원의 노력에 대한 대가는 금전적인 보상이다. 인력을 선발하는 기준에는 필요한 과업을 수행할 수 있는 능력이 가장 중요하다. 창업자의 개인적 관찰에 의해 통제된다.

2) 유형별 장단점

① 스타형의 장점은 소수의 스타가 기업을 혁신적으로 이끌고 그들의 기술력에 의해 시장에서 성공할 수 있다는 점이다. 이 스타에게 지속적인 인센티브를 제공하게 되면 지속적인 기술개발도 기대할 수 있다. 그러나 스타급이 주로 기술인력에 한정되는 관계로 인해 비기술인력이 상대적으로 소외되는 경향이 발생한다. 특히 기업이 성장하면서 시장 확대를 위한 마케팅 등의 기능이 점차 중요해지는데, 이러한 비기술부문의 인력유치가 그리 쉽지 않을 수 있다. 비스타급의 이직도 염려해야 할 문제이다.

② 엔지니어링형은 전문기술인력을 지속 유지하는 데 도움이 된다. 전문가 규범이 존중되기 때문이다. 인력관리의 편리성이 높다는 장점도 있다. 단점은, 기업이 성장하여 규모가 커질 경우 그 효과가 그대로 나타나지 않을 가능성이 있다는 점이다.

③ 정서몰입형은 구성원들 간 문화적 합일을 지향하는 기업으로서, 어려운 상황을 협력하여 극복하기도 하고 환경변화에 대한 적응력도 강하다. 스타트업으로서 투자유치 등의 획기적인 사건(milestone) 이후에 나타날 수 있는 구성원들의 허탈감도 쉽게 극복하는 편이다. 그러나 정서적 및 문화적 동질성에 지나치게 의존하게 되기 때문에, 기존 구성원들 사이의 유대감은 지속적으로 강화되나, 새로운 생각에

〈표 7.2〉 **유형별 장단점**

유형	스타형	엔지니어링형	정서몰입형	관료제형	전제주의형
주요 특징	• 스타는 주로 핵심기술인력에 한정 • 스타에게는 지속적인 인센티브 제공, 핵심인력 유지가 가능 • 스톡옵션에 지나치게 의존 • 성장과 더불어 비(非)기술 인력의 상대적 소외 문제 (non-star급 이직 발생)	• 안정적이고 지속적인 성장 유지 • '강한 문화'를 형성할 수 있는 토대 • 기술인력의 유지에 도움 • 높은 관리 편리성 • 기업 규모가 커져서도 효과가 유효한지는 불투명	• 벤처의 성장 과정에서 중요 사건 이후 종업원들의 허탈감 적음 • 환경변화에 대한 적응력 높음 • 정서적 혹은 문화적 동질성에 지나치게 의존 • 다양한 인력 모으기 어려움 • 기업 규모가 커져서도 효과가 유효한지는 불투명	• 안정성 높음 • 공식적 절차에 의존하므로 예측 가능성이 큼. • 관리 편리성 높음 • 환경적응력 낮음	• If you work, you get paid. • 금전적 보상에 지나치게 의존하고 사람들의 열의와 충성심을 유도하는 방법으로 적합하지 않음

쉽게 접근하는 것이 어렵다. 또한 문화적 적합성이 중요하므로 다양한 인력을 모으기도 어려운 편이다.

④ 관료제형은 안정성, 예측가능성 등에서 우수하다. 관리 편리성도 높은 편이다. 그러나 공식화가 높아지기 때문에 대규모 기업에서 나타나듯이 환경변화에 대한 적응력이 떨어진다는 단점을 가진다.

⑤ 전제주의형은 종업원들을 인간으로 보지 않고 '인건비'로 보거나, 기업가가 부여한 임무를 수행하고 금전적인 보상을 받는 것으로 인식하는 경향이 강하다. 이런 점에서, 각 구성원들의 열의와 충성심을 유도하기 어렵다. 금전적인 보상이 유인하는 정도에는 분명 한계가 있다. 이러한 단점에 의해 전제주의형은 스타트업에게 잘 어울리지 않는 듯하다. 실제로 실리콘밸리의 조사결과에서도 확인되듯이, 전제

주의형을 가진 벤처기업들이 가장 낮은 성과를 보이게 된다.

3) 어떤 유형을 선택할 것인가?

인력관리 유형별 장단점을 고려할 때, 전제주의형을 스타트업이 선택하기에는 어울리지 않는 것으로 판단된다. 나머지 4개 유형은 모든 상황에서 우월한 유형은 없고 각기 장단점 속에서 상황별 판단에 따라 선택되어야 한다. 이들 중 어느 유형을 선택하는 것인가는 결국 창업자의 선택이 된다. 여기서 이 4개 유형을 크게 두 가지로 묶는 것이 가능한데, 하나는 스타트업에게 도전적인 선택이며, 다른 하나는 그들에게 안정적인 선택이다.

(1) 도전적인 선택 : 정서몰입형 혹은 스타형

도전적인 선택이란 정서몰입형 혹은 스타형의 선택을 말한다. 정서몰입형은 구성원들이 협력적인 공동노력을 지향하고 장기고용을 선호한다는 점에서 벤처산업에는 그리 많지 않을 유형이다. 이런 점에서 특이한 선택이다. 스타형은 스타트업에서 발생하는 특유의 방법인 것은 분명하나, 스타급에 높은 보상이 필요하다는 점에서 그리 흔치 않은 유형이다. 실리콘밸리의 경험으로 볼 때 이들 두 유형의 기업들은 그리 많지 않지만, 두 유형을 선택한 기업들은 IPO가 빠르게 발생하거나 혹은 IPO 이후의 시장가격 등에서 우수하다고 알려진다.

(2) 안정적인 선택 : 엔지니어링형 혹은 관료제형

안정적인 선택이란 기업 안정성을 높이는 유형인 엔지니어링형 혹은 관료제형의 선택을 말한다. 두 유형 모두 눈에 띄는 성공은 적으나 평균 이상 수준의 실적을 도출할 수 있다. 또 이 두 유형은 기업 규모가 커져도 효과가 지속될 수 있으므로, 성장경로를 생각할 때 안정된 선택이다. 또 관리 편리성이 높다는 점도 두 유형의 공통적인 장점이다.

08

고객 개발 계획

1 고객 개발 프로세스

사업계획서가 완성되고 실행조직이 갖추어졌다면 스타트업의 다음 과제는 어떻게 제품을 팔 것인지에 대한 실행 로드맵을 구축하는 것이다. 즉, 마케팅을 위한 계획을 수립해야 한다. 그런데 스타트업의 마케팅은 일반적인 마케팅과는 완전히 다른 개념이다. 스타트업은 아직 검증되지 않은 가설을 바탕으로 아직 존재하지 않는 고객에게 제품을 팔아야 한다. 그렇기 때문에, 스타트업의 마케팅은 일반적인 영업, 홍보, 촉진, 광고 등과 같은 전통적인 마케팅 요소보다 고객 발굴 및 검증의 과정이 절대적으로 중요하게 강조된다. 또한 스타트업의 마케팅 전략은 본격적인 홍보와 판매의 실행에 앞서 목표고객을 발굴하고 그들의 문제(욕구)와 제품의 부합성에 대한 가설을 검증하는 '실험'의 과정이 반드시 선행되어야 한다. 이 가설 검증의 과정은 반복적으로 수행되며 이를 통해 비즈니스 모델의 타당성을 검증하는 것을 목표로 한다. 즉, 스타트업의 마케팅 계획은 판매와 촉진이 아닌 고객 개발과 가설 검증의 과정으로 보아야 한다.

1) 고객 개발과 제품 개발

스타트업의 실행은 고객을 개발하는 과정에서 출발한다. 스타트업의 실행이 제품 개발이 아닌 고객 개발(customer development)에서 시작한다는 시각은 두 가지 중요한 생각의 전환을 바탕으로 한다. 첫째는 스타트업의 비즈니스 모델은 검증되지 않은 가설이므로 제품을 생산하기 전에 구매할 고객이 실제로 존재하는지를 확인하는 과정이 필요하다는 점과, 둘째, 그렇기 때문에 스타트업의 실행과정은 철저하게 신규고객의 개발에 초점을 두고 진행되어야 하며, 이는 제품을 개발하는 과정과는 차별화된다는 점이다.

[그림 8.1]에서 보는 바와 같이, 전통적인 제품 개발의 과정은 이미 알려진(검증된) 문제에 대한 알려진 해법을 실제로 구현하는 과정이다. 제품 개

[그림 8.1] 고객 개발과 제품 개발

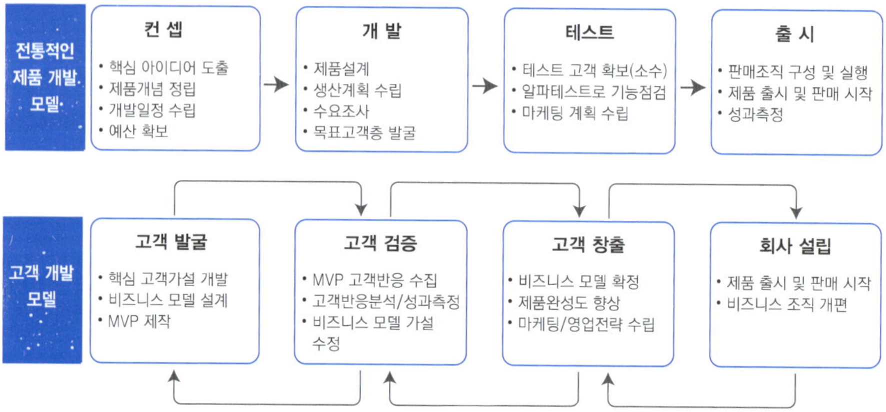

출처 : Steve Blank and Bob Dorf, *The Startup Owner's Manual*, K&S Ranch, 2012.

발의 시작은 이미 개발된 설계도를 가지고 시작된다. 잘 설계된 설계도를 토대로 엄격한 절차에 따라 단계적으로 솔루션을 개발하는 데 초점을 둔다. 이 방법론에서 각 단계가 겹치지 않으며 한 단계가 완벽하게 완료되지 않으면 다음 단계로 넘어갈 수 없다. 이러한 의미에서 폭포수(waterfall) 방법론이라고도 부른다. 1950년대부터 제품 및 소프트웨어 개발에 널리 적용되어온 철학이다.

반면 고객 개발의 절차는 알려지지 않은 문제(따라서 실제 문제가 존재하는 것인지 아직 확인되지 않은)에 대하여 검증되지 않은 해결책을 시험하는 과정이다. 고객 개발 절차의 시작은 비즈니스 모델로 표현되는 가설이며, 문제와 해결책이 검증되지 않았다는 측면에서, 비즈니스 모델은 솔루션 구축을 위한 설계도가 아닌, 실험과 테스트의 대상으로 본다. 따라서 고객 개발 절차의 각 단계는 검증결과에 따라 수정될 수 있으며, 수정과 검증이 반복적으로 수행된다. 이 반복적인 과정에서 극단적인 경우 비즈니스가 종료될 수도 있다. 즉, 고객 개발의 절차는 반복적인 테스트, 분석, 검증, 수정의 과정을 통해 비즈니스 가설이 타당한지를 확인하는 것에 초점을 둔다. 고객 개발의 과정은 구체적으로 다음의 네 단계(4C)로 구성된다.

(1) 고객 발굴 단계(Customer Discovery)

비즈니스 가설(즉, 비즈니스 모델)을 수립하고 이를 검증할 대상 고객을 발굴하는 단계이다. 구매의사결정 과정을 분석하여 최소 10여명에서 50여명 정도의 핵심고객층을 선정한 후 조사를 수행한다. 반드시 현장에 나아가 고객을 만나야 하며(Get out of the Building) 가설을 검증할 수 있는 제품의 프로토타입(최소요건제품)이 준비되어 있어야 한다. 이 단계의 조사를 통해 고객획득비용 및 시장규모에 대한 추정을 할 수 있어야 한다. 이때 주의할 점은 선불리 투자를 확대하지 않는 것이다.

(2) 고객 검증 단계(Customer Validation)

비즈니스 모델에 대한 검증을 통해 제품(해결책)과 시장(니즈)이 부합하는지를 확인하는 과정이다(product-market-fit). 검증기준과 평가지표를 세밀하게 마련하고 정해진 기간 동안의 관찰과 데이터 축적을 토대로 과학적인 검증이 수행되어야 한다. 이를 통해 적절한 수익성을 거둘 수 있는지를 반복적으로 확인해야 한다. 이때 중요한 것은 검증결과를 비즈니스 모델의 전환에 올바르게 반영하는 것이다. 비즈니스 모델의 핵심가설에 오류가 발견될 경우 비즈니스를 종료할 수도 있다.

(3) 고객 창출 단계(Customer Creation)

실질적인 의미의 사업실행이 시작되는 단계이자 사업 초기 성공의 발판이 되는 시점이다. 비즈니스 확장을 위한 속도를 높이고, 최종소비자의 수요를 지속적으로 창출하여 보다 큰 예산을 집행한다. 팀을 꾸리고 고객 개발, 세일즈, 마케팅 등을 이끌어야 한다. 시장의 유형에 따라 시장 진입과 전략, 마케팅, 프로모션 등 다양한 방법을 적절하게 혼합하여 나아가야 한다.

(4) 회사 설립(Company building)

수익확보를 위한 구체적인 투자가 일어나는 시점이다. 본격적인 사업이 실행된다. 일반적으로 회사를 먼저 설립하고 사업을 수행한다는 상식과 반대된다는 점에 주목해야 한다. 회사의 설립과 투자는 가설의 검증이 완료된 이후에 진행되는 것이다.

2) 린 프로세스

고객 개발 방법론에 입각하여 스타트업의 실행전략을 체계화한 것으로 널리 알려진 것으로 린 스타트업(Lean Startup) 방법론이 있다. 린 스타트업 프로세스는 제조업에서 생산 프로세스의 낭비를 최소화하고 효율성을 극대화한 도요타의 '린 제조방식' 아이디어를 스타트업의 실행에 적용한 것이다. 린 스타트업에서는 스타트업을 극심한 불확실성 속에서 새로운 제품을 만드는 임시조직으로 규정한다. 따라서 린 스타트업의 핵심은 제품 개발이 아니라, 사업성 검증을 통한 불확실성의 해소에 있다고 본다.

린 스타트업 절차의 핵심은 최소요건제품(MVP, Minimum Viable Product)을 이용한 '만들기(Build) – 측정(Measure) – 학습(Learn)'의 3단계 실험을 반복적으로 수행하는 데 있다. 최소요건제품은 사업의 핵심가설을 검증하는 데 필요한 최소한의 요건만을 포함하도록 개발되어야 한다는 점에서 일반적인 프로토타입과는 다르다. 핵심가설이 검증된 이후에 비로소 본격적인 제품 출시 및 사업 확장을 위한 자원을 투입한다. 따라서 최소요건제품은 FGI(Focus Groups Interview)와 같은 심층면접법, 기술적 환경의 구축 없이 사람이 서비스 제공을 시뮬레이션 하는 컨시어지(Concierge) 방법론 등 무형의 제품도 포함된다. 즉, 비즈니스 모델의 핵심가설을 테스트할 수 있으면 그 형식은 무관하다.

린 스타트업은 마케팅부서 같은 전략사업단위부서 차원이 아닌 전사적인 차원에서 접근되어야 한다. 특히 기술창업인 경우, 창업자를 포함한 모든

[그림 8.2] 린 프로세스의 만들기-측정-학습 사이클

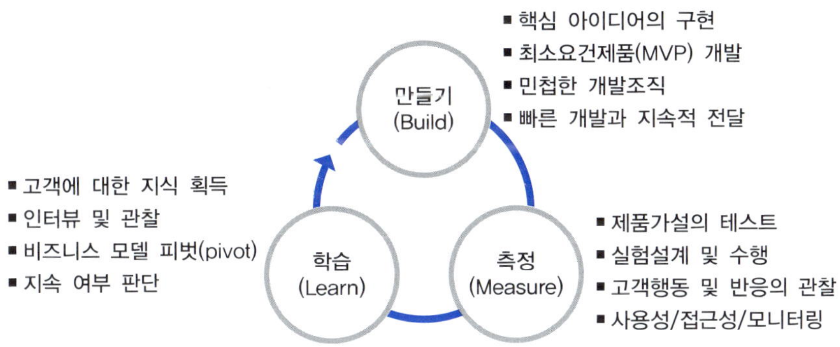

출처 : Eric Ries, *The Lean Startup*, Crown Publishing Group, 2011.

연구원들이 시장의 피드백을 직접 들을 수 있어야 한다. 린 방식을 채택한 창업자들은 사업계획의 실행이 아닌, 비즈니스 모델의 검증에 주안점을 둔다. 여러 차례에 걸쳐 신속하게 실험을 진행하고 피드백을 수집해 비즈니스 모델의 타당성을 확보한 이후에야 본격적인 실행에 돌입할 수 있다.

린 스타트업은 자원을 효율적으로 관리하는 데 주안점을 둔다. 잘못된 가설에 바탕을 둔 사업계획을 열심히 수행하는 어리석음을 막자는 것이다. 이러한 점에서 린 스타트업 방법론의 독특성은 '똑똑하게 실패하기'에 있다. 가용자원의 10%만을 사용해서 시장테스트를 진행한다. 시장테스트가 실패로 끝나더라도 회사의 생존에는 영향을 미치지 않는다. 이 때문에 테스트 결과를 비교적 객관적으로 받아들일 수 있다. 똑같은 데이터를 가용자원의 70~80%를 사용해서 만든 시제품으로 얻었다면, 테스트 결과를 객관적으로 받아들이기 어려울 것이다. 무엇보다 다시 새로운 시제품을 만들 수 없기 때문에 이전 제품의 문제점을 알았더라도 근본적인 방향전환이 어렵다.

반면에 린 스타트업 방법론은 가용자원의 10%를 다시 사용해서 두 번째 테스트를 진행할 수 있다. 또다시 만족할 만한 결과를 얻지 못했다면

〈표 8.1〉 린 방식과 전통적인 방식의 비교

구분	린 방식	전통적인 방식
목적	비즈니스 모델의 가설 검증	비즈니스 모델의 실행
핵심 프로세스	가설 설정, 고객 개발, 가설 검증	제품설계, 단계적/선형적 공정
엔지니어링	애자일 개발(반복적, 점증적)	애자일/폭포수 개발(사전적, 단계적)
조직	전사적 접근	마케팅, 제조 등 기능적 구분
평가지표	고객 검증 지표, 고객확보 비용, 고객생애 가치, 이탈률, 고객의 자발적인 전파율 등	회계, 손익계산서, 대차대조표, 현금흐름 보고서
실패의 인식	아이디어 피벗(pivot)에 활용	실패는 사업 중지를 의미
실행속도	신속하며, 적당한 데이터 토대	신중하며, 완벽한 데이터를 토대

가용자원의 10%를 투입해서 세 번째 테스트를 진행하면 된다. 이처럼 실패를 전제로 적은 자원으로 시장에서 배우는 것이 린 스타트업의 특징이다. 따라서 린 스타트업을 실제 구현하기 위해서는 첫째, 어떻게 하면 10%의 자원을 갖고 최소요건제품을 만들 수 있는지와 둘째, 시장에서 배운다는 것을 어떻게 객관적 지표로 만들 수 있는지를 설정하는 것이 매우 중요하다.

2 고객 발굴

고객 발굴(customer discovery)은 시장세분화를 통해 선정된 목표고객(최종사용자)을 대상으로, 실제로 제품과 서비스를 어떻게 사용하는지를 구체적으로 이해하는 과정이다. 이 단계의 목표는 최종사용자가 제품 발견부터 구매, 사용, 가치 획득, 지불, 재구매 추천에 이르기까지의 전 단계에서 어떻게 행동하는지를 자세하게 기술하는 데 있다. 즉, 최종사용자의 전체 생애주기 사용 시나리오의 다양한 모습을 상세히 기술하여 비즈니스 모델의 가설이 타당한지를 명확히 이해한다.

1) 전체 생애주기 분석(Full Life Cycle)

고객 발굴은 고객의 전체 생애주기를 이해하는 것으로 시작한다. 전체 생애주기(Full Life Cycle)란 대표고객이 제품을 발견하고 구매한 다음 실제로 사용하고 재구매에 이르는 전체 과정을 의미한다. 전체 생애주기에 대한 분석을 통해 제품이 최종사용자의 가치사슬을 충족하는지 확인할 수 있다. 또한 제품의 사용 단계뿐만 아니라 구매결정이나 재구매 과정에서 발생할 수 있는 문제를 사전에 발견할 수 있다. 또한 목표고객에 대한 전체 생애주기 분석이 다른 잠재고객에게도 그대로 적용될 수 있는지를 확인할 수 있다. 전체 생애주기 분석에는 다음과 같은 단계별 행동에 대한 분석이 이루어져야 한다.

① 최종사용자는 어떤 경우에 기존의 생활방식이나 업무추진 방식을 변화시키는가?
② 그들은 어떤 경로로 제품 정보를 찾는가?
③ 그들은 어떠한 기준에 따라 제품을 비교하고 분석하는가?
④ 구매할 제품이 선정되었을 경우 구매를 위해 가장 먼저 하는 일은 무엇인가?
⑤ 제품을 구매한 후에 사용하기 위해서 고객들은 무엇을 하는가?
⑥ 고객들은 제품을 우리가 의도하거나 예측한 방식대로 사용하는가?
⑦ 그들은 사후관리, 유지 및 보수를 얼마나 빈번히 요구할 것인가?
⑧ 그들이 재구매하거나 입소문을 내고 추천할 가능성이 있는가?

2) 구매의사결정의 단위

고객의 구매과정에는 최종사용자 이외의 다양한 이해관계자가 관여한다. 스타트업은 제품의 구매결정 과정에 누가 관여되어 있는지를 파악하여 그들의 동기를 이해함으로써 고객이 창업팀의 제품을 선택하도록 설득해야 한다. 구매의사결정의 단위를 파악하고 이해하는 것은 제품 개발, 포지셔닝, 판매전략을 세우는 데 필수적이다.

(1) 챔피언(champion)

특정 제품에 대하여 구매를 강하게 원하는 사람들을 흔히 챔피언(champion)이라 부른다. 챔피언은 스타트업의 제품을 지지하며 적극적으로 다른 사람들을 설득하는 데 앞장설 수 있는 사람들이다. 챔피언은 순수하게 혁신적인 제품의 선도적 사용에 흥미를 가지고 이를 전파하려는 전도사적 태도를 가진 사람들이다. 이러한 슈퍼유저들은 제품의 품질향상이나 신제품의 개발에 매우 중요한 역할을 할 수 있다.

(2) 여론주도자

트위터, 페이스북, 유튜브 같은 SNS에서 많은 팔로워를 보유한 사람들은 잠재고객들이 제품에 가지는 인상에 큰 영향을 미친다. SNS 이외에도 인터넷 상에는 다양한 형태의 관심그룹(SIG, Special Interest Group)들이 있다. 대부분 블로그나 커뮤니티로 운영되며 온라인뿐만 아니라 오프라인에서도 밀접한 관계를 유지하기도 한다. 예를 들어, 유튜브에는 수백만 명이 넘는 구독자를 보유한 다수의 IT기기 리뷰어들이 활동하고 있으며 매번 신제품이 출시될 때마다 제품에 대한 상세한 기술적 분석을 게시한다. 이들은 제품에 대한 전문지식을 가진 사용자들로써 잠재구매자들에게 상당한 영향력을 끼친다.

(3) 구매조직

B2B 시장은 개인이 아닌 조직이 구매의사결정의 단위가 된다. 조직이 대상이므로 고려해야 할 요소들이 훨씬 많아진다. 구매절차와 담당조직의 특성도 조직규모, 업종, 조직문화, 시장 내 위치 등에 따라 상이하다. 이러한 경우의 구매결정에 대한 분석은 매우 어렵다. 조직에서 구매에 대한 최

종결정을 내리는 사람들은 대부분 조직의 예산을 관리 및 통제하는 권한을 갖고 있으며 최종사용자와는 다른 관점에서 구매에 대한 판단을 내릴 수 있다. 예를 들어, 의료기기의 최종사용자는 의사들이지만 의료기기의 구매결정은 병원의 구매위원회를 통해서 이루어질 수 있다. 구매위원회에는 의료전문가와는 다른 시각에서 구매결정을 내릴 수 있다. 가령 의료기기 투자를 통한 병원 수익성 제고, 구매절차의 효율성, 공급업체의 신뢰성 등 제품의 성능이나 기능과는 다른 관점에서 제품을 바라본다. 이들은 최종사용자의 의사에도 불구하고 가격 교섭을 시도할 수 있고, 조직 내부의 규정을 이유로 공급자격을 박탈할 수도 있다. 이 경우 의료기기 제조회사는 병원의 투자수익성을 설득하거나, 공급채널을 가진 유통업체의 이익을 제시하여 그들을 통해 제품을 판매할 수 있는 전략을 개발해야 한다.

(4) 거부권자

때때로 특정한 이유로 구매를 반대할 권리를 가진 사람이 있을 수 있다. 특히 B2B 시장에서 이들은 지지자나 최종사용자보다 상위에 위치하는 경우가 많다. 예를 들어 제품구매나 설치 전에 주택소유자협회 규정 또는 도시개발계획에 따라 협회 및 행정당국의 허가를 받아야 하는 경우가 있다. 이때 협회와 공공기관은 거부권을 가진 의사결정 단위가 된다. 기업에서는 컴퓨터 하드웨어와 소프트웨어 구매 시 IT부서가 종종 회사의 표준에 맞지 않는다는 이유로 거부권을 행사하기도 한다. 또한, 노동조합이 단체협약 등을 이유로 구매를 가로막기도 한다.

(5) 경제적 의사결정권자(Primary Economy Buyer)

경제적 의사결정권자는 실제 구매대금을 지급할 권한을 가진 사람으로, 기업에서는 제품을 구매할 때 지출결의서에 최종적으로 사인을 하는 사람이다. 의사결정권자는 대부분 예산을 관리 및 통제하는 권한을 갖고 있다. 간혹 의사결정권자가 지지자, 최종사용자이기도 해서 일이 쉽게 풀리는 경우도 있지만 의사결정권자가 구매부서나 챔피언의 의견을 완전히 무력화시킬 수도 있다.

(6) 다면시장에서의 구매결정

다면시장 비즈니스 모델은 복수의 고객군이 관여되어 있어 한 고객 그룹의 구매결정에는 다른 고객 그룹이 영향을 미치게 된다. 가령 네이버의 검색서비스는 서비스 이용자와 수익을 창출하는 대상 고객이 서로 다르다. 이러한 경우 접속자의 규모가 돈을 지불하는 실제 고객과의 교섭력을 결정한다. 다면시장의 비즈니스 모델에서는 결국 사용자를 확보하기 위한 전략과 지불고객을 획득하기 위한 전략이 병행하여 추진되어야 한다. 검색서비스의 경우 검색사용자는 '필요한 정보에 대한 빠른 제공'이 구매요인이지만 돈을 지불하는 광고주들은 '광고노출의 극대화'가 구매요인이 된다.

최종사용자의 제품사용에 간접적인 영향을 받는 다른 대상이 구매결정에 영향을 주는 경우도 있다. 예를 들어, 소리 나지 않는 모바일 자명종 앱을 개발한 스타트업의 사례를 살펴보자. 이 앱은 사용자가 알람시간을 설정하면 무선으로 연결된 손목밴드가 진동하여 시간을 알린다. 따라서 서로 다른 시간에 기상하는 커플이 상대의 알람소리 때문에 잠을 깨는 불편이 사라진다. 이 앱의 구매의사결정권자는 먼저 일어나는 사람이지만, 나중에 일어나는 사람은 제품의 열렬한 지지자가 되어 최종사용자의 구매에 영향을 미칠 수 있다.

3) 구매결정 과정 분석과 판매전략 수립

(1) 조사계획의 수립

최종사용자를 포함하여 구매의사결정에 관여하는 주요 이해관계자들이 파악되었다면 본격적으로 이들의 이해관계와 행동방식에 대한 조사가 필요하다. 고객조사는 대상별로 개별적으로 수행되어야 하며 무엇보다 인터

〈표 8.2〉 **구매결정 과정에 대한 조사내용(사례 : 유아용 교구사업)**

구분	주요 내용	유아용 교구사업 사례
대상	최종사용까지의 전생애주기에 걸쳐서 구매의사결정과 직간접적으로 관련되어 있는 구매의사결정 단위	• 구매조직 : 유통업체 영업사원 • 의사결정자 : 유치원 원장 • 최종사용자 : 유치원 교시 및 어린이 • 영향력 행사자 : 학부모 • 교육청 : 잠재적 거부권자
항목	• 지출예산 규모 및 집행기간 • 예산유형(자산 vs. 운영예산) • 구입주기, 구매까지 소요기간 • 구매결정 절차 • 구매 장애요인(정부규제 등) • 대금 지급방식	• 영업사원 : 물품 공급주기, 재고관리, 납품방식 • 원장 : 운영예산규모 및 집행방식, 구매주기 • 교사 : 만족도, 요구사항, 교육효과, 지도용이성 • 학부모 : 제품안정성, 가격, 교육효과 • 교육청 : 교육비 집행규정, 규제사항

뷰나 실험·관찰을 통한 직접조사가 이루어져야 한다. 조사의 목적은 '설득과 판매'에 있는 것이 아니라 '질문과 조사'에 있음을 명심해야 한다. 〈표 8.2〉는 유치원을 대상으로 유아용 교구를 판매하는 가상의 스타트업을 사례로 조사대상과 조사항목을 나타낸 것이다.

표에는 나타나 있지 않지만 조사대상에는 유아교구와 관련된 챔피언(예 : 특정 교구의 교육효과를 지지하는 유치원 교사 등)을 추가할 수 있고, 학부모들에게 영향을 미치는 여론주도자(예 : 유아교육관련 전문가, 커뮤니티 등) 등도 조사의 범위에 포함시킬 수 있다.

(2) 고객획득비용의 추정

고객조사의 목적 중 하나는 고객획득비용을 추정할 수 있는 자료를 확보하는 것이다. 고객획득비용은 고객이 제품을 구매하도록 유도하는 데 소요되는 비용을 뜻한다. 고객획득비용이 정확하게 추정되어야만 비즈니스 모델이 지속가능한 수익을 발생시킬 수 있는지 판단할 수 있다. 고객 매출액이 고객획득비용보다 커지는 지점에서 수익이 발생하기 때문이다.

일반적으로 고객획득비용은 산정하기가 쉽지 않고 오류의 가능성도 크다. 따라서 처음부터 정확한 고객획득비용을 추정하기보다는 고객획득을 위해 필요한 마케팅 프로세스의 요소들을 먼저 파악한 후 각 요소별 소요비용을 도출하는 접근방법이 바람직하다. 마케팅 프로세스에서 비용요소의 도출과 소요비용이 추정된 이후에는, 마케팅 프로세스를 개선하여 소요비용을 줄일 수 있는지 생각해 보아야 한다.

고객획득비용의 산정에 있어서 스타트업들은 흔히 전통적인 비용요소인 원가, 생산 및 설비비용, 유통·물류 및 재고관리 비용 등에만 의거하여 산정하려는 경향이 있다. 이러한 비용요소는 제품의 생산과 전달을 위한 비용이며, 고객이 제품을 구매하도록 유도하는 활동에 소요되는 비용요소들이 누락되어 있다. 예를 들어, 기업 간 거래에서 구매조직의 관리자가 변경되거나 공급선을 다변화하려는 전략적 변화를 꾀한다면 고객획득비용이 더 늘어날 것이다. 특히 다음의 비용요소들을 간과하기 쉽다.

- 마케팅 활동의 제반 비용 : 영업사원 연봉, 홍보물 인쇄, 홈페이지 제작, 상품 전시회, 전문잡지 광고, 제품설명서 개발 등의 비용
- 시간비용 : 판매까지 소요되는 시간이나 긴 재판매기간
- 매몰비용 : 제품을 구매하지 않은 고객들에게 기울인 영업과 마케팅 비용
- 의사결정 단위의 변화 : 구매의사결정의 단위의 변화에 따른 비용 변화

(3) 판매전략의 수립

판매전략은 고객의 전체 생애주기에 대한 분석에 입각해서 수립되어야 한다. 영업 프로세스의 설계를 위해 전체 생애주기 사용 시나리오 작성에서 사용한 질문을 그대로 적용할 수 있다. 어떤 정보와 지식을 제공해야 목표고객이 제품을 인지한 후 구매결정에 필요한 정확한 분석과 올바른 판단을 내릴 수 있는지와 제품을 인지한 목표고객이 제품을 구매하도록 하는 방법에는 무엇이 있는지를 명확하게 파악해야 한다. 또한 판매전략은

고객획득비용이 점차 감소되도록 추진되어야 한다. 마케팅 프로세스가 점차 고도화되면서 학습효과와 규모의 경제에 따른 효율성이 증가되어야 하기 때문이다. 스타트업의 성장단계에 따라 판매전략의 목표를 각기 다르게 설정할 필요가 있다.

- **단기전략** : 이 단계의 주요 목표는 초기수요 창출이다. 이 시기는 브랜드 인지도가 낮기 때문에 제품의 가치를 적극적으로 알리는 데 초점을 두어야 한다. 따라서 전문적인 영업조직과 사업 개발부서의 역할이 중요하다. 비용대비 효과가 높은 온라인 채널을 적극 활용한다.
- **중기전략** : 이 단계의 주요 목표는 주문 이행 프로세스의 고도화이다. 영업 채널의 종류와 특징을 이해하고 각 채널의 안정성과 효율성을 높여 고객획득비용이 감소하도록 해야 한다. 본격적인 손실감소와 이익증가가 발생해야 한다.
- **장기전략** : 이 단계는 고객관계 관리에 많은 노력을 쏟아야 할 시기이다. 기존 고객 유지와 추가 판매 기회(즉, 시장 확대)를 창출하기 위한 전략을 짜야 한다. 성장이 시작되어야 한다.

3 고객 검증

고객 발굴을 위한 고객조사와 판매 계획이 수립되었다 하더라도 곧바로 비즈니스 모델을 실행해서는 안 된다. 비즈니스 모델의 핵심가설이 아직 검증되지 않았기 때문이다. 비즈니스 모델에서 설정한 목표고객과 고객니즈가 실제로 존재하는지와, 우리가 생각한 제품의 고객니즈에 부합하는지, 그래서 실제로 계획한 수익구조가 실현될 수 있는지를 검증해야 한다. 고객 검증은 크게 1) 가설 설정, 2) 검증계획 수립, 3) 평가지표 분석, 4) 비즈니스 모델 수정의 네 단계로 구성된다.

1) 가설의 설정

2000년대 등장했던 애플의 아이팟 비즈니스 모델을 생각해 보자. 아이팟(iPod)은 아이튠즈(iTunes)에 접속하여 돈을 지불하고 음악을 다운로드받아 감상하는 휴대용 음원재생기기이다. 아이팟의 핵심가설은 "사람들은 야외에서 이어폰으로 음악을 듣기 위해 돈을 지불하고 인터넷에서 음원파일을 다운로드받을 것이다."이다. 이 가설은 첫째, 사람들은 야외에서 이어폰으로 음악을 들을 것이며, 둘째, 파일형태의 음악을 다운로드하여 감상할 것이며, 셋째, 파일을 다운로드받기 위해서 돈을 기꺼이 지불할 것이라는 가설로 분해할 수 있다. 이 중 첫 번째와 두 번째 가설은 이미 1980년대 워크맨의 성공과 2000년대 냅스터(Napster) 같은 P2P 서비스를 통해 검증되었다고 볼 수 있다. 그러나 워크맨은 음원매체가 달랐고 냅스터는 PC 기반의 무료서비스였기 때문에 세 번째 가설은 아직 검증되지 않은 새로운 핵심가설이다.

시장에서 비즈니스 모델의 가설을 지지하는 사례를 '아날로그(Analog)'라 하고, 나의 가설에 반대되는 사례를 '안티로그(Antilog)'라고 한다. 가설 검증은 안티로그에 대해서 집중되어야 한다. 아이팟 출시 당시 CD 음원을 복제하고 인터넷에서 무료로 공유하는 것이 만연했던 상황에서 아이팟의 핵심가설은 강력한 안티로그를 가지고 있었다.

안티로그를 반증하기는 매우 어렵다. 유일한 방법은 최소요건제품을 이용한 실험을 통해서 검증하는 것이다. 익숙한 MP3 플레이어와 간단한 음원구매 웹사이트의 프로토타입으로 아이팟을 이용한 음악 감상 시나리오를 고객에게 설명할 수 있을 것이다.

이 최소요건제품에는 안티로그를 반증하기 위한 강력한 가치제안이 명확하게 담겨 있어야 할 것이다. 가령 다양한 아티스트의 음원을 한 곳에서 다운로드할 수 있고, 최신곡이나 인기곡들을 검색하거나 다른 사용자의 평가를 참고할 수 있다는 점, 한 곡씩 구입하여 나만의 재생순서를 설정하는 개인화된 감상환경을 제공한다는 점, 미려한 사용자 인터페이스를 제공한다는 점, 불법복제나 저작권 침해의 위험이 없다는 점 등이 안티로그를 극복할 수 있는 가치제안의 요소들일 것이다.

2) 검증계획의 수립

고객 검증에서 테스트할 가설은 비즈니스 모델을 구성하는 모든 요소로부터 도출된다. 테스트할 가설을 체계적으로 도출하는 데 도움이 되는 것으로 린 캔버스(lean canvas)가 있다. 린 캔버스는 비즈니스 모델 캔버스를 바탕으로 하되 고객 검증에 초점을 두고 가설을 도출하는 데 도움을 준다. [그림 8.3]은 린 캔버스를 작성하고 이를 토대로 테스트할 가설을 도출한 것이다. 린 캔버스의 각 영역은 제품위험, 고객위험, 시장위험으로 구분되고 각 분야에서 가설이 틀릴 위험을 나타낸다.

린 캔버스를 통해 비즈니스 모델이 내포한 가설의 위험요소들을 파악한 후 세부적인 실험준비를 수행한다. 실험계획은 [그림 8.3]에 표시된 번호 순서대로 아래의 질문들을 토대로 수립한다. 제품위험에 대한 테스트에서는 우리의 제품이 정말로 고객니즈에 부합하는지를 테스트 하며 이를 위한 최소요건제품의 사양을 정의하는 것이다. 비즈니스 모델을 바탕으로 ① 고객의 핵심문제 3가지를 나열하고, ② 이를 해결할 수 있는 최소요건제품을 정의한 후, ③ 판매 실험을 통해 우리 제품의 고유한 가치제안이 실재하는지 확인한다. ④ 이후 고객가치 제안을 측정할 수 있는 핵심지표 테스트의 범위를 확대하여 유의한 데이터를 확보한다.

고객위험에 대한 테스트에서는 우리가 선정한 세분시장이 실재하며 고객에게 도달할 수 있는지를 확인하는 것이다. ① 세분시장과 목표고객군을 선정하고, ② 실제로 테스트를 수행할 대상 고객들을 특정한 후 ③ 아웃바운드 채널(기업이 고객에게 접근)과 ④ 인바운드 채널(고객이 기업에게 접근)이 실제로 작동하는지 확인한다.

[그림 8.3] 린 캔버스를 이용한 실험준비

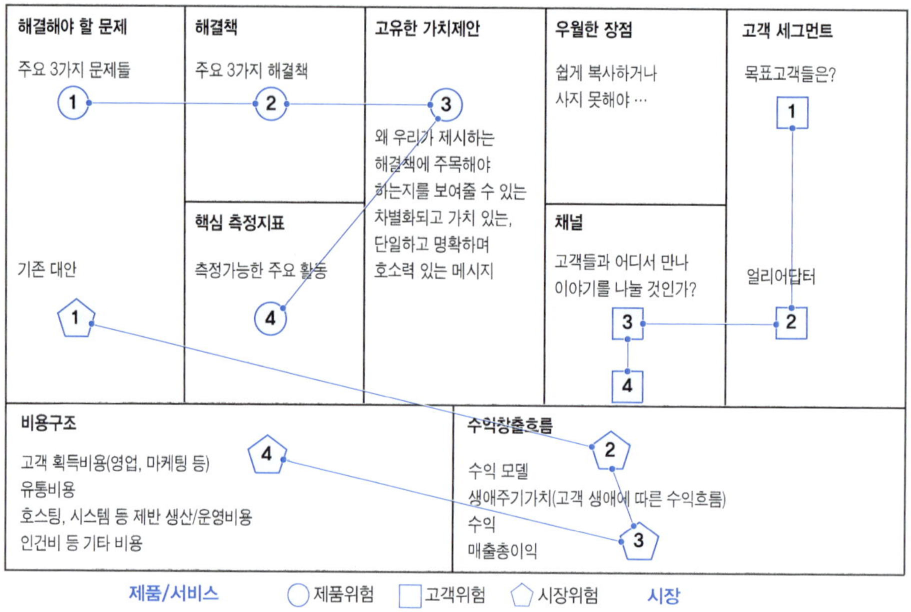

출처 : Ash Maurya, *Running Lean : Iterate from Plan A to a Plan That Works*, O'Reilly Media, 2012.

마지막으로 시장위험에 대한 테스트는 비즈니스 모델이 실제로 수익이 발생되는지를 검증하는 것이다. ① 고객이 선택할 수 있는 대안을 살펴보고 가격을 선정한 후 ② 인터뷰 및 설문조사를 통해 구매의사를 확인한다. ③ 이후 실제 판매가 일어나는지와 재구매가 발생하는지를 확인하여 추정된 시장규모가 타당한지를 추정한 후, ④ 비용구조를 분석하여 이익이 발생할 수 있는지를 테스트한다. 〈표 8.3〉은 이러한 과정을 요약하였다.

3) 성과지표의 개발과 측정

가설이 타당한지를 측정하기 위해서는 수치로 측정이 가능한 성과지표를 개발해야 한다. 성과지표는 가설의 타당성을 객관적으로 판단하는 데

〈표 8.3〉 **실험준비를 위한 테스트 준비**

테스트 영역		테스트 질문
제품 위험	니즈에 부합하는 제품을 만들 수 있는가?	① 우리가 해결할 문제가 과연 해결할 가치가 있는지 확인하라.
		② 최소요건제품을 정의하라.
		③ 소규모 고객을 대상으로 MVP의 고유한 가치제안을 확인하라.
		④ 대규모 고객을 대상으로 확인하라.
고객 위험	고객이 존재하며 도달할 수 있는가?	① 문제를 겪고 있는 대상이 누구이며 실재하는지 확인하라.
		② 실험을 수행할 목표 대상을 얼리어답터 군으로 좁혀라.
		③ 고객에 접근할 수 있는 아웃바운드 채널이 존재하는지 확인하라.
		④ 고객이 유입되는 인바운드 채널을 구축할 수 있는지 확인하라.
시장 위험	사업은 생존가능한 수익을 보장하는가?	① 경쟁제품들을 파악하고 솔루션의 가격을 잠정적으로 결정하라.
		② 고객의 말을 통해 가격을 테스트하라(구매약속).
		③ 고객의 행동을 통해 가격을 테스트하라(실질구매, 재구매).
		④ 사업모델의 수익이 작동할 수 있도록 비용 구조를 최적화하라.

직결되는 것이어야 한다. 무엇보다 스타트업의 경우 비즈니스 모델이 반복 가능하며 확장이 가능한 것인지를 확인해야 한다. 한 번의 테스트에서 측정된 결과가 긍정적이라고 해서 앞으로도 계속 그럴 것인지, 향후 사업규모가 늘어났을 때 측정지표 역시 비례하여 늘어날 것인지를 알아야 하기 때문이다.

비즈니스 모델의 반복 가능성과 성장성을 고려한 성과지표로 500스타트업의 설립자 데이브 맥클루어(Dave McClure)가 고안한 해적지표(pirates metrics)가 널리 알려져 있다. 맥클루어는 초기기업의 성장과 가치평가에 있어서, 가입자 수와 매출뿐만 아니라 사용자들의 추천과 콘텐츠 생성까지 고려해야 된다고 주장한다. 해적지표는 획득(Acquisition), 활동(Activation), 유지(Retention), 수익(Revenue), 추천(Referral)의 다섯 가지 영역으로 구성되며 흔히 첫 글자를 따서 AARRR 지표라고도 한다.

해적지표는 비즈니스 모델의 지속가능성과 성장성을 측정하는 데 효과

〈표 8.4〉 해적지표(AARRR – Dave McClure)

분류	정의	인터넷 쇼핑몰 지표
획득 (Acquisition)	사용자에 대한 제품(서비스)의 노출빈도, 노출 경로별 유입률의 측정	키워드광고, SNS 광고, 블로그 등을 통한 유입률, 회원가입률
활동 (Activation)	유입된 사용자가 얼마나 적극적으로 제품(서비스)을 이용하는지를 측정	접속횟수(일별, 월별), 조회 수, 검색 빈도, 장바구니 보관 대비 구매율 등
유지 (Retention)	제품(서비스)의 사용을 반복적으로 지속하는 정도의 측정	재방문기간, 반복구매자 비율 및 평균단가, 월별 구매금액 증가율
수익 (Revenue)	고객별 매출규모 및 고객획득비용 대비 수익률	고객당 매출, 고객당 매출이익률
추천 (Referral)	자발적으로 제품에 대한 정보를 공유하는지를 측정	사용자 평점, 리뷰 작성 수, SNS 모니터링

적인 지표이다. 따라서 각 지표의 절대수치도 중요하지만, 시간에 따라 지표가 변화하는 비율을 유심히 관찰할 필요가 있다. 예를 들어, 광고비를 1억 원 집행하였을 때 고객 유입률이 10%였다면, 광고비가 2억 원이 되었을 때 유입률이 어떻게 변하는지를 관찰하고 해석해야 한다. 마찬가지로, 가입자 수가 1,000명일 때의 구매 전환율과 가입자가 10배로 증가하였을 때 구매 전환율을 비교해 볼 수 있다. 만약 마케팅 비용과 사업규모가 확대되어도 해적지표가 유지되거나 더 좋아진다면 사업의 성장가능성을 긍정적으로 판단할 수 있을 것이다. 반면 사업규모가 커짐에 따라 구매 전환율이나 고객 유입률이 감소한다면 다시 한 번 고객 발굴과 조사가 수행되어야 할 것이다. 예를 들어, 월 구독료를 받는 한 웹사이트의 누적가입자 수와 매출액이 [그림 8.4]와 같다고 해보자.

4월에 투자를 받아서 5월부터 광고에 집중하였으며, 6월부터는 매출액과 누적가입자 수가 급증하는 이상적인 결과가 나타나고 있다. 하지만 〈표 8.5〉를 보면 6월 이후 신규로 유입된 고객의 고객당 매출은 지속적으로 감소하고 있다. 즉, 가입은 늘었지만 유료회원으로 전환하는 전환율은 감소하고 있는 것이다. 만약 신규 회원 확보에 동일한 마케팅 비용이 소요되었

[그림 8.4] 매출액 및 누적가입자 수

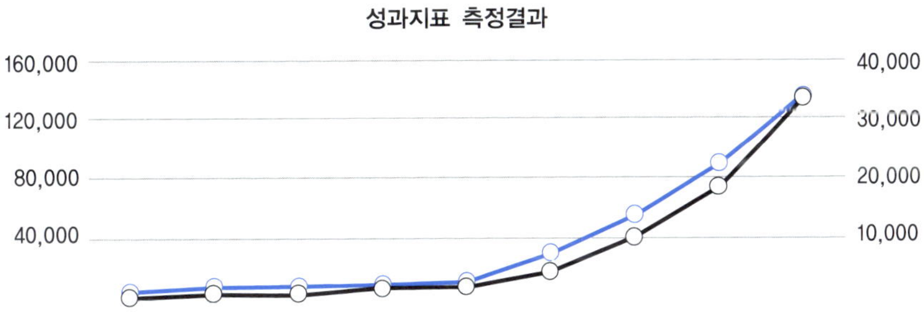

	1월	2월	3월	4월	5월	6월	7월	8월	9월
매출	3,200	7,300	7,200	8,200	9,900	28,600	54,200	88,800	136,705
누적 가입자 수	321	753	1,051	1,393	1,843	4,273	10,094	18,866	33,896

〈표 8.5〉 **신규고객의 매출(사례)**

	6월	7월	8월	9월
신규고객	2,430	5,821	8,772	15,030
신규매출	18,700	25,600	34,600	47,905
신규고객당 매출	7.70	4.40	3.94	3.19

다면 수익성이 감소하고 있음을 의미한다. 이 경우 비즈니스 모델의 성장성에 대한 가설을 다시 한 번 점검해야 한다.

4) 비즈니스 모델의 피벗(pivot)

피벗(pivot)은 고객 검증의 결과로 측정된 지표를 해석하고 비즈니스 모델을 수정하는 과정이다. 피벗은 말 그대로 한 곳에는 발을 단단하게 디디고 다른 한 발은 새로운 방향으로 내딛는 것을 의미한다. 즉, 가설의 검증을 통해 지지되는 가설과 부정되는 가설을 구분하고 지지되는 가설을 강화하고 부정되는 가설을 개선하도록 새로운 비즈니스 경로를 재구성하는 것이다. 간혹 피벗을 낡은 것을 버리고 완전히 새로운 것을 시도하는 것으로 오해하는 경우가 있다. 만약 지지되어야 할 가설이 없어서 버려야 한다면 그것은 피벗을 수행해야 하는 상황이 아니라 사업을 중단해야 하는 것이다.

피벗을 하는 시기, 이유 그리고 방법에 대해서는 여전히 많은 논의가 있지만, 피벗을 위해서는 측정된 수치를 분석하여 무엇이 시장에서 통하고 무엇이 통하지 않는지에 관해 깊은 이해가 필요하다. 다만, 피벗은 여전히

〈표 8.6〉 비즈니스 모델 피벗의 유형과 사례

유형	접근방법	사례
제품	• 줌 인/줌 아웃 : 제품의 주변기능을 핵심기능으로 강화하거나, 더 큰 제품의 일부로 편입시키는 것 • 똑같은 제품을 다른 방식의 기반 기술로 변경하는 것	• 유튜브는 비디오데이트 서비스로 시작하였으나 동영상 공유기능을 강화하여 동영상 공유서비스로 변화 • 옐프(Yelp)는 이메일 기반의 추천 요청-응답 서비스에서, 사용자들이 추천요청에 답하기보다 스스로 리뷰를 작성하는 것을 선호함을 발견, 사용자 리뷰 기반 지역정보 공유 플랫폼으로 확대 • 트위터는 휴대폰 연락처에 현재 상태를 공유하는 그룹 문자메시지 서비스에서 웹 기반의 상태 공유 서비스의 개념으로 비즈니스 모델을 줌 아웃
고객	• 서비스의 핵심 고객 세그먼트나 대상 고객군을 변경 • 고객 니즈 변화에 따라 핵심 가치제안을 변경 • 제품의 고객에 대한 접근 채널을 변경	• 페이팔은 온라인 경매참여 고객을 대상으로 하던 비즈니스 모델을 온라인 seller를 대상으로 하는 B2B 비즈니스 모델로 피벗 • Pinterest는 Tote라는 모바일 쇼핑앱으로 시작하였으나, 쇼핑 아이템을 사진으로 정리하는 기능의 니즈가 커지면서, 사진 수집 · 정리하는 서비스로 제품의 핵심가치를 변경 • 인스타그램은 위치기반 정보공유 서비스로 시작하였으나 사진공유의 욕구가 더 큰 것을 발견하고 사진 공유에 초점을 둔 서비스로 변경
사업 구조	• 비즈니스 모델의 수익창출 방식을 변경 • 단일 제품에서 플랫폼 비즈니스 형태로 변경	• 마이크로소프트의 오피스 제품은 기존의 패키지 소프트웨어 판매에서 on-demand 구독방식으로 수익모델을 변경 • 에버노트는 무료 노트 앱에서 시작하였으나 구독방식을 도입하고 freemium(free+premium) 비즈니스 모델로 변경 • 카카오톡은 메신저 서비스에서 카카오스토리, 카카오뱅크, 카카오택시 등 모바일 기반 플랫폼 비즈니스 모델로 진화

변형된 새로운 가설을 제안하는 것이므로 또 다른 시험의 대상이 된다. 결국 스타트업의 실행은 가설, 측정, 평가, 수정의 단계가 지속적으로 반복되는 과정인 것이다. 피벗의 유형은 다양하다. 〈표 8.6〉은 대표적인 피벗 유형과 사례를 보여주는 표이다.

09

스타트업의 자금조달

1. 투자와 융자의 비교
2. 스타트업에게 투자하는 투자 주체
3. 스타트업의 자금조달 라운딩
4. 벤처캐피탈 사이클(venture capital cycle)
5. 한·미 벤처캐피탈의 비교
6. 투자계약서(term sheet)

“당신이 직접 나서서 돈을 빌려보라. 그러면 돈의 소중함을 알게 될 것이다.”
— 벤자민 플랭클린(Benjamin Franklin)

스타트업은 돈이 필요하다. 첨단기술을 기반으로 전개하는 사업인 경우, 엄청난 연구개발(R&D)금액을 쏟아 부어야만 상품이 시장에 나올 수 있다. 그런데 갓 창업한 스타트업은 자금력이 부족하고, 이 부족한 자금 문제는 스타트업에게 커다란 제약이자 부담이 된다.

스타트업의 자금조달을 ‘펀딩(funding)’이라고 칭한다. 미국 실리콘밸리에서 갓 창업한 스타트업에게 돈을 투자하는 3가지 주체를 ‘3F’라고 말한다. 여기서 ‘3F’는 가족(family), 친구(friend), 아니면 바보(fools)에서 온 것이라고 한다. 스타트업에게 돈을 주는 것이 바보스럽다는 풍자가 담겨 있다. 스타트업을 창업하는 경우 과거 사업실적이 없기 때문에, 창업에 필요한 자금의 대부분이 창업자 개인자금 혹은 지인(知人)들로부터 융통한 돈에서 오는 편이다.

스타트업은 어떻게 사업 자금을 얻을 수 있을까? 스타트업이 자금을 얻을 수 있는 것은 두 방법으로 가능하다. 첫째는 융자이며, 둘째는 투자이다. 전자는 돈을 빌리는 방법이고, 후자는 주식발행을 통해 투자금을 얻는 방법이다.

1 투자와 융자의 비교

일반금융과 벤처금융의 차이는 바로 ‘융자’와 ‘투자’의 차이를 반영한다. 일반금융이 ‘융자’ 중심이라면, 벤처금융은 ‘투자’ 중심이다. 이 ‘투자’란 스타트업에게 자금이 지출되고 투자자는 이에 상응하는 주식을 받는 행위를 말한다. 그 주식이 휴지조각이 된다면 투자는 완전실패로 돌아가는 만

〈표 9.1〉 벤처금융과 일반금융(투자 vs. 융자)의 비교

구분	자금 운영	위험	투자 회수기간	담보	투자 회수방법	성과
일반금융	융자	저위험	단기	있음	일정 기간 이후 원금 회수	이자
벤처금융	투자	고위험	장기	없음	• 기업공개(IPO) 이후 지분매각 • 기업매각을 통한 회수	• IPO 공모가격 • IPO까지의 기간 • 좋은 조건의 기업매각

큼, 매우 높은 위험이 내포되어 있다. 그러나 그 대가로 높은 보상을 얻을 수 있다는 것이 매력이다.

투자는 융자와 달리 장기(長期)라는 점에 주목해야 한다. 벤처로부터의 회수를 위해서는 장기 회임 기간을 가질 경우가 많다. 투자회수방법도 기업공개(IPO)와 기업매각에 의한 수익 등이 대표적이다. 은행과 같이 돈을 빌려주고 일정 기간 경과 후 원리금을 회수할 수 있는 안전장치가 없다.

2 스타트업에게 투자하는 투자 주체

스타트업이 자금을 조달할 수 있는 투자 주체에는 다음의 4가지 유형이 있다. 대체로 주식매각을 통한 자금조달이므로 전통산업의 자금조달과 다르게 생각해야 한다. 그 4가지 투자 주체에는 벤처캐피탈(venture capital), 엔젤투자자(angel investment), 엑셀러레이터(accelerator), 크라우드 펀딩(crowd funding) 등이 있다.

1) 벤처캐피탈

벤처에 특화된 투자기관을 벤처캐피탈(venture capital)이라 한다. 벤처캐

피탈은 스타트업에 자본참여를 하는 펀드로서, 스타트업과 공동으로 위험을 부담하며 시장개척, 경영혁신, 기술지도 등을 지원하여 자신은 궁극적으로 높은 자본이득을 얻으려는 금융을 말한다.

벤처캐피털은 미국 실리콘밸리의 성공을 이룬 주역으로 평가받는다. 구체적으로 애플(Apple), 시스코(Cisco), 야후(Yahoo!), 구글(Google) 등의 성공에는 "세콰이어 캐피탈(Sequoia Capital)"의 투자가 주효했다. 컴팩(Compaq), 실리콘 그래픽스(Silicon Graphics), 탠덤(Tandem) 등에 투자했던 "메이필드 펀드(Mayfield Fund)"도 유명하다. 레이백(Redback)에 투자했던 "엑셀 파트너(Accel Partner)", 이베이(e-Bay)에 투자했던 "벤치마크 캐피탈(Benchmark Capital)", 어센드(Ascend)에 투자했던 "멘로 벤처(Menlo Venture)" 등도 스타트업의 성공에 크게 공헌한 것으로 인정된다.

벤처캐피탈의 특징은 ① 투자대상을 스타트업에 한정, ② 융자 대신 투자 중심, ③ 투자기간이 장기(長期)로 투자 회수가 불가능한 경우도 존재, ④ 주식투자수익이 배당보다는 주로 주식양도 차익의 형태로 실현, ⑤ 경영에 참여 혹은 자문 등의 지원도 담당하는 것 등이다.

벤처캐피탈은 스타트업의 코치의 역할을 맡기도 한다. 경험 많은 창업자라도 부족하기 쉬운 비즈니스 인맥을 소개 및 연결하기도 하고, 최선의 선택을 할 수 있도록 경영자문을 하기도 한다.

벤처캐피탈은 상장 이전의 스타트업에 투자한다. 시장에 공개되기 이전 기업에 투자하므로 상당한 위험이 수반된다. 시장에서 검증이 없기 때문에 벤처캐피탈 스스로 미래잠재력과 성장가능성을 평가해야 한다.

벤처캐피탈은 궁극적으로 자본이득을 얻는 것이 목적이다. 그들은 경영권에 대한 관심은 없다. 아무리 많은 지분을 가졌다 하더라도 직접 경영에 참여하려는 의도는 없다. 투자한 회사의 주식가격이 올라서 많은 돈을 회수하는 것이 유일한 관심이다. 투자회수를 많이 하거나 혹은 빨리하기 위해서는 스타트업에게 경영, 세무, 법률 등의 종합지원을 알선해주거나 직접 감독하거나 할 필요가 있다. 그래야 하루라도 빨리 많이 투자회수를 할 수 있기 때문이다. 이런 점에서는 투자를 결정한 후 그저 손놓고 기다리고 있지 않는다. 미국의 벤처캐피탈은 이런 이유에서 투자 이후에도 경영지도 등 여러 지원기능을 맡는다. 그래서 많은 스타트업에게 동시에 투자하지도 않으며, 먼 거리의 스타트업에 투자하는 것도 꺼린다. 투자기업의 성공을 위한 지원을 해야 하기 때문이다.

스타트업은 투자자로부터 돈을 받는다. 반면, 스타트업은 그 대가로서 투자자들에게 주식을 준다. 스타트업은 부족한 자금을 투자받는 것이 목적이고, 투자자는 투자의 대가로 받은 주식의 가격이 오르는 것이 목적이다. 이 주식가격의 상승으로 생기는 이득을 자본이득(capital gain)이라고 부른다. 즉, 자본이득이란 투자한 돈이 불려서 돌아오는 것을 말한다.

자본이득은 벤처캐피탈뿐만 아니라 창업자에게도 중요하다. 보통 창업자는 상당한 몫의 지분을 갖게 된다. 주식가격이 오른다면 창업자에게 가장 큰 혜택이 돌아가게 마련이다. 이처럼 주식가격의 상승은 투자자만이 원하는 것이 아니라 창업자의 소망이기도 하다.

(1) 벤처캐피탈의 성향

벤처캐피탈은 두 가지 특이한 투자성향을 보인다. 이것들은 그들의 욕구에서 나오는 것이다. 벤처캐피탈의 투자성향을 잘 이해하면 그들과의 협상에서 유리할 수 있다.

① 명성을 빨리 얻으려는 조급함(grandstanding)

벤처캐피탈이 조성한 투자조합은 한시적으로 운영되는 것이다. 이 주어진 시간 내에 벤처캐피탈리스트는 우수한 성과를 보여야 하는 조급함을 느끼게 된다. 이렇게 한시적으로 좋은 성과를 내려는 욕구가 간혹 투자회수를 서두르려는 쪽으로 나타날 수 있다. 예컨대 미성숙기업을 빨리 기업공개(IPO) 쪽으로 유도하는 현상이 발생할 수도 있다. 이러한 유인은 경험이 짧아 벤처캐피탈 시장에서 평판을 쌓지 못한 벤처캐피탈에서 더 많이 나타난다.

② 빨리 회수하려는 욕구

벤처캐피탈은 투자한 후 빠르게 투자를 회수하려는 욕구가 있다. 기업공개에 성공했더라도 공개 이후 주식시장에서 하루라도 빨리 주식을 내다 팔아 회수하려고 할 수 있다. 이 경우 주식시장은 요동칠 것이며, 팔려는 물량이 늘어날수록 실제 기업가치와 무관하게 가격이 하락할 수 있다. 이렇게 되면 다른 일반 투자자들은 부정확한 시그널을 받으므로 시장 혼란이 발생한다.

벤처캐피탈이 가진 본질적 욕구가 시장을 교란시키는 것을 방지하기 위해서 벤처가 기업공개(IPO)를 한 후 일정한 기간 벤처캐피탈이 주식을 팔지 못하도록 하는 조치가 대부분의 국가에 존재한다. 그 조치를 상장 후 매각제한(lock-up)이라고 한다. 그런데 이 기간이 길어질수록 벤처캐피탈의 투자 욕구가 상실될 수 있고, 또 벤처투자 잠재력이 사회 전체적으로 낮아질 수 있다. 무리하게 긴 매각제한(lock-up) 기간을 가질 수 없는 이유이다.

2) 엔젤투자자

엔젤투자(angel investment)란 일반인들이 스스로 조합을 구성해서 돈을 모아 첨단 스타트업에게 투자하는 것을 말한다. 엔젤투자조합 구성은 2인 이상 1천만 원 이상이면 가능하다. 투자대상 기업 범위는 설립한 후 7년 이내의 스타트업이며, 세법상 특수관계가 아니면 어느 기업이든 투자대상이 될 수 있다. 엔젤의 투자기간은 5년 이상이다. 조합원의 엔젤조합 출자액의 20%를 종합소득금액에서 공제해 주며, 엔젤클럽도 투자액의 20%를 종합소득금액에서 공제해주는 인센티브가 있다.

엔젤도 자본이익을 추구한다는 점에서는 벤처캐피탈과 차이가 없지만, 투자가 이루어지는 단계 등 여러 측면에서 양자는 차이가 있다. 벤처캐피탈과 엔젤을 비교하면 〈표 9.2〉와 같다.

〈표 9.2〉 벤처캐피탈과 엔젤의 비교

구분	벤처캐피탈	엔젤
투자단계	창업 후 주식공개에 이르는 후기 성장단계 선호	사업구상의 발아기 또는 초기 성장단계 선호
투자동기	고수익성	고수익성과 친분, 인연 중시
지원내용	자금지원 중심	자금지원 및 다양한 전문 노하우 제공
투자재원	투자자를 모집하여 펀드 조성 (투자 펀드 규모 상대적으로 큼)	개인자산 (투자펀드 규모가 작음)
자격요건	일정한 법적 자격요건 존재	자격요건 없음
위험 허용도	상대적으로 작음	상대적으로 큼
투자 수익성	상대적으로 작음	상대적으로 큼
신분노출 여부	공개적	익명을 선호
투자자와 피투자자의 만남	사전적으로 공지	우연성이 큼

출처 : 중소벤처기업부.

첫째, 엔젤은 사업 초기에 자본참여가 발생하는 경우가 많다. 이는 벤처캐피탈이 신생 창업기업보다는 창업 후 5~7년이 지난 성장 벤처에 투자를 선호하는 것과 비교된다.

둘째, 엔젤투자는 친분을 통한 투자가 많은 편이다.

셋째, 투자재원이 개인 자산인 경우가 많으므로 펀드 규모가 대체로 작은 편이다.

넷째, 엔젤은 법적 자격요건이 없다.

다섯째, 위험 허용도가 높은 편이며 그 대가로서 기대 투자수익도 높은 편이다.

3) 엑셀러레이터

엑셀러레이터(accelerator)는 벤처캐피탈의 관심을 받지 못한 신생 스타트업에게 사무실 공간과 최소한의 금액을 투자해주고, 또 적극적 멘토링을 제공하고, 단기간 내에 스타트업의 지분 가치를 높여 자본이득을 얻으려는 사업 단위이다.

미국의 와이콤비네이터(Y-Combinator)가 최초의 엑셀러레이터이며, 여기서 느랍박스(DropBox), 레딧(Redit), 에어비앤비(Airbnb)를 비롯한 기라성 같은 스타트업의 성장이 육성된 것으로 유명하다. 이 와이콤비네이터의 창업자인 폴 그래함(Paul Graham)과 CEO인 샘 알트만(Sam Altman)은 스타트업의 육성자로 명성을 높이고 있다.

우리나라도 다수의 엑셀러레이터가 활동하고 있다. 국내 최초의 엑셀러레이터인 권도균의 "프라이머(Primer)"가 유명하며, 다수의 엑셀러레이터들이 스타트업에 대한 투자와 육성을 추진하고 있다. 한편 사회적 기업을 육성하는 엑셀러레이터로는 김재현의 "크레비스파트너스(Creviss Partners)"와 이덕준과 임성훈의 "디쓰리-쥬빌리(D3-Jubilee)"가 명성을 얻고 있다.

4) 크라우드 펀딩

크라우드 펀딩(crowd funding)은 군중을 의미하는 '크라우드'와 자금 모집을 뜻하는 '펀딩'의 합성어이다. 이는 신제품 생산, 영화 제작 등 특정 프로젝트를 기획한 개인 또는 기업이 불특정 다수로부터 소액을 후원받아 자금을 모으는 방식으로 자금을 모집하는 것이다.

미국에서는 2012년 4월 JOBS(Jumpstart Our Business Startups Act) 법안이 통과되면서 크라우드 펀딩이 활성화되었다. 킥스타터(Kickstarter), 인디고고(IndeGoGo), 로켓허브, 펀디드바이미(Funded By Me) 등이 활발하게 활동하고 있다. 킥스타터는 세계 최초의 크라우드 펀딩 사업체로서, 특정액 이상 기부한 사람에게 가장 먼저 정가보다 낮은 가격에 제품을 선주문할 수 있는 권리를 주겠다고 약속하는 해파리 수족관 프로젝트가 히트를 치면서 크라우드 펀딩을 전면에 드러나게 했다. 여기서 주목할 것은 사람들에게 기부하는 대상은 기업이 아니라 프로젝트였던 점이다. 소비자들이 자신이 원하는 제품에 기부하는 킥스타터에서 고객 수를 예측하고 제품을 생산할 수 있다는 믿음을 준 것이다. 대중은 크라우드 펀딩을 통해 필요한 자금을 얻고, 제품 주문도 받을 수 있는 길을 얻은 것이다.

(1) 크라우드 펀딩의 4가지 유형

① 기부형

경제적인 보상이 아닌 '나눔'과 '기쁨' 등을 보상으로 제공하는 유형이다. 단순 기부는 아니고 약간의 절충 형태도 있다. 이를 '후원형'이라고 하는데 이는 단순히 기부금을 전달하는 기부형과 다르다. 기부형은 아무런 보상을 기대하지 않지만, 후원형은 보상을 기대한다. 다만, 그 보상이 반드시 경제적 보상이 아니라는 점이 특징이다.

② 보상형

특정 제품과 서비스를 공모 주제로 설정하고, 그것을 추진하기 위한 자금 모집에 참여한 제품이나 서비스 등의 결과물을 보상으로 받는 방식이다. 대부분의 크라우드 펀딩이 이 보상형이며, 미리 자금 모집에 참여하고 하고 차후 제품과 서비스를 받게 한다는 점에서 일종의 선구매 형식과 동일하다.

③ 대출형

자금이 필요한 개인이나 사업자들이 사이트에 자금이 필요한 이유와 자신의 프로필, 신용도 등을 공개하여, 금전적 여유가 있는 사람들에게 공개된 정보를 토대로 자금의 제공 여부를 결정하게 하는 유형이다. 이때의 보상은 이자 수입이다.

④ 지분투자형

참여한 금액에 해당하는 수준의 수익증권을 보상으로 받는 형태가 바로 지분투자형(equity-based)이다. 지분참여가 수반되는 지분투자형의 확대가 필요하지만, 대규모 자금이 요청되기 때문에 대중이 참여하는 크라우드 펀딩으로선 일종의 제약을 갖고 있다.

(2) 펀딩 공모사업의 성패를 결정하는 기준

첫 번째 기준은 'All-or-Nothing' 방식이다. 이는 미국의 킥스타터(Kickstarter)가 적용하는 기준이다. 기간 내에 성공적으로 목표 금액을 유치했을 경우 소정의 수수료를 얻지만, 만약 목표금액에 도달하지 못했을 때 프로젝트를 취소하고 미리 약속된 금액들은 본래 후원자들에게 돌려주는 방식이다.

두 번째 기준은 'Keep-in-All' 방식이다. 미국의 인디고고(Indigogo)가 사용하는 기준으로 유명하다. 이 방식은 목표금액에 도달하지 못했다고 할지라도 약속된 기간 내 서약된 금액을 프로젝트 기안자에게 진달하는 방식이다.

(3) 크라우드 펀딩의 사례

크라우드 펀딩의 유명한 사례로 '페블(pebble)' 프로젝트가 있다. '페블'은 스마트폰에 연동되는 스마트 워치(시계)이다. 이 '페블'이 크라우드 펀딩에서 엄청난 양의 구매주문을 얻었는데, 이 주문량은 심지어 소니의 스마트워치를 누르는 수준이었다. 소니는 스마트워치를 2012년 4월 출시했었다. '페블'은 킥스타터에서 모금 목표액 10만 달러를 2시간 만에 달성했다. 5주 후 모금 마지막 날까지 총 1,026만 달러의 자금이 모였다. 이는 2009년 킥스타터가 문을 연 이래 가장 많이 모금한 액수다.

'페블'의 창업자인 미기코프스키는 곧바로 참여자 6만 9,000여 명에게 보낼 8만 5,000개의 스마트워치를 생산하게 된다. 후원자들의 피드백과 제안에 따라 상품이 정교하게 다듬어지게 되었고 이에 힘입어 소니의 판매량을 앞설 수 있게 된다.

크라우드 펀딩에서 '킥스타터'가 창출한 긍정적인 효과는 엄청나다. 특히 킥스타터를 통해 기술력을 인정받은 후 다른 기업에 거액을 받고 인수된 사례들이 많다. 대표적인 것이 오큘러스 사례이다. 그들은 2012년 가상 현실 헤드셋으로 240만 달러를 모았다. 크라우드 펀딩을 거쳐 페이스북 창업자인 마크 저커버그의 눈에 띄어 2014년 페이스북에서 20억 달러에 인수했다.

킥스타터를 이용했던 한국 기업들도 있다. 우선 루프페이 사례가 주목할

읽어보기 킥스타터 창업 스토리

최초의 크라우드 펀딩 사업체인 킥스타터는 페리 첸(Perry Chen), 얀시 스트리클러(Yancey Strickler), 찰스 애들러(Charles Adler) 3인이 2009년 미국 뉴욕에서 창업한 기업이다. 그들은 크라우드 펀딩 영역을 개척하면서 대중이 사업을 후원하는 방법을 열었다. 과거에는 부자들이나 좋은 프로젝트를 후견할 수 있었지만 킥스타터 이후에는 수많은 작은 기부자인 '미니 메디치'가 창의적인 프로젝트를 후원하는 시대를 연 것이다.

창업 후 3년이 지난 2012년 5월 기준으로, 출범한 프로젝트는 47,000개, 이 중 40% 이상이 총 1억 7,500만 달러를 모금하면서, 성장을 가속화했으며 세계적인 명성을 얻었다. 그들이 추진한 대부분의 모금이 음악 및 영화 등 문화상품을 제작하는 수천 달러 규모의 프로젝트였다. 이는 본래 킥스타터가 뉴욕에서 문화예술 분야 프로젝트를 지원하려고 시작한 사업이라는 취지와도 잘 부합된다. 물론 물리적 제품 제조 프로젝트도 상당수가 된다. 여기에는 유명한 해파리 수족관 프로젝트도 포함된다.

킥스타터의 사업 시작은 2009년이었지만, 그들의 사업 아이디어의 시작은 2002년에 시작되었다. 페리 첸은 2002년 뉴올리언즈 프렌치쿼터에 거주했다. 그는 콘서트를 열고 싶던 뮤지션이었다. 그런데 돈이 많지 않아 콘서트 실패에 대한 염려가 컸다. 그의 아이디어는 콘서트를 열기 전에 관객에게 티켓을 판매하고 판매수입으로 콘서트 비용을 감당할 수 없다면 콘서트를 취소하고 돈을 돌려주면 어떨까 하는 생각이다. 그러면 주최자가 돈을 잃을 위험도 없고 수익이 날 콘서트에만 밴드를 부르면 되었다. 아이디어를 갖고 몇 년이 흘러갔다. 페리 첸은 뉴욕 브루클린으로 이사했고, '다이너(Diner)'라는 식당에서 웨이터로 일했으며, 훗날 공동 창업자이자 대표가 될 얀시 스트리클러에게 이 아이디어를 상의했는데 얀시는 브런치를 먹으러 이 식당에 자주 오던 고객이었다. 이 아이디어는 웹이 대중화되기 전에는 현실화되기 어려웠지만, 웹이 대중화되면서 이 개념을 적용하게 되었다.

만하다. 삼성전자는 킥스타터에 올라온 모바일 결제 기술인 루프페이를 인수하여 삼성페이를 만들었다. '정글팬더'라는 이름의 골전도 스피커가 내장된 선글라스를 크라우드 펀딩을 통해 194만 달러를 모금한 사례도 있다. 이 선글라스를 쓰면 이어폰 없이도 음악을 들을 수 있다는 점이 대중을 움직였다. 또한 '이놈들연구소'가 개발한 스마트 시계줄 '시그널'은 킥스타터에서 목표액 5만 달러의 30배에 달하는 146만 달러 모금에 성공했다. 이 기업이 생산하는 제품은 시계줄을 찬 손의 손가락을 귀에 갖다 대면 전화통화를 할 수 있는 제품이다. 통화내용이 모두 들리는 스마트 워치의 단점을 보완한 것이다. '이놈들연구소'는 삼성전자의 사내 벤처프로그램 'C랩'을 거쳐 독립기업으로 분사한 첫 번째 회사이다.

3 스타트업의 자금조달 라운딩

한 스타트업은 기업공개 때까지 몇 번의 자금조달(funding)이 있어야 할까? 이에 대한 정답은 없다. 미국 실리콘밸리의 경우 대략 4~5회 정도의 자금조달을 하는 것으로 알려진다.

1) 초기 자금조달(early-stage financing)

(1) 종자돈 조달(seed financing)

사업계획을 시장에서 검증받기를 원하는 발명가나 기업가에게 비교적 소액으로 제공된 자금으로 간혹 제품 개발을 위해 제공될 수는 있으나 초기 마케팅을 위해 제공되는 경우는 거의 없다.

(2) 창업자금조달(start-up financing)

제품 개발과 초기마케팅의 용도로 제공되는 자금으로 설립 중에 있거나

1년 이하의 업력을 가지고 있지만 제품을 상업적으로 판매한 적이 없는 기업을 대상으로 한 자금이다. 보통 이러한 기업은 핵심 관리팀을 구성해 놓고 있고 사업계획을 작성하였으며, 시장조사를 마치는 등 일반적으로 사업 준비를 갖춘 기업이다.

(3) 1단계 자금조달(first-stage financing)

이미 기업의 초기 자본을 주로 시제품 생산 등에 투자하여 생산과 판매에 자금을 필요로 하는 기업체가 대상이다. 만약 시제품이 양호하여 기술적인 위험이 아주 적으면 투자는 이 단계에서 바로 시작한다. 마찬가지로 시장조사 결과 대량판매를 위한 생산공정이 완비될 정도로 양호한 경우에도 그러하다. 이러한 기업체는 이 단계에서 보통 이익이 없고 현금흐름도 좋지 않다.

(4) 2차 자금조달(second financing)

생산품을 판매하고 미수금계정 및 재고가 늘어나는 기업의 초기 확대를 위한 운전자금이 해당된다. 비록 기업체가 한 걸음 성장하였지만 여전히 이익 실현은 없는 경우가 많고 현금흐름도 나쁜 편이 많다.

(5) 3차 자금조달(third financing)

손익분기를 달성하고 이익을 창출할 정도로 생산이 증가하는 기업의 주요한 확장을 위한 자금이다. 현금흐름은 여전히 문제로 남아 있는 상태이고, 이 자금은 생산기반 확충, 마케팅 및 운전자금 또는 개선품의 개발을 위해 사용된다.

(6) 메자닌 파이낸싱(mezzanine financing)

기업상장이 결정되었다면 그 상장 작업을 위한 보조적 파이낸싱이 발생하기도 한다. 이것은 필수적인 것은 아니지만 공모 과정을 원활하게 추진

[그림 9.1] 창업자금조달 유형 및 단계

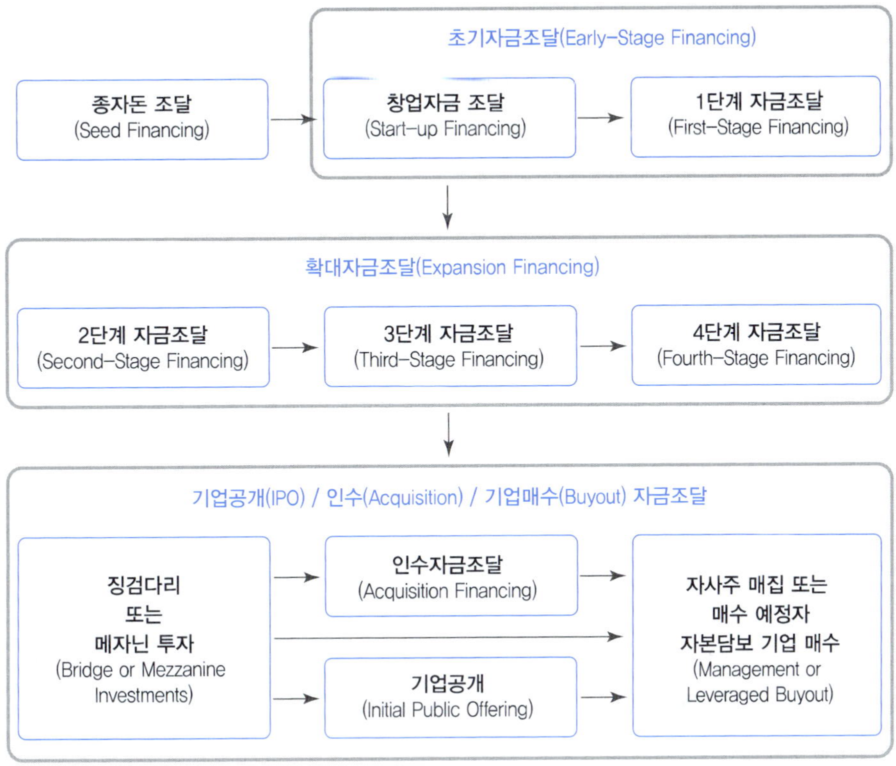

하기 위한 자금을 공급하는 것이다.

(7) 자사주 매집 또는 매수 예정의 자본을 담보로 한 기업매수

경영진이 생산라인 또는 사업체(주로 개발단계에 있는 기업)를 공개적으로나 개인기업으로부터 인수하도록 제공되는 자금이다.

4 벤처캐피탈 사이클(venture capital cycle)

벤처캐피탈이 어떻게 움직일 것인지를 정확히 알기 위해서는 그 벤처캐피탈의 자금이 어떤 속성을 갖고 형성되는지를 이해해야 한다. 이에 대한 이해를 돕는 개념이 '벤처캐피탈 사이클'이다.

벤처캐피탈의 행태는 자체적으로 하나의 사이클을 갖는다. 이를 '벤처캐피탈 사이클'이라고 부른다. 미국의 곰퍼스(Gompers) 박사가 제안한 개념이다. 그 사이클은 구체적으로 "펀드 조성 → 투자 → 회수"로 이어지는 순환과정이다.

1) 펀드 조성

벤처캐피탈의 펀드 조성이란 투자할 자금을 모집하는 것을 말한다. 벤처캐피탈도 투자해서 돈을 벌기 위해서는 밑천이 필요한데, 그 밑천은 일반인 혹은 기관투자자로부터 모집된다. 과거에 실적이 우수했거나 명성을 쌓았다면 펀드 조성에 상대적으로 유리한 위치에 서게 된다. 돈을 벤처캐피탈 회사에 갖다 줄 사람의 관점에서 보면, 믿을 만하고 열성적이고 실적이 우수한 벤처캐피탈에 돈을 주고 싶을 것이기 때문이다.

벤처캐피탈은 투자자들을 대신하여 수익활동을 펼치는 대리인이다. 투자자와 벤처캐피탈 사이는 주인과 대리인 관계로서, 과연 대리인이 주인의식을 얼마나 가질 것인지는 주인에게 언제나 중요한 의문이다. 개개인들이 돈을 투자했지만 자신만을 위한 기회주의적 태도를 갖는지 여부를 검증할 필요가 있다.

벤처캐피탈의 투자재원은 크게 두 가지인데, 하나는 자기 자금이며 다른 하나는 외부 일반인들로부터 자금을 모집한 펀드이다.

국내 대표 벤처캐피탈인 창업투자회사의 펀드재원은 크게 창업투자회사분과 투자조합분으로 구분된다. 이 중 창업투자회사는 창업투자회사 스스로 준비하는 투자금액으로서 자본금, 차입금, 잉여금으로 구성된다. 한편 투자조합분은 외부에서 모집해서 조합을 구성하는 펀드금액이다.

우리나라 벤처캐피탈은 상법상 주식회사 유형만이 가능하다. 주식회사가 되려면 자본금이 필요한데, 자본금이 납입되었기 때문에 이 자본금을 운용해야 하는 과제가 경영진에게 주어지는 것이다.

미국 벤처캐피탈에는 이런 자본금이 없다. 미국의 벤처캐피탈은 유한책임투자조합으로 구성되어 납입 자본금이 없다. 오직 외부자금에서 오는 투자재원만이 존재한다. 이렇게 자금운용에 대한 부담이 없이, 오직 벤처캐피탈이 가진 본연의 임무인 스타트업 발굴과 투자라는 과제에 집중하는 것이다.

우리나라 벤처캐피탈의 경우 펀드 조성과 동시에 거의 모든 출자금액이 납입되게 된다. 이 경우 투자가 한꺼번에 발생하지 못하기 때문에 상당 부분의 자금이 유동성이 높은 저금리 요구불예금 등에 예치될 수밖에 없다. 이는 종합적으로 펀드 수익률을 낮추는 요인이다.

우리나라 벤처캐피탈은 주식회사여야 한다. 또 투자자로부터 돈을 받은 이후 투자대상을 물색하는 순서를 가진다. 이른바 펀드를 조성한 후 투자대상을 결정하는 방향이다. 만약 투자대상 선정이 신중해서 늦어지는 경우 그 돈은 그대로 잠자고 있게 된다. 이 경우 투자를 서두를 가능성이 있는데, 왜냐하면 자금을 투자가들로부터 받아 놓았기 때문에 어떤 방식으로든지 펀드를 운용해 주어야 하는 부담이 있기 때문이다.

미국 벤처캐피탈은 주식회사가 아니고 유한투자조합 유형으로 운영한다. 어떤 의미에서는 기업보다 개별 투사심사자가 중요하다. 투자조합 유형이므로 사전에 납입된 자본금은 없다. 또 투자자로부터 자금을 미리 받아 놓지 않고 오직 자금을 내어놓겠다는 약속(commitment)만 받아 놓는다. 차후 적절한 투자대상이 발견되면 약속한 투자자에게 전화를 걸어 투자자금을 확보하는 방식이다. 그들은 이를 "전화기반 투자(call-based investment)"라고 부른다. 돈을 사전에 확보하지 않기 때문에 자금 운용에 대한 부담이 없어지게 된다. 투자 심사자들은 전적으로 투자처 발굴과 투자수익 극대화에 집중하는 것이다.

2) 투자

펀드 조성 이후의 단계는 투자이다. 이 '투자(investing)'는 벤처캐피탈의 본연의 임무이다. 벤처캐피탈의 투자활동에 대한 정확한 이해는 벤처캐피탈로부터 투자를 유치하려는 스타트업에게 큰 도움이 될 것이다. 상대의 동정을 정확히 알면 그만큼 유리한 게임이 될 수 있는 것이다.

스타트업은 기업공개(IPO)때까지 평균적으로 약 4차례 정도의 펀딩을 한다. 첫 번째 투자는 투자계약이 성립한 직후에 이뤄진다. 'Series A' 'Series B' 이렇게 알파벳 순서를 따라 투자 순서를 기록한다.

첫 번째 펀딩 이후에는 '증자(자본금을 늘리는 것)'의 개념으로 자금을 조달받는다. 이렇게 증자가 진행되면 창업자 지분은 계속 축소되어 간다는 점을 놓치지 말아야 한다. 외부에서 자금을 유치하기 위해서는 창업자가 갖고 있던 지분을 점차적으로 내놓아야 하는 경우가 대부분이다. 미국 스타트업들의 경우, 수 번의 자금조달을 한 후 기업공개(IPO) 시점에 이르면 창업자의 지분 구성비가 평균 5% 수준에 불과한 경우가 많다.

벤처의 자금조달은 주식시장의 활성화 정도에 상당한 영향을 받는 편이다. 벤처자금의 모집이 기본적으로 주식과 연동되기 때문이다. 우리나라의 '벤처 붐'이었던 1999년 상황이 이를 잘 보여주었다. 1999년 코스닥시장의 전례 없는 활황은 벤처캐피탈 업체의 수를 증가시켰을 뿐만 아니라, 일반인들로부터 엄청난 양의 돈이 벤처투자용 펀드로 몰려들기도 했다. 이렇듯 코스닥시장의 활황은 벤처투자의 양적 확대를 유발시켰던 것이다. 물론 지나친 과열에 의해 투자자본의 왜곡된 분배라는 부정적인 면을 노출시키기는 했지만, 코스닥시장이 호황일수록 벤처투자에 대한 열기가 높아진다는 사실은 확실하게 입증되었다.

벤처캐피탈의 투자 활동은 5단계로 구성된다. 그 5단계는 대상 발굴, 투자기회 검토, 평가, 투자협상 및 계약, 사후관리이다.

(1) 대상 발굴

벤처캐피탈은 가능한 모든 방법을 동원하여 잠재적 투자기회를 발굴하려 할 것이다. 벤처캐피탈리스트들이 어떤 기준에 의해 투자를 결정하는지에 대한 체계적인 원리가 있는 것은 아니다. 각자의 고유 경험과 전문적 노하우를 토대로 해서 투자기업을 선정할 것이다.

(2) 투자기회 검토

실제 투자를 결정하기에 앞서, 각 투자대상에 대해 체계적인 평가를 한다. 모든 투자기회를 전부 평가하기가 어렵다면, 선별적으로 추린 기업들을 대상으로 평가할 수도 있다. 미국의 벤처투자자들은 자신들이 이전에 한번 투자해보았던 업종이나 혹은 기술분야에 투자하는 비율이 높다고 한다.

(3) 평가

다음 단계는 선정된 투자기회를 평가하는 작업이다. 각 벤처캐피탈마다 각자의 경험과 노하우를 살려 평가방법을 선택한다. 이 평가 작업은 투자의 성패를 좌우할 만큼 전체 투자과정에서 중요한 부분이다.

(4) 투자협상 및 계약

이 단계에서 벤처캐피탈은 투자하려는 스타트업과 계약을 맺는다. 벤처캐피탈의 입장에서는 투자기업이 계약 이후 도덕적 해이를 덜 가져야 한다. 스타트업 입장에서는 많은 간섭을 원하지 않는다. 벤처캐피탈이 상대방의 도덕적 해이를 줄이는 목적으로, 강한 통제권 보유, 벤처 경영진에 대한 인센티브 보수체계 설정, 투자기업의 경영에 참여, 투자회수방법 확보 등이 주로 사용된다.

투자위험을 낮추려고 '단계별 투자'와 '공동투자' 등과 같은 전략을 사

읽어보기 미국 벤처캐피탈의 특징

① 벤처캐피탈도 익숙한 산업에 더 많이 투자한다 : "알수록 사랑한다"

미국 벤처캐피탈의 투자 속성에 대한 연구에 의하면, 그들은 기존에 한 번이라도 투자했던 산업으로 신규투자를 결정하는 성향이 강하다고 한다. 이렇듯 벤처캐피탈리스트마다 IT, BT 등 각각 전문분야가 있기 때문에 이를 잘 맞추어 펀딩하는 것이 좋다.

② 이미 투자하고 있는 동일 업종에는 투자를 꺼린다 : "두 마리 사자에게 먹이를 줄 수는 없다"

벤처캐피탈에게 이미 투자한 기업과 경쟁사가 될 업체에 대한 투자는 금기사항이다. 동일 업종의 두 업체에 투자를 해야만 하는 확고한 입증이 없는 한 신규투자는 불가능한 편이다. 따라서 펀딩을 받기 위해서는 벤처캐피탈이 어떤 기업에 투자하고 있는지를 살펴보는 것이 중요하다. 즉, 이미 투자하고 있는 기업들의 리스트를 살펴보면 도움이 된다. 먼저 이루어진 벤처캐피탈 기업의 투자 포트폴리오를 파악하면 원천적으로 투자가 거절되는 상황은 면할 수 있다.

③ 가까운 거리의 업체를 선호하는 편이다 : "이웃이 가깝다"

미국 벤처캐피탈은 지리적으로 1~2시간 이내 거리의 업체들을 선호한다고 한다. 이는 벤처투자가 단순히 자금지원에서 그치지 않고, 지속적으로 다양한 경영지원과 감독 등을 하기 위한 것으로 생각된다. 투자기업이 빠르게 성장해야 회수가 된다는 점에서 미국의 벤처캐피탈은 투자 이후 적극적으로 개입하는 편이다. 이 때문에 거리가 지나치게 먼 곳은 투자를 피한다고 한다.

용한다. 여기서 '단계별 투자'란 투자 총액을 여러 단계로 나누어 투자하는 전략이다. 스타트업에게 자금을 제공할 때 투자 시점에서 필요한 자금만을 제공하고, 다음 단계의 새로운 투자에 대해서는 그때까지의 실적에 기초하여 결정함으로써 매 단계 벤처 경영진이 최대한 노력을 기울일 유인을 준다. 한편 '공동투자'란 다른 벤처캐피탈과 공동으로 투자해서 위험을 완화하는 전략이다. 이른바 신디케이트(syndicate) 협력형 투자이다.

(5) 사후관리

투자 이후의 사후관리도 중요한 영역이다. 사후관리가 엄정할수록 스타트업의 도덕적 해이가 덜 발생하기 때문에 실제로 이 사후관리 측면의 기준을 투자기업의 선정 당시부터 중요하게 고려하는 벤처캐피탈도 많다. 예를 들면, 실리콘밸리의 벤처캐피탈들은 자동차로 2시간 이내에 위치한 스타트업에 대한 투자 경향이 높다고 하는데, 그 배경에는 바로 사후관리가 용이하다는 점이 작용한 것이다.

3) 회수

벤처캐피탈의 전형적인 투자회수 통로는 '기업공개'와 '기업매각' 두 가지이다. 기업공개는 주식시장에 기업을 공개하는 것을 말한다. 벤처는 주로 코스닥시장이 타깃이다. 코스닥시장이 활성화될수록 벤처에 투자하려는 욕구가 높아질 수밖에 없다. 벤처 투자는 코스닥시장의 활성화 여부의 함수로 움직여 왔다. 한편 기업매각도 투자 회수의 한 통로이다. 인수합병시장이 발달된 곳에서는 기업공개 이전에 기업의 매도·매수가 잘 발생하는 편이다. 그러나 우리에게 인수합병시장은 아직 큰 역할은 하지 못한다고 볼 수 있다.

벤처캐피탈의 투자회수 기간은 장기(long-term)이다. 벤처투자에 대한 보상은 단기간에 발생한다기보다는 어느 정도 장기적으로 발생한다고 보아야 한다. 즉, 투자기업의 사업성장과 숙성기간이 지나고 난 후 발생하는 것이 보편적이다. 이런 점에서 벤처에 투자한 후 단기적인 투자회수와 자본이익을 기대하는 것은 무리라고 볼 수 있다.

5 한 · 미 벤처캐피탈의 비교

우리나라와 미국의 벤처캐피탈은 조직형태, 벤처캐피탈 자금조달, 대상분야, 성장단계별 지원 비중 및 투자회수 기간 등에서 많은 차이를 나타낸다. 우선 벤처캐피탈의 조직형태에 있어 한국이 주식회사의 형태라면, 미국은 유한투자조합의 형태를 띠고 있다.

미국 벤처캐피탈(VC)은 유한투자조합으로 운영된다. 우리나라가 주식회사 유형으로 운영된다는 것과 비교된다. 유한투자조합의 투자자금은 전적으로 외부에서 조달된 자금이다. 외부에서 조달되는 자금은 다양한 참여자들이 이해관계와 관련 사항을 규정한다는 점에서 좋다. 이 펀드는 대체로 10~12년 후에 해산하는 한시적인 수명을 갖는다. 이 과정에서 펀드 내에 투자성과가 좋지 않은 기업들을 청산한다.

우리나라 벤처캐피탈의 투자원리는 미국과 많은 차이가 있다. 일단 조직형태에 의한 차이가 크다. 우리의 벤처캐피탈 기업은 '주식회사'가 법률상 요청사항이다. 주식회사가 되기 위해서는 주주들이 자본금을 납입해야 한다. 외부자금을 모집해서 조합을 형성하는 경우 이를 투자조합이라고 부른다. 이렇게 되면 조직형태로 말하면 '주식회사 + 투자조합'이 된다.

투자자금은 회사자본금이라는 내부자금과 투자조합이라는 별도의 외부자금으로 구성된다. 전자는 자본금으로 최초 주식회사 설립 시 낸 돈이다. 후자인 투자조합은 외부인들의 돈을 펀드로 모집해서 모은 돈으로, 벤처캐피탈 기업도 출자금 형식으로 돈을 낸다. 이 출자금 측면에서 우리가 미국의 경우보다 출자금의 비율이 높다. 미국 벤처캐피탈이 투자조합에 낸 출자금은 조합 총출자금이 1% 정도인데, 우리의 경우 법적으로 5% 이상을 벤처캐피탈이 내게 되어 있고 실제로는 20%에서 50%까지 부담하는 것이 현실이다.

미국 벤처투자의 성공과 실패는 벤처캐피탈 기업에 귀속되는 것이 아니라, 벤처캐피탈리스트 개인에게 귀속된다. 유명세도 그 개인이 갖는다. 그 개인의 인센티브가 중요하다. 기업의 인센티브는 2차적이다. 우리나라의 경우는 벤처캐피탈 기업에 의해 움직이지, 벤처캐피탈리스트라는 개인에 의해 움직이는 것은 아직 비중이 작다. 일부 펀드들이 개인 이름을 걸고 움직이기는 하나, 조직형태가 개인의 영향력을 떨어뜨리고 있다. 우리의 경우, 벤처캐피탈 기업의 인센티브가 1차적이며, 각 개인의 인센티브가 2차적이다.

미국 벤처캐피탈은 새로운 투자처를 찾는 데 들이는 시간보다 이미 투자한 기업들의 지원과 감독에 더 많은 시간을 할애한다. 이런 측면에서 볼 때 신규 벤처가 벤처캐피탈의 눈에 들어오기란 정말 어렵다고 볼 수 있다. 그러나 한국의 벤처캐피탈은 이와 다르다. 기존 투자기업에 대한 경영지원이 거의 없기 때문에 새로운 투자처를 찾는 것이 주 임무이다.

미국의 유명 벤처캐피탈리스트는 다양한 경험을 통해 다양한 노하우와 인맥을 갖추는 경우가 많다. 미국의 벤처투자자들은 과거 엔지니어링 경력을 쌓은 후 벤처캐피탈 영역으로 진출하는 경우가 많은 편이었는데, 최근에는 경영과 금융의 경력을 가진 벤처캐피탈리스트들이 증가하는 추세이다. 과거에는 벤처투자를 결정할 때 기술적 판단이 전부라고 보았으나 요즘은 투자결정 초기부터 사업구조에 대한 평가도 중요하게 인식한 추세이다. 평균적으로 보면 기술, 금융, 경영 중 두 개 이상 분야로부터 지식과 인맥을 갖춘 경우가 많다고 한다.

미국의 벤처캐피탈 투자의 특이성 중의 하나는 인큐베이터를 포함하는 것이다. 예를 들어, '메이필드(Mayfield) 벤처캐피탈'은 본사에 사무실 공간, 지원인력, 그리고 투자자금을 마련해 놓고 스타트업을 직접 접촉하며 양육(incubating)한다. 이미 유명한 기업인 '실리콘 그래픽스(Silicon Graphics)'는 메이필드가 양육했던 스타트업 중 하나다. '클라이너 & 퍼킨스' 같은 일류 벤처캐피탈 회사들도 이 인큐베이팅 프로그램에 적극적이다. 이처럼 벤처캐피탈들이 인큐베이팅을 동반하는 이유는 투자의 '회수 배수(multiple of capital)'가 높아지는 매력 때문이다. 즉, 투자자금에 대해 가장 높은 배수의

〈표 9.3〉 한 · 미 벤처캐피탈의 특성 비교

구분	한국	미국
조직형태	• 주식회사	• 유한투자조합
자금조달	• 정부 모태펀드 중심 • 자금 공급원이 부족함	• 자금 공급원이 풍부한 편임 • 나스닥시장 활성화에 따라 자금공급에 변동은 있음
투자자금 회수기간	• 3~6년 이내	• 5~10년 경과
투자관리 우선순위	• 신규투자 중심 • 기존투자에 대한 경영지원 취약	• 기존투자에 대한 경영지원 중심 • 신규투자 유치 소극적
투자기업 지원	• 자금 중심	• 자금 외 경영전반 자문
투자기업의 지리적 특성	• 지리적 집중성	• 지리적 인접성(150마일 내)
투자결정 주체 (성공 · 실패 책임귀속)	• 벤처캐피탈 중심	• 벤처투자자 개인 중심
기타	–	• 인큐베이팅 포함 투자

수익을 보상해주는 것이다. 그 중 돋보이는 것이 '주재 기업가(entrepreneur in residence : EIR)' 프로그램이다.

EIR은 사업상 경험과 중요한 인맥을 갖고 있는 전문경영자를 말한다. 벤처캐피탈 회사는 이 EIR에게 사무실과 보수를 제공하고 파트너(투자회사)와 그들의 거래처를 만나면서 사업을 조언하거나 사업계획을 점검한다. 신설 스타트업에 대한 자문 경영자로서 역할을 하는 것이다. 이러한 과정에서 EIR는 해당 스타트업의 시장과 환경에 대해 익숙해진다. EIR은 그 스타트업에서 자신이 직접 경영을 책임지는 핵심 임원이 될 수도 있다. 인큐베이터를 포함한 벤처캐피탈 투자 프로그램은 시장과 경영에 대해 취약한 스타트업에게 전문경영자를 소개해주어 실패위험을 그만큼 낮추고자 하는 프로그램의 하나인 것이다.

6 투자계약서(term sheet)

1) 투자계약서란 무엇인가

벤처캐피탈이 투자를 결정했다면 ① 투자계약서(term sheet)에 서명 날인, ② 기업 실사(due diligence) 여부 확정 및 일정 토의, ③ 투자금액 입금 완료 순으로 이어질 것이다. 투자계약서에 대한 언급이 있었다면 투자를 받는 쪽으로 점차 다가서는 상황이다. 그러나 통장에 투자자금이 입금될 때까지는 협상이 끝난 것이 아니다. 최후의 샴페인은 투자금액이 통장에 입금된 이후에 터뜨려야 한다.

장업가에게 감격스러운 순간을 꼽으라면 아마도 벤처캐피탈로부터 투자 승낙을 받았을 때일 것이다. 그런데 그 시점이 벤처캐피탈과 협상이 시작되는 시점이다. 그렇지만 마음을 놓아서는 안 된다. 아직도 장애물이 많이 남아 있다.

벤처캐피탈은 정확한 계약을 위해 특정 서식을 요구한다. 그 서식을 '투자계약서(term sheet)'라고 부른다. 물론 악수 한 번으로 투자를 하고자 한다면 이러한 서식이 필요 없을 것이다. 그러나 막대한 금액을 투자하는 쪽에서 짚고 싶은 것은 정확하게 짚고 넘어가려 할 것이다. 그 도구가 바로 투자계약서인 것이다. 한마디로 정식 투자계약을 맺는 수단이다.

투자계약에 임하는 벤처기업은 '게임의 법칙(rule of the game)'을 정확히 알 필요가 있으며, 또 그 서식에서 사용되는 전문용어를 정확히 알 필요가 있다.

미국 벤처캐피탈 업계에서 사용하는 투자계약서는 대략 3~6페이지 정도의 분량이 관행이었다. 그런데 인터넷 버블 이후 그것보다 더 길게 상세한 작성을 요청하는 경우가 늘고 있다고 한다. 좀 더 조심스럽게 투자계약을 맺는다고 볼 수 있다.

〈표 9.4〉 **투자계약서(term sheet)의 예**

• **주식발행인** :	OO 기업
• **투자자** :	KBF Capital partners
• **총금액** :	$1,000,000
• **주당가격** :	$0.75
• **계약체결일** :	(약 30일)
• **취득주식** :	1,333,333 시리즈A 우선주
• **자본가치** :	계약체결 전에 회사의 자본가치는 보통주 2,500,000주로 한다.
• **시리즈A 우선주의 권리**	(1) 시리즈A 우선주는 모든 의제에 있어 보통주와 동일한 의결권을 가진다. (2) 시리즈A 우선주는 배당과 청산 시 보통주에 우선한다. (3) 시리즈A 우선주는 주주가 원할 때는 언제든지 15백만$의 최소 이익금과 이번 회차의 3배에 해당하는 최소가격으로 상장 시에는 자동으로 보통주로 전환할 수 있다.
• **이사회** :	이사회는 최소한 1명의 독립적 인사와 KBF Capital partners에서 추천한 2명을 포함하여 5명으로 구성해야 한다.
• **부대조건**	(1) 만족스런 실사 확인 충족 (2) KBF Capital partners 투자위원회의 승인 (3) KBF Capital partners 신제품기업과 주주들은 KBF Capital partners에게 만족스러운 조건으로 합의가 이루어지도록 노력한다.
• **배타적 조건** :	신제품기업은 90일 동안 제3자에게 자금을 조달하지 말아야 한다.
• **비용** :	신제품기업은 KBF Capital partners가 제안된 거래를 위해 지출한 법적 · 회계적 비용을 대신 부담하는 데 동의한다.
• **효력** :	이 계약서는(약 일주일 전에) 신제품기업이 서명하지 않고 되돌려 주지 않으면 효력을 상실한다.

2) 투자계약서의 주요 조건

(1) 반(反)희석(anti-dilution) 권리

희석(dilution)이란 새로운 주식을 발행했을 경우 기존 주주의 지분이 축소되는 것을 말한다. 벤처기업이 새로운 주식을 발행하는 경우에는 사본금을 늘리는 경우(증자), 스톡옵션을 발행하는 경우 등을 꼽을 수 있다. 주목할 점은 증자 혹은 스톡옵션 발행에 의해 주식 수가 늘어나는 경우, 투자자의 지분뿐만 아니라 창업자의 지분도 줄어들 수 있다. 이 측면에서는 투자자와 창업자가 같은 편이다.

그러나 투자자에게 자신의 몫이 축소된다는 것은 그리 반가운 일은 아니다. 벤처캐피탈은 자본이익을 목적으로 하기 때문이다. 특히, 자신이 투자한 기업이 어느 정도 성공가능성을 보이는 경우에는 더욱 그러할 것이다. 이런 점에서 주식 숫자가 늘어날 경우에 대비한 반희석(anti-dilution) 조건을 계약할 때부터 명시하고 싶어 한다. 여기서 반희석이란 기업이 유상증자를 하여 기존 투자의 지분이 축소되는 것을 막기 위해 추가 출자를 보장받는 것을 말한다. 계속되는 유상증자에 참여하지 못하게 되면 벤처캐피탈로서는 투자한 몫의 비중이 축소되기 때문에 반희석 조항을 계약에 포함시키게 되면, 유상증자가 발생할 때 기존 출자분에 비례하여 증자에 참여할 권리를 가지게 된다.

가격에 대한 반희석 조치도 있다. 이것은 주당 순이익이 줄어드는 경우 차기 투자 라운드에 추가적인 투자 없이 지분을 갖도록 하는 조건을 명시하는 것이다. 이에 대해서는 기업 쪽에서 신중한 결정을 내려야 한다. 이 지분 희석에 대해 서로 약속을 정하는 것은 투자계약서에서 매우 중요한 부분이다.

반희석 보호와 같은 맥락의 권한으로 지분유지권(preemptive rights)이 있다. 주주로 하여금 현재의 지분비율을 유지할 수 있는 권한을 부여하는 것이다. 미래의 주식발행에서 현재와 같은 비율의 지분유지는 보장된다. 벤처캐피탈은 이 권한을 통해 자신의 비중을 유지하려 할 것이며, 향후 증자 시의 신주 매입 비율은 기존에 갖고 있던 비율대로 하게 될 것이다. 이는 벤처캐피탈에게 매우 중요한 권한이다.

(2) 발행 주식 유형

많은 벤처캐피탈은 보통주, 우선주, 전환우선주 등 중에서 선택할 수 있다. 이 선택은 투자환경 및 회수시장 여건 등에 영향을 받는다.

미국의 예를 보자. 미국 벤처캐피탈은 보통주보다는 우선주를 선호한다고 한다. 1980년대 초 이후 우선주를 관행적으로 선택해왔다. 그들은 우선주에도 사채로 전환할 수 있는 전환우선주보다는 일반우선주를 선호한다고 한다.

한국의 벤처캐피탈은 상황에 따라 선택이 변해왔다. 대체로 우선주를 선호하는 성향을 보이기는 한다. 그러나 전환우선주와 일반우선주 사이에는 변동이 있다. 미래에 기업공개(IPO)시장에 성공적으로 상장할지가 미지수이기 때문에 일단 채권의 의미를 지닌 전환우선주를 우선시하는 성향도 보인다. 전환우선주는 주식으로 전환하지 않으면 채권의 의미로서 원리금을 받을 수 있다. 전환우선주는 기업의 상황과 기업공개(IPO)시장의 상황을 보아가며 언제 전환할 것인지를 선택하면 된다는 측면에서 유리하다.

(3) 기업가치 평가(valuation)

벤처캐피탈은 스타트업에 대한 투자 결정에 앞서 자신이 투자할 총액과 원하는 지분비율을 결정하게 된다. 대부분 신규 스타트업의 총 지분 중 약 40% 정도를 자신의 몫으로 하길 원하는 것으로 알려져 있다.

여기서 주목할 점은 자신들의 투자 총액과 원하는 지분비율에 의해 기업가치를 결정해버리는 경우가 많다는 현실이다. 즉, 스타트업의 기업가치 평가는 벤처캐피탈의 투자 의도 금액과 지분비율의 함수로 결정되는 것이다. 예를 들어, 벤처캐피탈이 총지분의 40%를 가진다고 보면, 스타트업의 가치는 그들이 투자하려는 총액의 최대 150% 이상이 될 수 없다. 이 방법은 분명 공정한 가치평가 방법은 아니다. 그러나 현실이다. 스타트업의 가치평가는 당사의 실적이나 미래 잠재력보다는 이런 식으로 결정되는 경우가 더 많다.

(4) 단계적 투자(staged investment)

벤처캐피탈이 자금을 일시에 공급하는 경우는 드물다. 한 번에 전액을 투자하기보다는 여러 번에 걸쳐 자금을 투자한다. 나중 단계의 자금공급에 대해서 미리 약속하지 않으려는 성향도 강하다. 경영성과를 보면서 후속 투자의 수준을 결정하는 것이다. 이를 단계적 투자(staged investment)라고 한다. 실적이 우수하면 다음 단계의 투자에서 많은 자금을 받을 수 있다. 이렇게 투자를 단계적으로 하는 것은 벤처캐피탈의 입장에서 기업실적을 확인해 가면서 투자액수를 조정하려는 의도이다. 투자계약서에서 몇 번의 단계를 통해 투자될 것인지를 합의하는 것이 좋다.

(5) 스톡옵션 풀(stock option pool)

총 지분 중에서 어느 정도를 스톡옵션으로 할당할 것인지를 정한다. 관행에 따르면 대략 전체 주식의 10~30% 정도를 스톡옵션에 할당하지만 기업의 고유 상황에 따라 다르다. 선도적인 우수 기술 인력의 영입 혹은 시장개척에 필요한 절대 인력을 영입해야 하는 경우 스톡옵션의 비율은 높아질 수 있다. 이러한 가능성에 대해서도 투자계약서에서 논의할 수 있다.

(6) 브릿지 파이낸싱(bridge financing)

브릿지 파이낸싱이란 다음 라운드의 투자를 돕기 위한 징검다리 역할의 소규모 투자를 말한다. 이것을 어떤 형식으로 할 것인지, 몇 번을 할 것인지, 혹은 전혀 하지 않을 것인지를 투자계약서에 포함시킬 수 있다. 브릿지 파이낸싱 중, 기업공개(IPO)를 앞둔 시점에서 발생하는 것을 '메자닌 투자

(mezzanine investment)'라고 부른다. 메자닌은 연극 객석의 층과 층 사이의 귀빈석을 의미한다. 기업공개에 필요한 금액을 지원해서 기업공개의 실적을 높이고자 하는 목적의 투자이다.

(7) 기업청산과 투자회수

기업실적이 좋지 않아 청산해야 할 때를 미리 생각해두는 조항이다. 기업청산 시 투자회수를 어떤 조건으로 할 것인지를 정하는 것이다. 기업을 매각하는 경우 혹은 인수당하는 경우, 투자자의 몫은 어떻게 결정되는지를 투자계약서에 명시한다.

기업청산의 경우는 아니지만, IPO 때의 투자자의 회수에 대해서도 특별한 사항을 명시할 수 있다.

(8) 상환권리(redemption rights)

우선주를 받은 투자자들이 특정 주식가격을 미리 정해놓고 미래에 그 가격에 도달하면 기업이 자신들의 주식을 되사주는 것을 요청할 수 있는 권리이다. 가장 많이 적용되는 것이 5년이다. 이것은 우선주 주주들이 기업성과가 나쁘거나 청산을 하게 될 때를 대비한 보호장치이다. 기업가로서 만약 이 상환권리 설정을 피할 수 없다면 가능한 그 상환 일자를 늦추도록 해야 한다. 대략 5년인 경우가 많으나 한 8년 혹은 10년 정도까지 늦추는 것도 생각해 보아야 한다.

(9) 전환권(conversion right)

우선주를 받은 투자자와 벤처캐피탈에게 해당된다. 전환권이란 우선주를 보통주로 전환하는 권리를 규정하는 것이다. 여기에는 두 가지 유형이 있다. 하나는 자발적 전환이며, 다른 하나는 자동 전환이다. 자발적 전환이란 모든 우선주가 원하는 때에 보통주로 변경될 수 있는 권한이다. 한편 자동 전환이란 특정 시점 혹은 특정 사건이 있을 때 자동적으로 우선주가 보통주로 변경될 수 있도록 규정한 권한이다.

(10) 경영진 참여

벤처캐피탈에서 투자기업의 경영에 참여하려는 경우도 있을 수 있다. 다수의 미국 벤처캐피탈들이 경영 참여를 요청하는 것으로 알려져 있다.

벤처캐피탈 사람이 임원진으로 들어오는 경우 경영 조언을 얻을 수도 있고 그들의 인맥을 활용할 수 있다는 것이 큰 장점이다. 또 이들이 기업 경영에 참여했기 때문에 차기 투자 라운드에 도움을 줄 수도 있다.

그러나 기업 운영에 지나치게 간섭할 수 있다는 점과 모든 정보가 공개된다는 점 등이 단점이 될 것이다. 만약 벤처캐피탈이 이 권한을 요청한다면 벤처캐피탈의 경영지원이 절대적으로 필요한시, 경영권 분쟁이 일어날 소지가 있는지 등을 잘 고려해서 결정해야 할 것이다.

이사회에 참여하여 사업운영에 직접적인 통제를 하려는 경우도 있다. 벤처캐피탈의 통제 욕구는 생각보다 강하다. 실리콘밸리에서 벤처투자를 받는 회사 중 7년 이상 창업자가 그대로 CEO로 남아 있는 경우는 50% 미만이라고 알려진다. 이들 기업에서 창업자가 모두 해고되는 것은 아니며 그 회사의 다른 직책으로 남아 있는 경우가 더 많은데, 이것은 벤처캐피탈이 갖는 경영통제가 그리 만만치 않다는 것을 확인시켜주고 있다.

(11) 고용조건

벤처캐피탈은 투자조건으로 종업원에 대한 봉급, 상여금, 복지조항, 해고조항 등에 관한 사항을 계약에 포함시키고자 할 수 있다. 그런데 이를 모두 받아들이게 되면 그 기업 종업원들의 사기가 저하될 수 있다. 투자를 받는 입장에서는 벤처캐피탈로부터 자금을 조달하는 것도 중요하지만 종업원들의 근로의욕이 저하되는 것도 큰 염려거리이다. 양자의 조화가 창업자에게 중요한 요인이다.

읽어보기 벤처캐피탈의 역사

벤처캐피탈의 기원을 논하자면 물론 제2차 세계대전 직후 미국이 배경이 되겠지만, 심지어 그 이전 고대 로마로까지 거슬러가는 이야기가 있다.

"율리우스 시저 시대 로마의 부자 마르크스 리시니우스 크라수스라는 사람은 공공 소방대가 없던 로마를 위해 민간 소방대를 창설했다. 이 소방수들은 화재현장에 도착하면 화재가 난 건물과 주변의 가치를 평가해서, 건물주에게 건물 매입 제의를 했다. 제의가 받아들여지면 계약 성사 후 화재를 진압하였다. 한편 제의가 거절되면, 잿더미와 건물주를 남겨두고 새로운 사업 기회를 찾아 나섰다고 한다."(김성현 외, 2001, p.30)

제1세대 : 1946–1960년대 후반

벤처캐피탈은 미국 캘리포니아의 실리콘밸리에서 자생적으로 탄생했다. 최초의 벤처캐피탈리스트는 1957년 '쇼클리 반도체'에서 뛰쳐나온 8명이며, 이들은 '8명의 반란자'라고도 불린다. 우선 윌리엄 쇼클리(William Shockley)라는 노벨상 수상자이자 실리콘밸리 반도체산업의 선구자에 주목할 필요가 있다. 그는 연구 측면에서는 누구보다 뛰어났으며 실제로 노벨상 반열에 올랐다. 그런데 불안정하고 성격이 괴팍했던 것으로 유명하다. 그는 "쇼클리 반도체"라는 기업을 통해 실리콘을 실리콘밸리라는 세상 속으로 나오게 한 창시자이지만, 그와 함께 일하던 사람들은 지치고 말았다. 쇼클리와 함께 일했던 사람 중 8명은 쇼클리를 떠나기로 결심한다. 이들이 구상한 아이템은 '실리콘 트랜지스터(silicon transistors)'였으나 쇼클리는 무슨 이유에서인지 이것에 큰 관심을 기울이지 않았다. 그들이 독자적인 사업을 결의했던 명분은 이렇게 싹텄다.

그런데 그들이 꿈을 현실로 옮기기에는 돈이 부족했다. 이 그룹의 한 명인 유진 클라이너(Eugene Kleiner)가 뉴욕 투자은행인 'Hayden Stone'이라는 회사의 한 친구에게 도움을 요청했다. 그는 친구에게 8명이 생각하는 비전을 설명했으며 현재의 쇼클리 반도체 회사를 떠날 계획이라고 말했다. 이에 대한 답으로 그 뉴욕의 투자은행은 하버드 MBA 출신의 젊은 컨설턴트였던 '애서 록(Arthur Rock)'을 소개해주었다. '애서 록'은 이들의 사업비전과 능력에 감탄했으며, 그들에게 현재의 북 캘리포니아 지역에서 기업을 창업하고 직접 경영할 것을 제안했다. 그런데 문제는 돈이었다. 그는 'Hayden Stone'이라는 회사 이름을 걸고 자금을 마련하고자 백방으로 노력했으나, 30번 이상의 거절을 경험해야만 했다. 1950년대 당시의 금융기관들은 보수적이어서 하이테크 기업에 대해 별로 관심이 없었던 편이었다.

그러나 하늘은 무심하지 않았다. '애서 록'은 우연하게도 돈 많은 투자자를 만나게 되었다. 그 이름은 '셔먼 페어차일드(Sherman Fairchild)'였다. 그는 새로운 기술에 광적인 사람이었다. 그는 그의 회사인 'Fairchild Camera and Instrument'의 이름으로 자금을 투자하기로 결정한다. 페어차일드는 이 투자에 전혀 주저함이 없었으며 계약도 빡빡한 서류작업 없이 악수 한 번으로 처리했다고 한다. 이들 8명의 기업명인 'Fairchild'라는 이름은 이렇게 탄생한 것이다. 그들 8명은 각각 500달러를 투자했으며(그것은 당시 약 3주분의 봉급이었다), 페어차일드는 1.3백만 달러를 투자했다.

이렇게 해서 'Fairchild Semiconductor'라는 기업이 1957년 탄생했다. 다음해인 1958년, 8명 중 한 명인 로버트 노이스(Robert Noyce)가 '집적회로(integrated circuit)'라는 획기적인 발명을 한다. 그 후 10년 동안 '페어차일드 반도체(Fairchild semiconductor)'는 순탄한 성장경로를 밟았으며 실제로 엄청나게 성장했다.

1960년대 후반, 로버트 노이스(Robert Noyce)는 이 기업이 가고 있는 미래 진로에 대해 좌절을 느끼기 시작했다. 노이스의 생각으로 다음의 큰 기회는 digital integrated circuits, 특히 semiconductor memories라고 생각했으나, 다른 사람들의 적극적 동의가 없었으며 기업진로는 그 길로 가지 않고 있었다. 이렇다 할 내부의 지원도 없었다. 페어차일드 반도체 회사 자체는 1960년대 이미 150백만 달러 사업으로 성장했으며 종업원도 약 3만 명 정도 되었다. 그런데 이즈음 로버트 노이스(Robert Noyce)와 고든 무어(Gordon Moore)는 함께 페이차일드를 떠나 자신들의 기업을 시작하기로 결심했다.

그들에게 닥친 것은 다시 돈 문제였다. 그들은 '애서 록(Arthur Rock)'을 다시 찾았다. 이전처럼 재정 지원을 얻을 수 있는 통로를 요청했다. '애서 록'은 다시 이들의 비전을 믿고 자금을 유치시켜 주었다. 이들 두 사람(Noyce와 Moore)은 'Intel Corporation'을 설립했다. Intel 말고도 Fairchild에서 스핀오프한 실리콘밸리의 반도체 기업은 십여 개에 달한다. 그곳을 거쳐 간 반도체 인력 계보도 대난하다. 실제로 실리콘밸리의 중심인 Santa Clara County의 Sunnyvale에서 개최했던 한 반도체 컨퍼런스(1969)에서 조사한 바에 의하면, 400명의 참석자 중 12명 정도를 제외한 전원이 Fairchild 회사에 한 번은 적을 둔 적이 있었다고 한다. 이 정도면 대단한 계보이자 영향력이다.

지금까지의 스토리를 보면, 아마도 '애서 록(Arthur Rock)'은 아마도 벤처캐피탈리스트라는 직종을 창조한 사람일 것이다. 실제 그는 실리콘밸리의 반도체 산업의 탄생과 성장에 항상 개입되어 있었다. 쇼클리, 노이스, 무어 등과 같은 천재들도 있었지만 그들을 사업으로 성공시킨 주연급 조연은 바로 '애서 록'이었던 것이다.

실리콘밸리에서는 '애서 록'이 원조이지만, 실은 그에 앞선 원조가 또 있다. 그의 하버드대학 스승인 '도리오트(General George Doriot)'가 바로 그 원조이다. 그는 1946년 'American Research and Development'라는 벤처캐피탈 투자회사를 설립했으며, 이 회사는 1957년 'Digital Equipment Corporation'이라는 회사에 70,000달러를 투자해서 엄청난 '홈런'을 날린 바 있다. '도리오트'의 창조적 개념이 그의 제자인 '애서 록'에 의해서 실리콘밸리에 이식된 것으로 볼 수 있다. 이들이 벤처캐피탈이라는 용어를 만들었던 1세대 벤처캐피탈리스트들이다.

2세대 : 1970년대 – 1980년대 중반까지

이 2세대는 1세대와 다르다. '도리오트'처럼 대학교수도 아니고, '애서 록'처럼 신념에 넘치는 전문가도 아니다. 2세대 벤처캐피탈리스트들은 철저히 돈을 벌고자 하는 비즈니스맨들이다. 이들이 중요하게 여기는 것은 '기회'이다. 이들은 기업가, 사업비전, 기술능력 등을 스스로 진단하여 그 벤처가 가진 '기회'의 가치를 평가한다. 그것에 기초해서 투자결정을 내린다.

이 세대들은 기업가 개인에 대한 직감적인 평가를 중요하게 생각했다. 기업가를 이해할 수 있거나, 믿거나, 매료되거나 등의 기준을 투자결정의 우선순위로 두었다. 자신들의 직감에 확신이 서면 즉시 투자를 결정한다. 엄청난 돈을 지원하는 것에 비해서는 계약절차가 철저하지도 않다. 수십 개의 도장과 사인을 대신해서 악수 한 번으로 계약이 시작되기도 한다. 이들은 1980년 중반 인터넷 IT 시대에 들어서자 미국 땅에서 벤처캐피탈이라는 용어를 널리 퍼지게 만든 장본인들이다.

3세대 : 1980년대 후반 – 현재까지

3세대는 MBA 출신들이 주류이다. 대학 전공은 엔지니어링인 경우도 많다. 인터넷 IT 기회를 타고 스타트업이 넘쳐나자, 확대된 벤처캐피탈 수요를 감당하기 위해 MBA 출신들이 업계에 진입했다. 이들은 앞선 세대들과 달리 사람에 대한 직감능력도 적고, 비즈니스 세계에 대한 경험도 적다. 그들이 믿는 것은 숫자(number)이며, 그들의 신조는 근면 성실이다. 그들은 밤이 새도록 일을 열심히 한다. 재무적 숫자에 의존해서 투자를 결정하기 때문에 '객관적 판단'이라는 단어를 좋아하는 편이다.

반면 시장 기회를 읽어내고 기업가의 비전과 야심을 읽는 것은 상대적으로 취약한 편이다. 반드시 유행에 민감한 것은 아니며, 유행과 전통을 절충하는 보수적 속성도 갖고 있다는 평가이다.

10

스타트업의 성장전략

1. 스타트업의 성장전략
2. 스타트업 성장전략의 유형
3. 스타트업의 제품 전략
4. 창업자는 왜 성장(scaling-up)에 약한가

“빠른 경주자라고 선착하는 것이 아니며, 유력자라고 전쟁에 승리하는 것이 아니며, (중략) 시기와 우연이 모든 자에게 임함이라.”
— 전도서 9장 11절

1 스타트업의 성장전략

1) 스타트업 성장

생존위험을 넘어선 스타트업에게 그 다음의 과제는 ‘창업 이후 어떻게 성장할 것인가’로 요약된다. 창업 초기의 실패위험을 돌파하는 전략을 ‘창업전략’이라 한다면, 창업 후 성장에 관한 전략을 ‘성장전략’이라고 부른다. 이 ‘성장전략’은 규모를 키운다는 의미에서 ‘스케일업(scale-up)’ 전략이라고도 칭한다.

스타트업은 성장을 원하지만 장기적이고 안정적인 전략을 수립할 수는 없다. 대처해야 할 시장상황이 매우 빠른 속도로 변하고, 또한 기술도 변화 속도가 빠르다. 이런 빠른 속도를 따라잡으려면 보편적인 전략이 통용되기는 어렵다. 변동이 심한 여건 속에서 스타트업은 경영학 교과서에서 말하는 경쟁전략을 그대로 따를 수는 없다. 교과서의 내용은 꽤 규모가 큰 기업의 전략을 말한다. 그러나 스타트업 고유의 환경은 이와 다르다.

스타트업의 성장전략을 말할 때 가장 중요한 것은 스타트업이라는 특성에 맞는지 여부일 것이다. 재벌 대기업에게 어울리는 전략을 스타트업들에게 그대로 권장하는 것은 적합하지 않다. 스타트업의 고유 특성에 기초해서 경쟁전략을 살펴보아야 할 것이다.

스타트업의 꿈은 유니콘 기업으로 성장하는 것이다. 유니콘 기업이란 기업가치 10억 달러(약 1조 2천억 원) 이상인 비(非)상장 기업을 의미한다. 그들은 주로 초고속으로 성장하며 투자자로부터 계속 투자를 받는 스타트업들이다. 비상장 기업, 즉 상장 이전의 스타트업이라는 것에 주목해야 한

읽어보기 유니콘(Unicorn) 기업

스타트업 중 기업가치가 10억 달러(약 1조 2천억 원)를 넘는 비(非)상장 기업을 '유니콘(Unicorn)'이라 부른다. 기라성 같은 스타트업들이 모두 유니콘 기업이며, 대표적으로 미국의 숙박공유업체인 에어비앤비(Airbnb)가 여기에 속한다. 현재 세계 각국에서 유니콘 기업을 육성하기 위한 경쟁이 치열하다.

비상장 기업이란 점에 주목해야 한다. 상장 이전이기 때문에 기업가치가 시장에서 결정되지 않고, 투자자들이 유니콘의 기업가치를 결정한다. 투자가 과열되면 기업가치에 거품이 낄 수도 있고, 투자가 수축되면 기업가치는 갑자기 축소될 수도 있다.

다. 상장(IPO) 이후 나스닥 등의 주식시장에서 기업가치가 정해지는 기업은 유니콘이 아니다. 비상장 스타트업이므로 기업가치는 투자자들에 의해 결정된다. 투자자들의 투자 욕구가 높아지면 이들의 기업가치는 계속 상승하는 것이다.

유니콘 기업은 상장(IPO)을 서두르지 않을 수도 있다. 왜 그럴까? 상장하지 않더라도 투자금이 계속 들어오기 때문이다. 그 투자금을 갖고서 비즈니스 모델을 더욱 확고하게 다듬으면서 투자가치를 더욱 높이는 것으로 알려져 있다.

그러면 벤처캐피탈과 같은 투자자들은 이미 많은 투자가 이뤄진 유니콘에게 왜 계속 투자를 하는 걸까? 그 이유로 다음의 3가지 이유를 꼽는다. 첫째, '페이스북'과 '알리바바'의 과거 성공사례에서 보듯이 가치가 멈추지 않고 계속 올랐던 현상을 관찰했기 때문이다. 둘째, 자신의 투자 혜안을 과시하고 싶은 명성 욕구 때문이다. 셋째, 추가적인 투자에서 얻는 실적을 기대하는 경제적 이유 때문이다.

읽어보기 미국 Yahoo!의 성장 사례(창업에서 IPO까지)

미국 'Yahoo!' 기업은 창업, 자금유치, 기업공개(IPO), 지분배분 등의 성장 과정의 중요한 영역에서 의미있는 모습을 보인다. 혁신의 연속, 벤처캐피탈로부터 투자 유치, 전문경영자 유입, 2년 3개월 만의 IPO 성공 등이 중요한 내용이 담겨 있다.

Yahoo!는 스탠포드 전기공학 박사과정에 재학하고 있던 대만 출신 유학생 제리 양(Jerry Yang)과 캐나다 출신의 데이비드 필로(David Filo)가 1994년 1월에 설립했던 기업이다.

홈페이지를 체계적으로 검색한다는 'www' 가이드를 고안하고 검색자에게 비용을 부담시키지 않고 광고료 수입을 취한다는 서비스 방식을 채택하였으나, 업계의 초기 반응은 냉담했다. 하지만 세계 최초의 웹 검색서비스를 제공한 후 이어서 "My Yahoo", "Corporate Yahoo" 등 맞춤형 포털서비스 개발 등 지속적인 혁신을 추진했다.

야후에 투자했던 실리콘밸리의 벤처캐피탈은 '세콰이어 캐피탈(Sequoia Capital)'이었다. 그들은 200만 달러의 자금을 투자하였다. 이 '세콰이어 캐피탈'은 시스코, 오라클, 구글 등 현재의 거물 기업에게 투자했던 것으로 유명하다. 이들도 야후 투자에 대해 망설임이 없었던 것은 아니라고 한다. 무료검색 서비스를 제공한다는 것에 과연 언제 수익을 낼 것인가가 의문이었으며, 이 때문에 투자를 상당히 망설였기도 했었다고 알려진다.

그런데 이 투자는 결국 엄청나게 큰 보답을 주었다. 야후에 접속하는 건수는 창업 초인 1994년 중반만 해도 하루 몇 건에 불과했으나, 같은 연도 말 하루 평균 10만 건, 1995년 1백만 건, 1998년 1억 6천만 건에 이르고 1999년에는 3억 건을 넘어서게 된다.

야후 창업자들은 전문경영자의 필요성을 일찍 절감하고 본격적인 사업 전개를 위해 1995년 1차 자금조달 이후 벤처캐피탈의 추천으로 스탠퍼드 공학계열 출신인 팀 쿠글(Tim Koogle)을 CEO로 영입하면서, 창업자들은 기술개발과 전략구상에만 몰두하였다.

야후는 광고 수입을 늘리기 위헤 홈페이지 확충과 로이터 회사의 지원을 받은 뉴스제공 서비스로써 사용자를 늘려 광고주를 잡았다. 무료검색과 광고 수입이라는 아이디어를 구체화하여 혁신을 실현하게 된 것이다.

1995년 가을 1차 자금조달 때보다 기업가치가 10배 오른 4천만 달러에 2차 자금을 유치하였다. 이는 전문경영인을 중심으로 사업 아이템의 잠재력을 높인 결과 두 번째 대규모의 투자를 유치하게 된 것이다.

야후는 1996년 4월 12일에 기업공개를 했다. 창업 후 2년 3개월가량 걸렸다. 공모가격은 13달러였으나 최초 시장가격은 24.5달러였으며, 당일 종가는 33달러였다.

2) 스타트업의 성장 걸림돌

스타트업은 성장이 쉽지 않다. 가진 자원이 부족하고 역량이 취약하기 때문이다. 외부의 지원과 도움이 필요한 경우가 많다. 스타트업의 성장 걸림돌에는 다음의 것들이 있다.

(1) 자본 제약

창업은 소규모 자본(특히 창업자 개인과 가족에게서 나온 자본)으로 시작하게 마련이다. 매우 소수만이 벤처캐피탈과 같은 외부 자금을 투자받을 수 있다. 따라서 장래성이 높은 스타트업일수록 유리하다.

(2) 수익의 불확실성

창업자가 발견한 '틈새(niche)'는 수익이 가능한 곳이기는 하지만 그 수익이 어느 정도 발생할 것인지는 언제나 불확실하다. 시장 자체는 언제든지 역동적으로 변화할 수 있기 때문이다.

(3) 기회 적응(opportunistic adaptation)

스타트업 창업자는 사업아이디어를 자신의 경험에서 포착하였거나 우연히 발견한 것이기 때문에 체계적인 준비가 없는 편이다. 시장조사 혹은 장기계획 등의 체계적인 대응은 기대하기 어렵다. 이들에게는 오히려 맞닥들인 기회에 대해 그때마다 적합한 적응방안을 찾아내게 된다.

(4) 인력, 자본, 평판 등 필수적 자원 부족

창업자는 인력, 자본, 평판 등 기업의 성장을 위해 필수적인 자원들이 모두 부족한 편이다. 이러한 제약과 걸림돌이 있기 때문에 스타트업의 전략은 유연해야 한다. 즉, 스타트업에게는 전략의 유연성이 특히 더 중요하다. 보통 유연성이란 환경변화에 대응하는 변화능력을 말한다. 유연성이 높은 전략이란 변화가 빠른 환경에 따라 바꿀 수 있는 전략이다. 스타트업은 기술 및 시장조건이 매우 빠르게 변하기 때문에 전략의 유연성을 갖출수록 유리하다.

2 스타트업 성장전략의 유형

스타트업이 선택할 수 있는 전략은 다양한데, 핵심은 자신이 처한 여건에 적합하게 선택하는 것이다. 우선 '전략'이란 단어와 '관리'라는 개념의 구분이 필요하다. 두 개념은 정확하게 비교된다. '관리'란 조직의 '현재와 내부'에 관한 것이며, '전략'은 조직의 '미래와 외부'에 관한 것이다. 현 상황을 고치자고 하는 것이 관리이며, 미래에 대한 대비가 전략이다. 관리 개념은 기업 내부에 대한 조치이며, 전략 개념은 기업 외부 상황에 대한 대응에 초점을 두고 있다.

1) 차별화, 원가절감, 집중 전략(마이클 포터의 본원전략)

군(軍)부대의 작전에 쓰이는 실전 개념이던 '전략' 개념을 이론적 논리로 설명한 인물은 미국 하버드대학의 마이클 포터 교수이다. 그는 전략을 '경쟁자와 다른 것을 하는 것, 혹은 같은 것을 다른 방법으로 하는 것'이라고 정의한다.

포터가 제안한 3가지 전략은 ① 원가(cost) 전략, ② 차별화(differentiation) 전략, ③ 선택과 집중(focus) 전략이다. 이 중 원가 전략과 차별화 전략은 독립적인 전략이지만, 세 번째 선택과 집중은 앞의 두 전략 중 유용한 것을 선택해서 집중한다는 뜻이다.

포터가 말하는 '본원적'이란 개념의 뜻은 업종과 규모의 차이와 관계없이 기업에게 보편적으로 중요하다라는 의미이다. 일반적으로 보면 대기업과 중소기업의 전략은 다를 수 있다. 또 업종에 따라 전략 차이가 있을 수 있다. 기업마다 효용가치가 다른 전략들이 많지만, 포터가 말하는 본원적 전략이란 모든 기업에 유용한 전략이란 것이다. 본원적 전략은 경쟁전략의 밑바탕으로 이해하면 될 것이다.

원가 전략이란 어떻게든 비용을 줄이는 전략이다. 가격이 낮아야 시장에서 통한다는 철칙에서 나온 것이다. 가격이 낮은 제품을 선호하는 시장원리는 동서고금을 막론하고 변함이 없다. 우리나라의 성장 과정에서도 가격경쟁력은 매우 중요했다. 한때 낮은 인건비에서 나오는 가격경쟁력을 무기로 세계 시장을 진출할 수 있었다. 스타트업에게도 가급적 낮은 원가를 가질 수 있는 것은 유리하다.

차별화 전략은 특별히 의미가 크다. 세계적 경영 컨설턴트인 말콤 글래드웰(Malcomm Gladwell)의 <다윗과 골리앗>에서 지목하는 차별화 전략은 기억해둘만 하다. 핵심적인 메시지는 "상대가 원하는 조건에서 싸우지 마라"이다. 다윗이 골리앗이 생각했던 백병전이라는 예상을 깨고 멀리서 돌을 던져 승부를 냈다. 이것이 바로 상대방이 예상하는 조건을 벗어나 승리하는 차별성이란 것이다.

이는 베트남의 영웅인 보구압 장군이 강조하는 3가지 승리 비결과도 잘 통한다. 그는 ① 상대가 원하는 장소에서 싸우지 않는다, ② 상대가 원하는 시간에 싸우지 않는다, ③ 상대가 원하는 작전으로 싸우지 않는다를 그가 미국, 프랑스, 중국과의 힘겨운 전쟁에서 승리했던 비결로 꼽고 있다. 이는 실상 말콤 글래드웰이 언급한 차별화의 의미와 크게 다르지 않다.

2) 핵심역량(core competence) 전략

핵심역량을 잘 발굴하고 이 핵심역량을 확고하게 지켜서 경쟁우위를 언는다는 전략이다. 여기서 말하는 핵심역량이란 다음 3가지 요인이 충족되어야 한다. 그 3가지 요인들은 ① 경쟁자보다는 상대적으로 우월해야 하며(relatively superior), ② 경쟁자가 쉽게 모방할 수 없어야 하고(unimitable), ③ 희소해야 한다(rare).

3) 기술, 시장 및 원가절감 전략

스타트업과 같은 소규모 기업의 전략은 창업자에게 지나치게 의존하기 때문에 보통 체계적인 유형 구분이 어렵다. 즉, 한 사람이 좌지우지하여 특정 체계가 없다는 것이다. 그 사람이 변덕을 부리거나 생각을 바꾸면 전략도 바뀌는 것이다. 하지만 스타트업이 선택할 수 있는 일반적인 전략은 우선 기술, 시장, 가격 중 어느 것에 초점을 두는지에 의해 구분할 수 있다. 구체적으로, 각 요인별로 기술주도형, 시장주도형, 원가절감형 전략이라고 칭할 수 있다. 이 세 가지 전략을 절충적으로 활용하는 혼합형 전략을 추가하면 4가지 전략이 가능하다.

첫째, 기술주도형은 기술적인 혁신에 전략적 핵심을 집중하는 기업을 말한다. 이는 첨단 기술 의존도가 높은 스타트업 기업들에게 주요한 전략이 될 수밖에 없다.

둘째, 시장주도형은 상품의 시장성 및 마케팅 전략에 집중하는 전략이다.

셋째, 원가절감형은 원가 혹은 다양한 비용을 줄이는 것에 초점을 맞춘 전략이다.

넷째, 혼합형은 위 전략들의 몇 요인을 동시에 사용하는 전략이라 할 수 있다.

4) 특화전략과 일반화 전략

기업 활동의 폭과 범위를 기준으로 전략을 구분할 수 있다. 이 기준에 의하면 특화전략과 일반화 전략으로 나누어진다.

특화전략(specialist)은 좁은 활동영역에 집중하는 전략으로서 단일시장이나 제품에 특화하여 활동하는 전략을 말한다. 반면 일반화 전략(generalist)은 넓은 활동영역을 갖는 것으로 복수의 제품과 시장에서 사업을 영위하는 전략이다. 이 둘 중의 선택은 근본적으로 해당 스타트업의 선택이지만, 일반적으로 시장 형성기에는 일반화 전략이 우수하고, 성숙기로 접어들게 되면 특화전략이 우수한 것으로 알려진다.

기업이 자원기회를 어떻게 활용하느냐에 따라 전략을 구분할 수 있다. 여기에는 조직생태학자들의 분류인 r-전략과 K-전략이 있다. r-전략은 주어진 기회를 선점하는 것을 중요하게 보는 전략이다. 이 전략에는 그 결과가 효율적인지 여부는 별로 중요하지 않다. 일단 점령해야 기회를 얻고 나아가 생태계를 지배할 수 있다고 생각하기 때문이다. 동물의 세계로 비유하면 r-전략은 많은 새끼를 낳아서 그 중에서 살아남는 새끼들이 많도록 하여 그들이 해당 생태계의 주도권을 가지도록 하는 전략이다.

한편 K-전략은 효율적인 종족을 번식하여 경쟁에서 살아남도록 하는 전략이다. 이 전략에서는 철저히 효율적인 기준을 중요하게 여긴다. K-전략을 택하는 기업들은 다른 기업의 활동을 지켜보다가 생존가능성이 확실해지면 효율적인 방안(예, 유통비용의 축소)으로 경쟁우위를 누리려고 한다. 그만큼 효율적인 결과가 중요하기 때문이다. 이런 측면에서 r-전략은 시장선점 전략으로, K-전략은 효율성 추구 전략으로 표현할 수 있다.

스타트업에게 이 두 전략 중 어느 전략이 더 성공적일까? 스타트업은 틈새시장에서 첨단기술로 승부하는 기업이기 때문에 비록 비효율적일지라도 빨리 시장을 선점하는 것이 중요하다. 예컨대 인터넷 비즈니스가 그렇다. 그들에게는 시장선점이 매우 중요하다. 수많은 인터넷 사업체들이 수익에 앞서 인지도를 높이고 '클릭 수(number of clicks)'를 확보하려는 이유가 바로 거기에 있을 것이다. 초기 시장을 신속하게 점령하는 것이 그만큼 중요한 것이다. 그러나 일단 사업여건이 안정되면 효율성 전략이 더 중요해진다. 앞서 효력을 발휘했던 시장선점 전략은 점차 한계를 드러낼 것이다. 동

읽어보기 r-전략과 K-전략

r-전략

많은 자손을 낳고 부모가 돌보는 작업을 줄이는 전략. 이는 작고 성장이 빠르고 생명주기가 짧은 생물체(예, 곤충)들의 전략이다.

K-전략

적은 자손을 낳지만 부모의 돌봄이 많은 전략. 조류와 포유류와 같이 대체로 덩치가 크고, 성장속도가 늦은 편이며, 생명주기도 긴 동물들의 전략이다. 숲의 나무들도 이러한 전략을 쓴다.

일 분야 사업체의 수가 증가하고 경쟁이 심화하면, 경쟁력이 없거나 수익능력이 없는 사업자들은 도태하게 될 것이다. 이렇듯 각 전략의 효과는 시장성숙 정도에 따라 다르다.

5) 선발주자 전략과 후발주자 전략('0 to 1' 및 '1 to N')

선발주자(first mover)란 시장을 개척한 선구자 기업을 말한다. 후발주자(late mover)는 이미 만들어진 시장에 참여하는 기업이다. 스타트업 세계에서는 이에 대해 다른 표현을 쓴다. 선발주자 전략은 "제로 투 원(0 to 1)" 전략으로 부른다. 실리콘밸리의 최고의 멘토로 알려진 피터 틸의 표현인데, 이 전략은 세상에 없던 창조와 혁신을 만들어서 그 유일성을 무기로 삼는 전략을 뜻한다. 한편 후발주자에 해당하는, 이미 존재하는 발명품을 모방하는 전략은 "원 투 엔(1 to N)" 전략으로 칭한다. 비록 "제로 투 원" 전략이 스타트업에게 더 유리하긴 하지만, "원 투 엔" 전략도 반드시 불리한 것은 아니다. 모방의 가치도 매우 크다. 물론 새롭게 가치를 창조하는 "제로 투 원"이 더욱 큰 먹거리를 제공할 것은 분명하다.

선발주자는 시장에 제일 먼저 들어갔다는 점에서 경쟁우위를 누릴 수 있다. 후발주자는 선발기업이 했던 시행착오를 회피할 수 있는 강점을 갖는다. 선발주자의 강점은 후발주자의 약점이 되고, 반대로 후발주자의 강점은 선발주자의 약점이 된다.

(1) 선발주자의 강점

선발주자는 시장 창조자로서 경쟁우위를 누릴 수 있다. 경쟁 없는 시장에 최초로 들어섰기 때문이다. 그러나 선발주자가 항상 유리한 것만은 아니다. 후발주자들이 쉽게 모방할 수 있거나, 혹은 선발주자의 고객들이 다른 후발업체로 옮겨가기 쉬운 경우에는 그 유리함이 오래가지 않는다. 시장을 오랫동안 무주공산(無主空山)으로 내버려두지 않기 때문이다. 선발주자의 이점을 높일 수 있는 조건들을 살펴보자.

① 기술적 리더십의 강화

기술적 우위가 있으면 학습곡선 효과가 있다. 학습곡선 효과란 누적 생산량이 많을수록 단위당 생산원가가 떨어지는 효과를 의미한다. 이른바 경험을 통해 단위원가가 절감된다는 것이다. 만일 선발주자가 자신들의 학습내용을 독점적으로 소유하고 시장점유율에서 리더십을 계속 발휘한다면 학습곡선에 의한 지속적인 비용우위 달성이 가능하다.

기술적 우위는 R&D 활동을 지속해야 한다. 특히 법률적 기술보호가 된다면 큰 혜택을 누릴 수 있다. 만약 선발주자가 자신의 기술을 특허(patent)로 등록했다면 향후 모방가능성은 상당히 줄어든다. 글로벌 경제가 진행되면서 현재 WTO 등에서 관리되는 국제 기준의 특허 보호기간은 20년이나 된다.

② 자원의 선취

우선 투입요소의 선취가 필요하다. 선발기업은 기업활동에 필요한 요소를 나중에 형성될 시장가격보다 저렴하게 미리 구입함으로써 이익을 볼 수 있다. 광산업 기업이 천연자원 매장지를 경쟁사보다 먼저 발견하는 경우가 여기에 속한다.

또한 지리적 위치와 제품특성상의 공간 선취이다. 공간의 선취, 특히 시장에서 제품이 통할 수 있는 공간을 선취하는 데서 얻는 효과는 차후에 진입하는 기업이 활용할 수 있는 공간을 제한하는 전략적 조치가 가능하다.

그리고 공장과 설비에 대한 선취이다. 공장증설 등의 방법으로 생산능력을 확대시키면 규모의 경제가 발생하여 단위당 원가를 낮출 수 있고, 이는 후발주자가 이익을 확보하기 어렵게 하여 진입을 꺼리게 할 수 있다. 규모의 경제 효과가 큰 업종에서 특히 그러하다.

③ 교체비용과 불확실성

교체비용(switching cost)이란 제품을 바꾸거나 혹은 거래처를 바꿀 때 발생하는 비용이다. 후발주자는 선도자의 고객을 끌어오기 위해서 고객들의 교체비용을 생각해야 한다.

보통 교체비용이 발생하는 경우는, 첫째, 초기 구매자가 판매자의 제품에 적응하기 위해 투자해야 할 때, 둘째, 구매자가 특정 판매자에 대해서 이미 학습한 상태여서 새로운 판매자에게로의 전환을 꺼릴 때, 셋째, 판매자가 의도적으로 만드는 계약상의 교체비용이 발생하는 경우이다.

이 교체비용 장벽은 불확실성이 높을 때 더 심하다. 교체효과가 불확실하므로 기존 브랜드에 집착하는 편이 나은 것이다. 이렇게 불확실성이 높을 경우, 후발주자는 자신의 상표로 끌어들이기 위한 노력이 더 들어야 한다. 예컨대 광고를 많이 하는 부담이 그것이다. 그만큼 비용 부담이 증가한다.

(2) 후발주자(late mover)의 강점

① 무임승차 효과(free-rider effects)

무임승차 효과란 선발주자들에 의해 발생한 혜택을 자신은 아무런 노력 없이 누리는 효과를 말한다. 글자 그대로 공짜로 차(車)를 얻어 타는 효과이다. 선발주자가 이룩한 과실을 대가 없이 공유할 수 있다는 것은 커다란 혜택인데, 선발주자에겐 자신의 노력이 산출한 결실을 남과 공유한다는 아쉬움이 있다.

무임승차 효과 중 보완자산의 준비가 무엇보다 중요하다. 보완자산(complementary assets)이란 혁신이 상품화하는 과정에서 발생하는 자산이다. 예를 들면, 한 기업이 신개념의 컴퓨터를 개발했다고 하면, 그 컴퓨터를 실제로 제조하기 위해서는 설비가 필요하기도 하고, 소프트웨어가 있어야 하고, 또 그 컴퓨터를 판매하는 통로가 있어야 한다. 그것들이 바로 보완자산이다. 후발주자는 이러한 보완자산을 쉽게 고안할 수 있고 또 미리 준비할 수 있다.

② 기술 및 시장 불확실성의 해결

혁신기술과 아이디어가 상업적으로 성공을 거둘지는 언제나 불확실하다. 그런데 이와 유사한 사업을 앞서서 다른 기업이 실행해주면, 이 경험을 통해 후발주자는 학습할 수 있다. 이렇게 해서 불확실성이 상당히 해소되며, 무엇을 준비해야 하는지를 알 수 있다. 선발기업들의 시행착오를 보면서, 고객 니즈의 변화와 기술 진화에 대해 적극적으로 대응할 수 있다.

6) 추격전략(catch-up), 혁신선도전략(innovation leader)

앞의 선발주자와 후발주자 전략의 응용 개념이 있다. 그것은 혁신선도와 추격의 개념이다. 혁신선도는 선발주자와 유사하며, 추격은 후발주자와 유사하다. 혁신 역량이 최고 수준에 오르지 못했던 한국의 실정에서 가장 유효했던 성장전략은 바로 추격전략이다. 삼성전자가 일본의 소니(Sony)를, 포항제철이 신일본제철을 추격해야 할 목표 타깃으로 놓고 그들의 성장경로를 연구하여 빠른 속도로 따라잡으려고 했던 것이 바로 추격전략이다. 삼성전자는 1992년 9월 미국 퀄컴(Qualcomm) 기업과 기술도입계약을 체결, CDMA 이동전화 단말기의 핵심 칩을 국내에서 처음으로 양산한 지 6년

5개월 만에 자체기술력을 축적하여 핵심 칩을 국산화하는 데 성공했다. 빠른 학습과 흡수역량을 보여주는 사례이다.

추격전략에서 성공하려면 빠른 흡수역량이 동반되어야 한다. 삼성전자도 추격전략을 기반으로 성장했지만 그 성장을 가능하게 한 기반은 흡수역량이 높았기 때문이다. 우리나라는 인력 수준이 높아 이 흡수역량에서는 다른 어느 국가도 쫓아오지 못할 정도로 빠르고 정확하다. 현재 동남아에서 한국의 빠른 경제성장을 동경하는 것이 바로 그 이유다.

추격을 하다 보면 모든 것을 같은 과정으로 따라가면 영원히 추월할 수 없다. 그래서 간혹 경로를 변경하거나 경로를 건너뛰기도 한다. 즉, 경로를 추종하지만 그 바운더리 내에서 건너뛰고 도약하면서 성장의 차이(gap)를 줄였다.

추격전략은 모방을 한다는 점에서 '카피 캣(copy cat) 전략'이라고도 부른다. 거대한 IT기업들도 성공한 모델을 모방한다. 물론 완전한 복사물은 아니지만 약간의 응용만 추가될 뿐이다. 모방은 실제로 매우 중요한 전략이다. '스냅(Snap)'이라는 휘발성 메신저가 큰 성공을 거두자, 거대 공룡인 페이스북이 '스토리'라는 신상품을 개시했다.

식재료와 레시피를 배달해주는 서비스로 인기를 얻은 '블루 에이프런'이 성공하자, 거대 기업인 아마존은 '아마존 프레시'라는 이름으로 유사 서비스를 출범시켰다. 아마존은 '홀푸드'를 인수하면서 그 신규 사업에 자신 있게 도전하게 된다.

7) 존속적 혁신과 파괴적 혁신 전략

미국 하버드대학의 크리스텐슨 교수는 혁신전략에 대해, '존속적 혁신'과 '파괴적 혁신'이라는 두 개념의 구분을 제안한다. 존속적 혁신(sustaining innovation)은 이미 존재하는 기술적 가치를 더욱 확대하려는 전략이며, 파괴적 혁신(disruptive innovation)은 기존 가치를 파괴하고 새로운 가치를 찾는 전략이다.

존속적 혁신은 현재 고객이 요구하는 우선순위에 따라 이루어지며, 파괴적 혁신은 전혀 다른 성능을 요구하는 새로운 고객의 요구에 따라 이루어진다. 대부분의 기업은 기존 고객의 소리에 너무 적응한 나머지 파괴적 혁신을 무시하는 우를 범하고 몰락의 길을 걷게 된다고 지적한다. 예를 들어, 미국의 유통업체인 시어즈는 공급망 관리와 매장 브랜드 등으로 업계 최고의 자리를 굳혔지만 할인점의 출현을 무시함으로써 몰락하였고, IBM은 메인프레임 컴퓨터에 익숙한 나머지 소형 컴퓨터의 출현이 가져올 변화에 동참하지 못했기에 도태되었다고 지적한다. 경영자들은 현존하는 소비자를 만족시키면서도 끊임없이 파괴적 기술이 가져올 충격에 대비해 파괴적 혁신에 주목해야 한다고 주장한다.

크리스텐슨 박사는 성장하는 기업의 전략은 '파괴적 혁신'이어야 한다고 강조한다. 많은 기업들이 '존속적 혁신'에 치중하다가 다른 기업의 파괴적 혁신에 파괴당하게 된다고 강조한다. 크리스텐슨 교수가 말하는 파괴적 혁신에도 내면적으론 두 유형의 세부 전략이 있다.

(1) 신시장 기반의 파괴

그동안 소비하지 않던 층과의 경쟁을 위한 혁신전략이다. 그들은 왜 소비를 하지 않을까를 면밀히 검토한 후 신소비를 개척해서 신시장을 만드는 파괴적 혁신이 필요하다. 예를 들면, 노트북을 위한 휴대용 프린터, 소니의 휴대용 워크맨 등이 이에 해당한다.

(2) 저비용(low-end) 기반의 파괴

저비용(low-end) 사업모델로 그동안 과잉서비스를 받던 고객들을 노리는 혁신전략이다. 예를 들어, 미국의 거대 유통업체인 월마트는 백화점에서 과잉친절을 꼭 받을 필요 없고 자신들이 상품을 고르고 싼 물건을 원하는 층을 주 고객으로 확보하였다. 또 다른 예를 보면 후지필름은 일회용 사진

기로 사진의 질보다는 일단 사진을 찍을 수 있다는 것에 만족하는 넓은 계층을 대상으로 사업화했다.

8) 블릿츠 스케일링(blitz-scaling) 전략

블릿츠 스케일링이란 기습을 뜻하는 군사용어인 '블릿츠'와 회사를 키운다는 의미의 '스케일링'의 합성어이다. 이 전략은 단기간에 화력을 집중해서 최대한 빨리 시장을 확보하고 덩치를 키우는 전략이다. 신속하게 회사의 덩치를 키워서 남이 따라올 수 없는 경쟁력을 빠르게 구축해버리는 것이다. 미국의 인맥소개 기업인 링크드인(Linked-In)의 창업자인 '리드 호프먼'이 스탠퍼드 대학에서 강의한 과목 이름이 바로 그것이었다. 이 전략은 전통기업이 20년 이상 오랜 기간 단계적으로 기업을 성장시켰던 전략과 비교된다.

최초 엄청난 속도로 성장한 테크-자이언트 기업들이 이 전략을 채택하며 성장해왔다는 사실에 착안한 전략이다. 과거에는 하나의 기업이 대기업으로 성장하려면 20년이 걸리기도 했다. 하지만 최근의 테크-자이언트 기업들의 성장은 매우 급속하게 이루어졌다. 구글은 8년 만에, 페이스북은 6년 만에 거대기업으로 부상했다.

신속한 성장을 추진하는 것이 중요한 이유는 무엇인가? 그 이유는 네트워크 시대에서 더 빨리 움직이지 않으면 곳곳에 도사리고 있는 경쟁자가 먼저 시장을 확장하기 때문이다. 모든 스타트업에게 적용되는 전략은 아닐 수 있지만, 온라인 기반으로 새로운 기회를 열은 스타트업이라면 한번 생각해볼 가치가 있는 전략이다.

읽어보기

리드 호프먼(Reid Hoffman), '링크드인(Linked-In)' 창업자

리드 호프먼은 페이팔 공동 창업자, 링크드인 창업자로서 경력을 쌓고 명성을 얻은 인물이다. 그는 스탠퍼드대 철학과와 옥스퍼드 대학원을 마치고, 페이팔에 참여하고, 페이팔을 이베이에 매각하면서 큰 부를 얻었다. 이후 인맥 소개 사이트인 '링크드인'을 창업했다. 이 링크드인은 마이크로소프트가 인수했다. 그의 창업 경력도 화려하지만, 삶의 과정 중 인상적인 것은 많은 사람을 도운 흔적이 많다는 것이다.

그는 선의(善意)의 선순환으로 최대의 수혜를 누리자는 목표를 실행하는 사람으로 유명하다. 실리콘밸리에서 '커넥트'라는 컨설팅업체를 창업했었고 차후 링크드인에 합류한 엘런 레비(Ellen Levy)가 말하는 리드 호프먼은 인상적이다. "호프먼은 누가 도와달라고 하면 그 집 잔디도 깍아줄 사람이다."

그가 남긴 대표적인 '선의의 흔적'은 다음과 같다.

1) 유튜브 초창기에 자웨드 카림, 채드 헐리, 스티브 첸이 창업하면서 사업장을 마련하지 못했을 때, 링크드인에서 무상으로 사무실을 쓸 수 있게 공간을 내주었다.
2) 엔젤투자자로서, 플리커, 그루폰, 모질라, 마이티벨, 테크노라티의 창업자를 지원했다.
3) 마크 저커버그에게 대학 동창인 '피터 틸'을 소개해 주었고, '피터 틸'은 페이스북의 최초 외부투자자가 됐다.
4) 에어비앤비, 모질라, 제이프, 비영리단체인 인데버(Endeavor), 퀘스트브리지(QuestBridge), 키바(Kiva)에서 이사직으로 조력자 역할을 수행했다.
5) 2012년 '키바'의 소액대출 활성화를 위해 사재 100만 달러를 대출금으로 내놓았다. 이 금액은 키바가 개발도상국 사업자들에게 25달러씩 소액대출을 해줄 때 신규회원 4만 명을 유치할 수 있는 금액이었다.

읽어보기

규제 샌드박스(Sand Box)

신기술과 신산업을 포용하기 위한 목적으로 정부가 기업에게 불합리한 규제를 일정 기간 유예해 주는 제도를 말한다. 어린아이들의 모래 놀이터와 같이 마음대로 실행하고 도전할 수 있는 기회를 제공하려는 목적에서 시행되는 제도이다.

3 스타트업의 제품 전략

스타트업에게 제품 전략은 성장을 위해 빼놓을 수 없는 핵심 전략이다. 그러기 위해서는 시장과 고객을 정확히 이해해야 한다.

1) 시장과 고객에 대한 이해

(1) 고객 인지

창업할 때 우선 고객이 어떤 사람들일지에 대해 아이디어를 갖고 있어야 한다. 어떤 스타트업은 자신의 제품을 누구에게 팔아야 할지조차 정확히 모르고 있는 상황도 있다. 고객의 시각에서 당신의 제품을 보고 평가할 줄 알아야 한다.

(2) 시장 이해

고성장 시장인지, 시장에서의 기회와 위험은 무엇인지, 시장에 경쟁자가 어느 정도인지, 진입장벽은 무엇이며 얼마나 높은지, 자신의 기업이 시장 틈새를 갖고 있으며 그 틈새를 만든 요인이 무엇인지, 시장이 유지될 수 있는 것인지, 실패에 대한 위험요소들은 무엇인지 등에 대한 충분한 사전 검토가 필요하다.

(3) 제품 정의

대부분의 엔지니어들은 완벽한 창조에 의해 스타트업을 창업하고자 한다. 그러나 현실은 그렇지 않다. 물론 세상에 없던 창조물을 시장에 내놓는 것은 좋으나 그것만이 전부가 아니다. 완벽한 창조는 아니더라도 기존 시장 곳곳에 틈새가 있다. '제품'이 기업의 생명임을 명심해야 한다. 신제품, 혁신제품, 남이 도저히 따라오지 못하고 모방하기 어려운 제품을 가져야 한다. 자신의 제품이 어떻게 어떤 수준에 있는지조차 모르며 창업하려는 자들도 간혹 있다. 또한 제품을 어떤 통로를 통해 어떤 시점에서 내어놓을 것인지에 대해서도 잘 생각해야 한다. 결국 기업은 '무언가를 파는(sell something)' 실체이다.

(4) 제품 경쟁 분석

누가 과연 경쟁자인가, 그들이 성장하고 있는가, 그들은 몇 해 동안 사업을 해왔나, 그들의 판매수량은 어느 정도인가, 그들의 기업규모는 어느 정도인가, 얼마나 많은 고객을 확보하고 있나, 그들의 시장점유율은 어느 정도인가, 그들의 상품 틈새는 어디인가, 그들 사이의 유사성과 차이는 무엇인가, 제품우위·가격·광고·혁신/기술 중 그들과 경쟁할 무기는 과연 무엇인가, 가격·품질·혁신기술·서비스/유통·생산 중 당신 회사의 차별적 경쟁우위는 무엇인가, 신규 경쟁자 진입을 막는 장벽이 있는가, 경쟁자들이 당신의 노력에 대한 대응은 무엇인가를 분석해야 할 필요가 있다.

2) 전략 유연성

전략 유연성은 한 기업전략의 변화 가능성을 의미한다. 이는 구체적으로 '제품 유연성'과 '조직 유연성' 두 유형으로 구분할 수 있다. 제품 유연성은 기업이 만드는 제품의 변화를 실현하는 능력으로서, 이는 대체로 대기업보다 중소기업이 우수하다. 대기업은 고정자산의 투자가 크기 때문에 기술 및 시장의 변화에 대응하는 제품전환이 상대적으로 어렵다. 이에 반해 스타트업은 제품변화에 대해 유연한 편이다.

한편, 조직 유연성은 조직 운영체계 변화가능성을 의미한다. 특히 의사결정이 얼마만큼 빨리 발생할 수 있는지는 조직 유연성에서 중요한 부분이다. 한 기업이 위계계층이 매우 적거나 분권화된 의사결정을 갖고 있다면 조직 유연성이 높다고 볼 수 있다. 스타트업과 같은 작은 규모의 기업은 대기업에 비해 유연성 측면에서 상대적 우위를 갖는 편이다.

4 창업자는 왜 성장(scaling-up)에 약한가

1) 창업에서 성장으로 모드 전환

스케일링이란 벤처가 성장하는 것을 통칭하는 표현한다. 보통 스타트업의 창업자는 기업의 성장을 따라가지 못하는 문제가 발생한다. 조직의 초창기 단계에서는 제품을 생산하고 시장에서 살아남는 데 관리 노력을 집중한다. 그러나 조직이 성장함에 따라 종업원 수가 많아지면서 문제가 발생하게 된다. 창의적이고 기술지향적인 경영자는 처리해야 할 여러 가지 관리문제가 있지만, 그것보다는 오히려 제품을 만들거나 파는 것에 더욱 흥미를 갖고 있기 때문에 조직은 위기를 맞게 된다. 이때 조직이 지속적인 성장을 원한다면 조직은 관리활동의 결여에서 오는 위기를 극복하는 리더십이 필요해진다. 존 네샤임 미국 코넬대 교수는 “상품을 만드는 데에는 기술이 중요하지만 회사를 만드는 데에는 사람이 더 중요하다.”고 말한다. 기술을 개발한 창업자가 회사 경영은 자신이 책임지겠다고 고집하는 경우 실패하기 쉽기 때문이다.

창업 때의 성공전략들이 성장에 오히려 장애가 되는 역설이 발생하기도 한다. 창업자 스스로 자신의 경영 모드를 쉽게 바꾸지 못하기 때문이다. 창업자들이 차분하게 앉아 예전 방식이 더 이상 통하지 않는다는 것을 인정해야 한다. 창업자에게는 특히 그렇다. 창업했을 때부터 성공적이었던 스킬, 습관 등을 하루아침에 바꾼다는 것이 쉽지 않다. 그렇지만 효용이 다한 스킬과 습관을 빨리 버려야 한다. 이것이 기업성장에 따라 창업자에게 요청되는 변화이다.

2) 창업자가 성장 규모를 따라가지 못하는 이유

미국의 경영 컨설턴트인 햄(Hamm)에 의하면, 스타트업 창업자들에게 다음 4가지 경향이 있다고 지적한다. 그 4가지 속성은 다음과 같다.

(1) 동료들에 대한 의리(loyalty to comrades)

창업할 때에는 소수의 정예부대가 있었다. 너무나도 힘들게 일해준 고마운 사람들이다. 죽음의 사선을 넘나들던 전우이다. 그 전쟁에서 나와 전우가 같이 피를 흘렸다. 그리고 살아남았다. 이래서 그 사람들에게 충성심을 갖게 된다. 그런데 이러한 충성심은 기업이 커지면서 또 새로운 시장에 진출하면서 하나의 부채가 되곤 한다. 사선을 넘던 시절에 너무나 큰 가치를 두고 있기 때문이다. 이것 때문에 아무것도 보이지 않는 경우도 많다.

(2) 일 중심적 사고(task orientation)

창업자는 창업 후 일을 한시도 잊을 수 없다. 특히 제품을 시장에 출시하는 것 같은 일들은 상당한 정성과 노력이 필요하다. 그런데 이 일 중심의 사고와 비전은 기업이 커지면서 기업의 장래를 잘 모르게 만들기도 한다.

(3) 한 가지에 집착(single-mindedness)

한 가지에 집착하는 것은 혁신제품을 세상에 내어놓은 기업가의 중요 자질이다. 그런데 이것이 바로 부담이 된다. 기업이 커질수록 다양한 세상을 보아야 하고 이해해야 한다. 하지만 벤처기업가들은 자신의 자질을 그대로 지속하려고 하기 쉽다.

(4) 혼자서 일하는 습관(working in isolation)

혼자서 모든 일을 할 수 있는 것 역시 천재적인 기술자로서 훌륭한 자질이다. 그러나 이는 '벤처성장'과 잘 어울리지는 않는다. 성장하는 벤처에게 필요한 것은 고객을 이해해야 하고, 시장을 예측해야 하며, 경쟁자를 분석해야 하는 것들이다. 이때의 경영자는 다른 사람의 의견을 잘 들어야 하고, 다른 사람들 속에서 자신의 견해를 다듬을 준비가 되어 있어야 한다. 조직 구성원들, 고객, 다양한 이해관계자들과 교류하는 능력이 성장하는 기업의 리더로서 요청되는 자질이기 때문이다.

이런 4가지 경향들로 인해 스타트업 창업자는 자신을 성장에 적응시키지 못하는 성장 문제를 맞게 된다. 이 문제를 슬기롭게 극복하는 것이 창업자에게는 큰 과제이다.

11

투자 회수

1. 회수(exit)란 무엇인가
2. 회수의 방법
3. 기업매각과 인수합병에 대한 심층 이해

1 회수(exit)란 무엇인가

스타트업에게는 투자유치 못지않게 그 투자금이 회수되는 방안도 중요하다. 회수란 창업 이후 발생한 투자액을 보상받는 것을 말하며, '엑싯(exit)'이라고 불린다. 투자를 회수할 때 기존 투자액에 그 투자에 대한 위험수당인 프리미엄(premium)이 추가되는 것이 일반적이다. 이 프리미엄은 창업자에게는 창업과 관련된 기술, 아이디어, 정열, 집념, 노력의 대가이며, 투자자에게는 투자선택과 그 투자의 위험감수에 대한 자본이익(capital gain)이 된다. 회수는 벤처자금의 순환과정의 마지막 단계(exit)에 해당한다. 즉, 벤처자금이 궁극적으로 추구하는 마지막 결실이 나타나는 단계이다.

엔젤투자자 혹은 벤처캐피탈(VC)이 투자할 때는 회수전략을 염두에 두기 마련이다. 특정 기간 내에 회수 계획이 없거나 가능성이 없어 보이는 경우 투자 유치는 불가능하다고 보아야 한다. 회수할 만한 역량과 잠재력이 있어야 하며, 또 꾸준히 성장할 수 있는 근성, 뚝심, 도전의식 등이 동반되어야 한다.

2 회수의 방법

스타트업의 투자 회수는 기업공개(IPO)와 기업매각을 통해 발생한다. 이 두 방법은 기업공개시장인 주식시장(예 : 코스닥시장)의 조건에 영향을 받는다. 즉, 코스닥시장의 활성화 조건에 의해 회수 가능성과 회수 결과는 달라질 수밖에 없다.

많은 스타트업이 기업공개(IPO)를 우선 생각하지만, 실제로는 기업매각에 의한 회수의 비중이 더 높다. 미국의 경우 기업매각의 비중이 80%를 넘어서고 있다. 우리 경우도 이 추세를 따를 수밖에 없는 상황인데 기업매각 시장이 아직 미발달되어 투자 회수에서 해결해야 할 과제가 남아 있다.

스타트업의 입장에서는 기업매각을 선택하는 것은 단기적인 회수 방안이며, IPO를 선택하는 것은 장기적인 방안이 된다. 스타트업에게는 기본적으로 IPO가 정석이다. 그 이유는 IPO가 성공하는 경우, 수익이 매각에 의한 것보다 높아지기 때문이다. 미국의 경우 약 4~8배 높아진다고 알려진다. 이 때문에 미국의 벤처투자조합 펀드들은 일반적으로 4~5년 후 IPO 할 수 있는 기업을 찾는다고 알려진다. 여기서도 IPO의 가치가 다시 드러난다. 그러나 모든 스타트업이 IPO에 성공할 수 없다는 사실도 기억해야 한다. 스타트업이 성장세가 확실하면, IPO를 선택할 가능성이 높아진다. 그러나 스타트업의 성장에 보장이 없으면, 기업매각에 대해 적극성을 보일 수 있다. 물론 인수합병시장과 기업공개시장의 상황에 따라 전략이 달라질 수 있다.

1) 기업공개(IPO) : 상장(上場)

기업공개는 스타트업에게 큰 사건이다. 투자자인 벤처캐피탈에게도 마찬가지다. 기업공개는 투자수익을 실현한다는 큰 의미가 담긴 수단이다. 벤처기업가 혹은 창업자에게는 회사 가치에 대한 공개적 인정이라는 사회심리적 보상이 제공되며, 또한 지분가치를 실현할 수 있는 틀이 마련되는 것이다.

실제로 IPO(Initial Public Offering)는 창업자에게 엄청난 부를 주며 예비창업자들의 선망이 된다. 그런데 기업공개(상장)는 매우 어려운 목표일 뿐만 아니라 주식시장 상황에 따라 가능성도 변한다. 미국에서도 2001년도 10월, 인터넷 버블이 한창 꺼지는 시점에서 단 하나의 벤처기업도 IPO를 하지 못했다는 지표가 그것을 잘 말해준다.

미국 나스닥(NASDAQ)시장은 기업공개시장의 대표적 상징물이다. 이 나스닥시장은 1971년 첫 거래가 시작되어 현재에는 인텔, 구글, 애플, 마이크로소프트, 시스코 등의 약 5천여 개의 기업이 상장된 신생 첨단기업 중심의 거래시장으로 성장했다. 많은 국가에서 이 나스닥시장을 모방하여 첨단기술기업의 공개시장으로 활용하고 있다. 우리나라의 코스닥시장도 나스닥시장의 한국판 모델이다.

(1) 기업공개의 이득

기업은 주식시장에 상장하면 다양한 편익을 누릴 수 있다.

첫째, 기업은 추가자금조달을 위해 주식시장을 포함한 다양한 자금원을 활용할 수 있게 된다.

둘째, 시장에서 기업에 대한 인지도가 높아진다.

셋째, 기업의 성과에 따라 주식가격이 상승할 수 있고 이로 인해 금전적 이익을 얻을 수 있다.

(2) 기업공개의 책임과 불편한 점

첫째, 미공개 기업일 때와 달리 일반 주주들(public)의 투자대상이 되므로, 투자자 보호를 위해 규제기관으로부터 관리를 받을 수 있다. 또한 일반 주주들로부터 정보 공개 요청을 받을 수 있다.

둘째, 기업공개 후 주식시장의 시장 변동에 위한 위험을 맞는다.

셋째, 기업공개 자체는 상당한 비용이 발생한다.

넷째, IPO(기업공개)를 했다고 해서 즉각적으로 지분을 현금화할 수 있는 건 아니다. 벤처캐피탈과 같은 대규모 투자자들은 지분매각에 대한 규제가 있다. 벤처캐피탈은 기업공개 후 일정 기간 지분을 매각할 수 없는 기간이 있는데, 이를 매각제한(lock-up) 기간으로 부르며 그 기간이 지난 이후에나 현금화가 가능하다.

(3) 매각제한 : 록업(lock-up)

스타트업이 상장할 때 공개 이전에 주식을 가지고 있던 내부자들의 지

읽어보기 드롭박스 및 넷플릭스의 IPO 사례

드롭박스(DropBox)는 2018년 3월 23일 나스닥시장에서의 상장 당시 공모가는 주당 21달러였다. 상장 첫날 주당 28달러 42센트로 마감하면서 기업가치 120억 달러로 껑충 뛰어오른다. 드롭박스는 2007년 샌프란시스코에서 창업한 스타트업으로, 창업 후 11년 만에 IPO에 성공한 것이다. IPO 때, 창업자이자 CEO인 드류 휴스턴(Drew Houston)의 지분은 24.4%였고, 벤처캐피탈인 세콰이어캐피탈이 24.8%였다.

1997년에 창업한 '넷플릭스(Netflix)'는 2000년에 나스닥 상장에 성공한다. 인터넷이 활성화되던 초기 시점에 영화 대여의 패러다임을 바꾼 사업으로 유명한데, 캘리포니아 로스가토스에 본부를 두고 있고, 리드 헤이스팅스(Read Hastings)와 마크 란돌프(Marc Randolph)가 공동 창업했다.

분매각을 일정 기간 동안 제한하는 제도가 바로 매각제한(lock-up)제도이다. 매각제한을 두는 목적은 등록 후 시장조성과 내부자의 불공정거래방지 두 가지로 요약된다. 등록 후 시장조성의 목적은 등록 직후 대량 매도물량의 출시를 방지하여 갑작스러운 주가 하락을 막고자 하는 의도이며, 내부자의 불공정거래방지 목적은 기업공개를 통해서 내부자가 불공정거래를 하여 부당이득을 얻는 것을 방지하려고 하기 때문이다.

(4) 기업공개(IPO)와 관련된 사항

① 주식중개인(underwriter)에 대한 이해

주식이 일반인에게 공개되기 이전에 회사로부터 주식을 구매하는 중개인이다. 이때 주식은 공개 가격보다 약간의 할인이 되는데, 이를 보통 스프레드(spread)라고 불린다. 대략 그 할인비율은 4~7% 정도이다. 이 할인은 중개인이 감당하는 비용 및 위험부담의 대가로 인정하는 편이다. 일반인들이 주식을 사기 전까지 중개인은 주식을 보유한다. 그런데 실제 IPO 시장에서 중개인들은 전체 공개주식의 사전구입의사를 확인하기 전까지는 적극적인 매입을 하지 않는 편이다. 어떤 면에서는 중개인이 구입하는 기간은 극히 적다. 오직 장부상의 시간만 존재하는 경우도 있다.

이 주식중개인은 신디케이트(syndicate)를 구성해서 중개역할을 맡는다. 일종의 위험을 분산시키는 노력이다. 여러 사람이 힘을 합치면 투자자 집단을 보다 잘 확보할 수 있을 것이라는 기대에서 출발한다. 신디케이트를 구성하는 중개자(investment bank)들은 서로 협력하며 투자자를 모집하며, 이때 도와준 상대방이 중개하는 IPO 건에 도움을 주는 상호부조의 체계를 갖추게 된다. 이 신디케이트는 일종의 네트워크 협력체이다.

② 협약서(Private Placement Memorandum : PPM)

협약서(PPM)는 IPO에 참여할 투자자들이 알아야 할 모든 것을 설명해 놓은 문건이다. PPM은 첫째, 회사의 공식적 설명, 둘째, 미래 투자에 연관되어 모든 생각해 볼 수 있는 위험의 묘사, 셋째, 기업의 재무정보에 대한 정확한 설명, 넷째, 사업의 본질에 대한 정확한 묘사 등 4가지 목적을 가지고 있다. 위의 네 번째 목적이 사실상 작성하기 매우 어렵다. 이에 대해서 객관적 사실과 데이터가 준비되어야 하며 부분적으로 주관적 평가도 기술적으로 사용될 수 있다. 창업자(경영자) 개인의 주관이 너무 많아도 곤란하다.

PPM이 작성되면 IPO를 위한 로드 쇼(road show) 등이 추진되며, IPO를 위한 제반 회계 혹은 법률 측면의 준비도 있어야 한다. IPO 때에 가장 민감한 사안은 아무래도 기업가치(valuation) 평가일 것이다. 대부분의 일반 투자자들은 사실에 입각한 가치(facts drive valuation)라고 믿는다. 정확한 인과관계가 성립하려면 그래야 한다. 그러나 현실 세계에서 기업가치는 수식계산의 결과가 아니다. 사실(fact)에 입각한 것도 아니다. 사실보다는 감정(emotion)과 지각(perception)에 따라 결정된다.

2) 기업매각

투자 회수의 궁극적인 목표는 기업공개이지만 기업공개가 여의치 않을 경우 기업매각은 매우 중요한 통로가 된다. 벤처캐피탈의 입장에서는 투자에 대한 수익을 얻는 것이 목적이므로 기업공개를 목표로 하다가 상황에 따라 기업매각에 의한 투자 회수로 전환하는 것이 당연하다. 벤처창업자 혹은 일반 주주의 입장에서는 기업공개(IPO)와 M&A 간 저울질이 가능하다. 스타트업 측에서 매각을 선호하게 되는 것은 기업공개가 가지는 단점 때문일 것이다. 특히 기업공개의 불확실성이 높다고 예상되면 매각을 선호할 것이다. 실제로 스타트업계에서 일약 신데렐라로 등극하는 사건은 기업매각을 통해 발생한다.

구글, 애플, 페이스북 등 테크-자이언츠들이 많은 스타트업들을 인수하는 것에 주목해야 한다. 그들은 기술의 변곡점에 대응하여 사업영역을 선점하는 전략을 펼치고 있다. 스타트업 입장에서도 IPO가 쉽지 않은 상황이므로 자본력을 가진 매수 주체가 매수 의도를 갖는 것은 스타트업에게는 큰 희망이 된다.

(1) 기업매각의 장점

기업매각의 경우에는 기업공개 시 수반되는 여러 제약조건 없이 즉각 현금화할 수 있다. 주식시장에서 초래되는 변동성을 벗어나 안정성을 확보할 수 있다. 만약 기업매각의 방법이 주식 맞교환(swap)이면 주식시장과 여전히 연관되겠지만 일반적으로 인수자 쪽이 안정성이 높으므로 스타트업 입장에서는 기업공개보다 시장변동에서 나오는 위험에 덜 노출된다.

첫째, 인수합병시장에서의 회수는 투자기업이 독자생존이 어렵거나 퇴출 경로가 불확실할 때 기업가치를 덜 손상시키면서 자금을 회수할 수 있다는 점이다. 둘째, 주식시장이나 경기변동에 덜 민감하여 회수 가격의 변동폭이 심하게 변동하지 않는다는 점이다.

읽어보기 스타트업의 매각 스토리(벤처판 신데렐라의 탄생)

'**유튜브**(YouTube)'는 2006년 10월 구글(Google)에 인수되었다. 거래가격은 16억 5천만 달러(약 1조 9천억 원)에 달했다. 유튜브도 처음에는 고전했다. 구글이 인수한 이후에도 만성적자에 허덕였지만 구글은 유튜브 사업에 계속 투자했다. 2015년 이후 유튜브는 큰 매출을 올리고 수익도 점차 확대해 가고 있다. 적자에 허덕이더라도 확신을 다지며 끈기를 갖고 투자를 지속했던 면에서 '기업가정신'의 한 단면으로 해석된다.

'**인스타그램**(Instagram)'은 2014년 10억 달러에 페이스북(Facebook)에 인수되었다. 창업 후 2년도 채 안 되는 시점이었고, 직원도 13명에 불과했던 시점이었다.

인공지능 분야에서도 기업매각을 통해 일약 '스타트업판 신데렐라' 반열에 오른 사례가 적지 않다. 알파고의 바둑으로 전 세계를 놀라게 했던 프로그램 딥마인드를 발명한 스타트업인 '**딥마인드**(DeepMind)' 기업은 2014년에 구글(Google)에 매각됐다. 매수가격은 5억 7천만 달러(약 6천5백억 원)에 달했다. '딥마인드'의 창업자인 '데이스 허사비스'는 인공지능의 아버지라고 칭송을 받을 정도다. 이보다 2년 앞서 매각된 '**에비테크놀로지**' 기업은 2012년에 아마존(Amazon)이 매수했으며 매수금액은 2천6백만 달러(약 297억 원)이었다. 이 스타트업의 창업자들도 케임브리지 대학 출신들이다.

기업매각 제안을 뿌리치고 사업을 지속하면서 기업가치를 더 높인 사례도 있다. 대표적으로 '**위워크**(WeWork)'가 그렇다. 이 기업은 미구엘 맥켈비와 레베카 노이먼이 공동 창업한 스타트업으로 2010년에 창업한 후 7년 만에 200억 달러(약 22조 원)를 상회하는 가치를 가진 기업으로 성장했다. 거대한 금액의 매수 제안이 있었지만, 이를 거절한 바 있다. 뉴욕 맨해튼에 본사가 있고, 서울을 비롯해서 전 세계 위워크 멤버는 11만 곳이 넘는다.

(2) 기업매각의 단점

기업매각은 기업공개에 내포된 위험을 회피하려는 목적으로 선택되기도 한다. 이 위험회피에 따르는 비용이 바로 기업매각의 단점이 된다. 말하자면, 기업공개에 비해 기업매각에서는 주식가격이 시장가치에 비해 낮게 형성될 가능성이 높고, 주식시장에서 가격상승의 수익도 포기할 가능성이 커진다.

3) 기타 회수 방법

투자 회수 방식은 미국, 유럽, 우리나라 등 각 국가별로 다양하다. 미국은 기업공개(IPO)와 인수합병(M&A) 방식이 널리 활용되고 있다. 상대적으로 다른 어느 나라에서보다 주식시장과 기업매수시장이 발달되었기 때문으로 풀이된다. 또한 기업매매를 통한 회수가 보편화되고 있다. 기업공개 방식보다 인수합병 방식이 더욱 보편화되어 있는 경향을 보이는데 이는 기업공개 주식시장보다 인수합병시장이 가지는 몇 가지 특성에 기인한 것으로 풀이된다.

유럽 국가들은 기업공개나 M&A방식 이외에 MBO, MBI, 지분매각, 환매 등의 방식이 활용되는 편이다. 기업공개시장과 M&A시장이 미국에 비해 상대적으로 덜 발달했기 때문으로 풀이된다. 이들 각 방법에 대해 살펴보자.

① MBO(Management Buy-Out)는 기존 경영진 인수의 의미로서 기존 경영진에게 지분을 매각하여 사업부문을 내보내는 방식인데, 이 지분매각에서 투자 회수가 발생하게 된다. 지분을 인수하는 기존 경영진은 이때 담당직원들을 대동하는 경우도 있다.

② MBI(Management Buy-In)는 현재 경영진만으로는 기업인수가 어려워서 외부로부터 경영진을 새롭게 영입하여 경영권을 이양하는 방식인데, 이 경우 투자자금은 새롭게 영입되는 경영진에게 매각하게 된다.

③ 지분매각(Trade Sales)은 어느 정도 성장하고 있는 벤처기업의 지분을 대자본(예, 대기업)에게 매각하는 방식이다. 인수합병의 기업매각과 상당히 유사한 방식이다. 유럽에서는 이 지분매각 방식이 가장 보편적인 회수방식으로 자리 잡고 있다고 한다.

④ 환매(Buy-Back)는 벤처캐피탈이 투자한 지분을 사전에 정한 가격과 조건으로 벤처기업에 매각하는 것으로, 스타트업에게 도덕적인 문제가 발생했거나 경영성과가 호전되지 않을 경우 벤처기업에 책임으

로 전가하기 위해 벤처캐피탈의 지분이 스타트업에게 매도되는 방식이다.

3 기업매각과 인수합병에 대한 심층 이해

1) 인수합병의 개념

인수합병(M&A)은 기업경영의 지배권에 영향을 가져오는 일체의 경영행위를 말한다. M&A는 합병(merge)과 인수(acquisition)라는 두 단어의 합성어로서, merge는 두 기업이 하나로 합쳐지는 것을, acquisition은 타 기업을 인수(매수)하는 것을 뜻한다.

합병(merge)은 대상기업이 하나로 합하여 단일회사로 되는 것을 의미하며, 여기에는 흡수합병과 신설합병이 있다. 흡수합병은 어느 한 회사가 다른 회사를 흡수하여 합병하는 것이며, 신설합병은 두 기업이 합병하여 제3의 신설기업이 되는 유형을 말한다.

인수(acquisition)는 인수기업이 피인수기업의 주식 및 자산의 취득을 통하여 경영권을 인수하는 것을 말한다.

일반적인 M&A가 성립하기 위해 매도·매수되는 대상물에는 주식, 영업내용, 자산 등이 있다. 이를 각각 주식 양·수도(讓·受渡), 영업 양·수도, 자산 양·수도라고 표현한다. 이 중에서 통상적인 M&A로 인식되는 것은 주식 양도·양수에 의한 방법이다. 특히 스타트업의 인수합병은 주식의 양·수도 혹은 교환을 통해 발생한다.

2) 인수합병의 의의

스타트업에게 인수합병의 첫 번째 의미는 투자 회수의 통로라는 점이다. 모든 스타트업이 기업공개(IPO)를 통해 투자 회수가 이루어질 수는 없다.

오히려 기업의 매도에 의해 투자자금의 회수가 이루어지는 경우가 많을 수밖에 없다. 미국의 사례들이 이를 잘 보여준다. 미국 벤처캐피탈의 경우 M&A를 통한 회수가 80%를 넘어선다. 우리나라의 경우 전통적으로 인수합병시장이 매우 취약한 것으로 평가되나, 향후 기업구조조정과 벤처기업의 투자 회수 통로로서의 필요성에 의해 시장의 확대가 예견된다. 이렇듯 M&A는 벤처캐피탈의 투자자금 회수와 구조조정을 원활히 수행한다.

두 번째 의미는 첨단기업의 성장전략이 된다는 점이다. 사업단위를 인수함으로써 기업을 확장해 나가는 것을 의미한다. 대표적으로 미국의 시스코시스템즈(Cisco Systems)는 활발한 기업매수를 성장전략의 핵심으로 성장했으며, 구글, 애플, 페이스북 등 테크-자이언츠에서도 많은 스타트업 인수가 발생하고 있다.

3) 인수합병의 동기

한 기업이 다른 기업을 인수·합병하는 동기는 매우 다양하다. 여기서는 경제적 동기와 전략적 동기로서 분류하여 살펴보기로 한다.

(1) 경제적 동기

인수합병의 경제적 동기란 기업 간 결합을 통해 공유되는 요소에서 얻게 되는 규모의 경제와 비용의 감소를 통해 효율성을 달성하고자 하는 동기를 의미한다. 구체적으로 표현하면, 경제적 동기는 주로 합병에 의해 규모의 경제를 통한 비용의 감소와 수익향상이라는 효율성 향상 동인에 초점을 두고 있다.

(2) 전략적 동기

전략적 동기는 비용의 감소 혹은 단기적 수익확보 측면보다는 기업의 장·단기적인 성장이나 확대전략의 수단으로서 M&A에 임하는 동기를 말한다. 기업간 인수합병은 결합의 시너지효과를 통한 효율성의 달성뿐만 아니라 기업의 핵심역량의 강화를 위한 핵심자원의 확보를 위해 인수합병이 발생할 수 있다. 이러한 의미에서 기업이 전략적인 의도에서 인수합병을 한다는 것은 비록 단기적으로 비용이 발생하더라도 장기적인 관점에서 전략상 우위를 점할 수 있으면 기업은 인수합병을 선택하게 된다. 여기서 전략적 의도는 기업의 성장, 확대전략과 밀접한 관련을 가지고 있다.

4) 인수합병의 유형

(1) 우호적 M&A와 적대적 M&A

우호적 M&A는 당사자들의 협의에 의해 인수합병이 진행되는 것을 의미한다. 반면 적대적 M&A는 준비과정에서 많은 시간과 공격 및 방어에 비용이 소요되며, 일부 사회적 문제가 되기도 한다. 그러나 최근 M&A 활성화를 위하여 적대적 M&A를 허용, 이를 위한 사모(私募)펀드까지 허용하고 있다. M&A를 목적으로 취득한 주식은 6개월 정도 양도가 제한된다.

(2) 수평적 M&A와 수직적 M&A

수평적 M&A는 동일한 제품이나 유사한 제품을 생산하는 기업 간 합병을 말하며, 수직적 M&A는 계열관계에 있는 제품을 생산하는 기업 간의 합병을 말한다.

(3) 개별교섭, 공개매수(TOB)

개별교섭은 공고과정을 거치지 않고 매수자를 구하는 방법이다. 반면 공개매수는 증권거래법상 장외시장에서 일정 기간, 일정 가격으로 매수·매도할 것을 공고한 후 시장 밖에서 주식을 대량 매수하는 것을 말한다.

5) 스타트업의 인수합병

벤처기업의 경우 M&A는 기업의 생존전략이자 성장전략이라는 인식이

〈표 11.1〉 M&A의 유형

구분	내용			
거래의사	우호적 M&A		적대적 M&A	
결합형태	수평적 M&A	수직적 M&A	복합적 M&A	
교섭방법	개별교섭		공개매수	
결합주체	국내 M&A(In In)		국외 M&A(In Out)	
법적형식	자산취득	주식취득	합병	위임장 쟁탈
결제수단	현금	주식교환	LBO	복합

출처 : 윤종훈 외, M&A를 알아야 경영을 할 수 있다(2000).

자리 잡으면서 M&A에 대한 인식이 전환되고 있으며, 또한 벤처업계의 자금난, 코스닥시장의 침체 등이 겹치면서 투자 회수(exit)전략으로 IPO보다 M&A에 대한 관심이 높다.

우리나라에서 인수합병은 회수 통로로서의 실적은 낮은 편이다. 이러한 실적저조에도 불구하고 인수합병의 목적과 방법은 다양해지고 있다. 자본과 기술의 시너지 추구라는 단순공식에서 고객 공유, 영업과 마케팅 공조, 신규사업 진출, 해외시장 진출, 조인트벤처 설립 등으로 확대되고 있다. 또 국내 벤처기업 간 공조에서 중소기업, 대기업, 해외기업, 마케팅 전문기업 등 폭도 점차 확대되고 있는데 그 이유는 다음과 같다.

첫째, 재무적 측면에서 유력 벤처기업 간 M&A는 기업가치를 높이는 중요한 수단이 되고 있다. 이는 유력 벤처들이 전략적 제휴를 발표하면 주가가 오르는 데서 알 수 있다.

둘째, 기술적인 이유 때문이다. 신기술과 새로운 비즈니스 모델이 속속 개발되면서 벤처기업의 노하우는 점차 라이프사이클이 짧아지고 있다. 특히, 인터넷 기업의 사업방식은 모방하기 쉽고 별다른 보호장치가 없기 때문에 M&A를 통하여 기술과 아이디어를 공유할 공간이 넓은 편이다.

셋째, 인터넷 관련 벤처사업의 고유한 특성에서 비롯된다. 인터넷 사업은 얼마나 고객을 많이 확보하느냐에 따라 성공 여부가 결정된다. 많은 포

〈표 11.2〉 **거래형태로 본 인수합병(M&A)의 유형**

유형	내용
자산인수 (Asset Acquisition)	기업재산의 전부 또는 일부를 개별적으로 이전받는 것
영업양도	사실관계를 포함한 영업재산의 총체적 · 포괄적 양도
주식인수 (Stock Acquisition)	다른 회사의 지분취득
주식스왑 (Stock Swap)	자신이 보유하는 주식의 일부를 제휴회사의 주식과 맞교환하거나 투자유치의 수단으로 주식을 받는 것
백도어 리스팅 (Back Door Listing)	비상장 · 비코스닥 등록기업이 상장 · 코스닥 등록기업의 주식을 인수하여 경영권을 장악한 후 비상장 · 비코스닥 등록기업을 합병함으로써 간접적으로 상장시키는 형태
A&D (Acquisition & Development)	기존기업의 인수 후 신기술을 습득 · 개발하여 기업을 변신시키는 기법, 즉 인수 후 개발 또는 인수개발
P&A (Purchase & Assumption)	자산인수의 특수한 형태로, 자산과 부채를 인수 · 매각하되 매도기업(판매기업)의 일부 자산과 부채를 분리하여 인수 · 매각하는 것

출처 : 윤종훈 외, M&A를 알아야 경영을 할 수 있다(2000).

털업체들이 다양한 콘텐츠 확보를 위해 여러 사업을 인수했던 것이 그 예이다.

거래형태별로 본 인수합병의 유형은 〈표 11.2〉와 같이 자산인수, 영업양도, 주식인수, 주식스왑, 백도어 리스팅, A&D, P&A 등 7가지 유형이 있다.

6) 인수기업에 대한 파이낸싱(financing) 방법

(1) LBO(leveraged buyouts)와 MBO(management buyouts)

LBO는 차입매수라고 하며, 기업 내의 경영자 그룹뿐만 아니라 외부의 다양한 회사, 개인투자자, 투자그룹 등에 의해 사용될 수 있는 특이한 조달 및 매수기법을 말한다. 투자자들이 차입을 통한 자금조달을 하여 대상기업의 전체 주식 및 정크본드를 발행한다. 인수대상 기업의 자산을 담보로 자금을 차입하고 대상기업을 인수한 후 동 기업의 이익금이나 인수한 자산의 매각대금으로 차입금을 상환하는 인수방식을 말하기도 한다.

MBO는 기업 내 경영자들의 주도로 매입한다는 점에서 차이는 있지만 그 외의 사항은 대체로 LBO와 유사하게 진행된다.

(2) 벌처펀드(vulture fund)

벌처(vulture)란 대머리 독수리라는 뜻으로, 독수리가 썩은 고기를 깨끗이 먹어치우는 습성에서 유래되었다. 부도나 화의 등 최악의 경영위기에 봉착한 부실기업을 인수해서 적절한 경영정상화 조치를 실행한 후 기업의 가치가 상승하면 되팔아서 수익을 올리는 펀드이다. 우리는 벌처펀드에 대한 명확한 법률적 규정이 미비해서 활성화 정도는 낮은 편이다.

(3) 출자전환(debt-equity swap)

채권자가 갖고 있는 채권을 주식으로 전환함으로써 채무 자회사의 원금 및 이자상환 부담을 면제하고 기업의 고유영업을 유지하여 산출된 이익으로 대출채권 추심의 재원으로 활용하는 것을 의미한다.

12

기술사업화 전략

1. 기술사업화의 개념
2. 기술사업화의 과정
3. 지적재산(intellectual property)
4. 기술협력 전략

1 기술사업화의 개념

1) 기술사업화의 개념

기술사업화(technology commercialization)는 연구로부터 창출된 지식을 새로운 또는 개선된 제품, 공정 및 서비스로 변환시키고 이들을 경제적 이득을 창출하기 위해 시장에서 판매하는 과정으로 정의된다. 일반적으로 기술사업화는 신제품 개발보다 폭넓은 개념으로 인식된다.

기술사업화는 기술의 생산, 획득 및 관리를 담당하는 1) 기술자산 관리활동과 기술자산을 활용하여 재무적 수익을 창출하는 2) 기술가치 창출활동으로 구분될 수 있다.

기술자산 관리에는 연구개발과 같이 회사가 직접적으로 기술자산을 창출하는 경우와 공동연구, 기술구매, 라이선싱 등을 통해 외부로부터 기술자산을 획득하는 경우를 포함한다. 더불어, 기술가치 평가, 연구개발 및 지적재산권의 포트폴리오 계획, 연구개발 조직의 구성 및 운영, 기술사업화 프로세스 및 전략 구축 등의 기술자산 관리활동도 포함하게 된다.

기술가치 창출활동에는 보유한 기술자산을 활용하여 수익을 창출하기 위한 제반 활동이 포함된다. 내부의 신제품 개발 프로세스에 적용하는 방법을 포함하여, 스핀오프를 통한 자회사 설립, 기술 이전, 특허판매나 라이선싱, 인수합병 및 전략적 제휴 등이 포괄적으로 포함된다.

사업에서 기술의 중요성이 커지고 있으나, 현실적으로 기술사업화를 성공적으로 실현하는 것은 결코 쉽지 않다. 더욱이 성공과 실패를 구분하는 요인이 무엇인지에 대한 명쾌한 해답도 찾기 어렵다. 기술사업화는 기술적 관점에서의 혁신을 경제적 관점에서의 가치창출로 변환하는 과정이므로, 기술혁신에 대한 이해와 사업화 과정에 대한 이해가 치밀하게 결합되어야 하기 때문이다.

2) 기술혁신과 사업개발

기술사업화는 혁신적인 기술의 개발 혹은 확보가 선행되어야 한다. 따라서 기술사업화에 대한 이해에 앞서 기술혁신에 대한 몇 가지 주요 이론들에 대하여 살펴볼 필요가 있다.

(1) 기술혁신의 유형

기술혁신은 혁신의 대상에 따라 제품혁신(product innovation)과 공정혁신(process innovation)으로 나눌 수 있다. 제품혁신은 기술혁신의 결과가 제품에 내재되는 경우를 의미하며, 제품의 성능향상이나 새로운 서비스 및 기능이 추가되는 형태로 나타난다. 반면 공정혁신은 일반적으로 제품 자체의 변화가 없이 제품을 만드는 방법을 효율화하는 경우를 의미한다. 제품혁신은 그 결과를 소비자가 쉽게 알 수 있는 반면, 공정혁신은 원가절감이나 품질개선 등으로 나타나 시장에서의 가시성이 크지 않다.

또 다른 분류방법은 점진적 혁신(incremental innovation)과 급진적 혁신(disruptive innovation)으로 구분하는 것이다. 점진적 혁신은 기존 기술의 문제점을 단계적으로 해결하는 것으로 속도가 늦고 혁신의 정도가 크지 않다. 반면 급진적 혁신은 기존 기술의 패러다임을 파괴하는 완전히 새로운 혁신을 의미한다. 급진적 혁신은 기존 기술에 기반을 둔 산업구조와 시장의 가치사슬을 와해시켜 완전히 새로운 구조를 만든다. 일반적으로 기술혁신의 사이클은 점진적 혁신과 급진적 혁신이 반복하여 나타나는 것으로 이해된다. 급진적 혁신으로 새로운 기술 패러다임이 등장하면 점진적 혁신이 이어지며 기술의 완성도가 높아지다가 다시 새로운 급진적 혁신이 나타나면서 기술 패러다임이 변화하는 과정을 겪는다. 이러한 기술변화의 특징을 설명하는 방법으로 S곡선이 있다.

(2) 기술혁신의 패턴－S곡선

S곡선은 기술공급 측면에서 기술혁신에 대한 투입 노력 대비 성과가 나

[그림 12.1] 기술혁신의 사이클

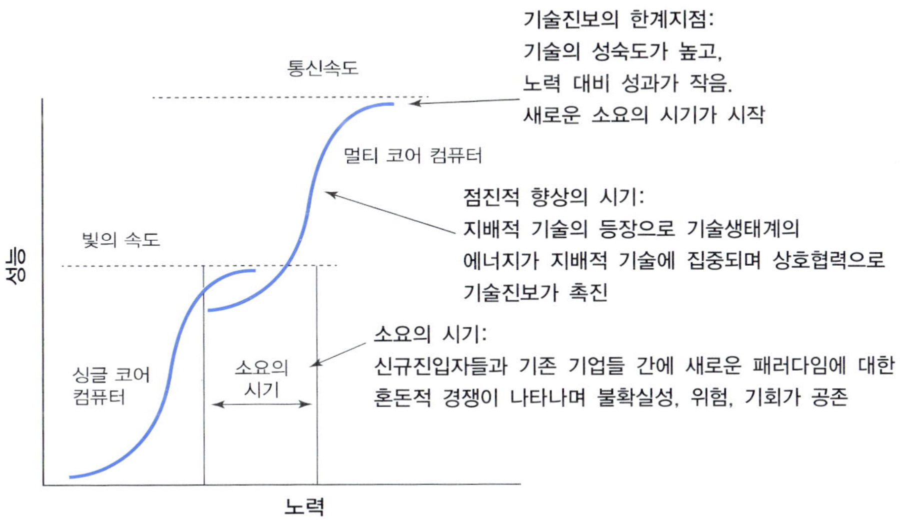

출처 : Clayton Christensen, *The Innovator's Dilemma*, New York : HarperCollins, 1997.

타나는 양상을 나타낸다. S곡선에 따르면, 기술도입 초기에는 점진적인 성장패턴을 보이다가, 특정한 임계지점을 넘어서면서 급속한 성장이 나타난 후, 궁극적으로 한계에 도달하게 된다.

S곡선이 한계에 도달하는 지점에서 기존 기술의 한계를 극복하는 완전히 새로운 방식의 기술에 대한 시도가 등장한다. 이 시기를 '기술 소요의 시기(era of ferment)'라고 부른다. 기술 소요의 시기에는 기존 기술에 기반을 둔 사업자들과 새로운 기술을 시도하는 신규 기업들 사이에서 혼돈적인 경쟁이 나타난다. [그림 12.1]에서 보는 바와 같이 기술 소요의 시기는 위험과 기회가 공존하는 시기로 기존의 시장지배자가 성장의 한계에 직면하면서 새로운 기술기반 스타트업들의 도전이 많이 나타나는 시기이다. 이 혼돈의 경쟁이 완료되면 새롭게 지배적 기술(dominant design)이 등장하게 된다. 이후 지배적 기술의 점진적 혁신이 시장지배자에 의해 빠른 속도로 이루어지

[그림 12.2] 가트너(Gartner)의 하이프 커브(Hype-curve)

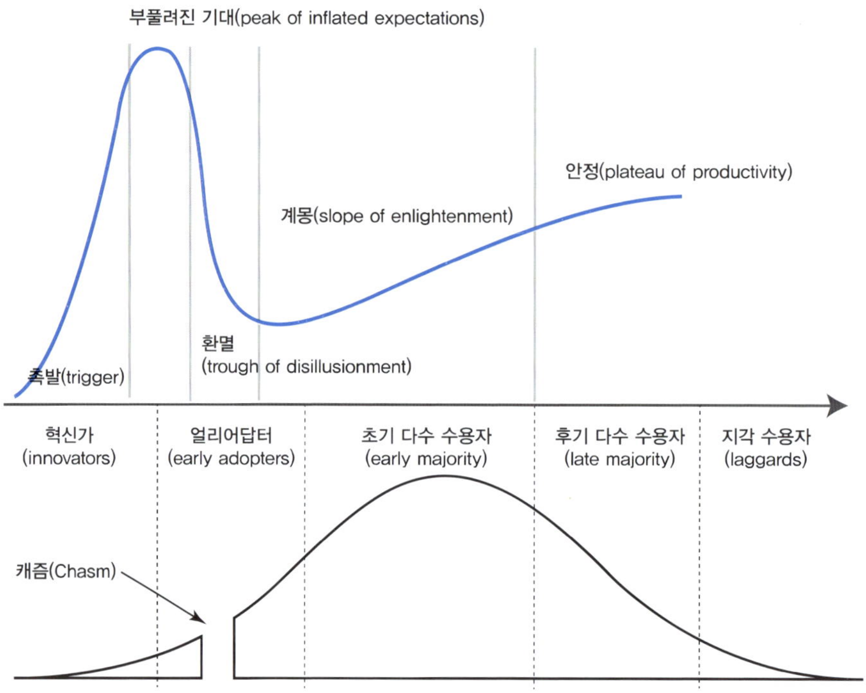

면서 해당 기술의 성능이 비약적으로 향상된다. 이러한 성장패턴은 다시 새로운 기술에 대한 시도가 등장하면서 동일한 방식으로 반복된다.

기술혁신의 S곡선은 새로운 기술의 트렌드와 시장의 기술에 대한 수용 정도를 분석하는 데 활용된다. 대표적으로 널리 알려진 것이 [그림 12.2]의 하이프 커브(Hype-curve)이다. 하이프 커브는 세계적인 시장조사기관인 가트너(Gartner)가 매년 발표하는 것으로 최근 기술의 동향을 읽는 데 도움을 준다.

하이프 커브는 기술 트렌드를 크게 ① 기술촉발(trigger), ② 부풀려진 기대(inflated expectation), ③ 환멸(disillusionment), ④ 계몽(enlightenment), ⑤

안정(plateau of productivity)의 다섯 시기로 구분한다. 각 시기의 특징은 다음과 같다.

① 기술촉발의 시기(Technology trigger) : 이 시기에는 잠재적 신기술이 관심을 받기 시작하는 시기로 소수의 혁신 주도자들에 의해 시험적으로 기술이 수용된다. 아직 상용화된 제품이 없으며 구체적인 비즈니스 모델이 발견되지 않으므로 기술의 상업적 가치가 증명되지 않은 시기이다.

② 부풀려진 기대의 시기(Peak of inflated expectation) : 이 시기는 신기술에 대한 대중의 관심이 가장 높은 시기이다. 미디어의 관심도 높다. 하지만 사업화의 성공사례는 일부이며 다수의 실패사례가 공존한다. 많은 기술기반의 스타트업들의 도전이 시작되는 시기이기도 하다. 시장에서는 일부 얼리어답터들의 관심과 지원을 받지만 대다수의 기존 기업들은 관망하는 태도를 취한다.

③ 환멸의 시기(Trough of disillusionment) : 이 단계는 신기술에 대한 실험적 제품들이 잇따라 실패하고, 기술의 사업화 가능성에 대한 부정적 시각이 팽배해지면서 시장의 관심이 시들해지는 시기이다. 얼리어답터들을 대상으로 제품화에 성공한 스타트업들이 본격적인 투자를 감행했다가 대중시장이 열리지 않아 예측하지 못한 실패를 겪게 되는 시기이기도 하다.

④ 계몽의 시기(Slope of enlightenment) : 이 단계는 기술이 최적의 응용영역을 발견하게 되고, 비즈니스 모델에 올바르게 적용되면서 수익모델이 작동하는 비즈니스들이 등장하기 시작한다. 기업들의 투자가 본격적으로 진행되며 다수의 수용자들이 제품을 채택하기 시작한다.

⑤ 안정의 시기(Plateau of productivity) : 이 단계에는 기술이 주류시장에 자리를 잡는다. 비즈니스 모델이 명확하며 시장에 대한 불확실성

이 사라진다. 점진적 혁신이 완성되고 생산성의 증가가 완만하게 지속되다가 곧 한계에 이르게 된다.

(3) 캐즘(Chasm)

기술혁신의 패턴에서 많은 스타트업들이 실패를 겪는 지점은 하이프 커브의 '환멸이 시기'이다. 제프리 무어(Jeffrey Moore)는 이 시기의 특징을 설명하는 캐즘이론을 제시하였다. 캐즘(Chasm)은 새롭게 시장에 등장한 제품이 초기시장에서 주류시장으로 진입하는 과정에서 일정 기간 동안 수요가 정체·단절되거나 후퇴하는 현상을 의미한다. 특히 첨단기술에 기반을 둔 혁신적 제품에서 캐즘의 간격이 크게 나타난다. 이는 소수의 초기소비자와 다수의 일반 소비자의 기술에 대한 태도와 구매의 결정요인이 크게 다르기 때문이다. 다수의 일반소비자들은 얼리어답터(early adopter)들과는 달리 보수적이고 회의적이다. 기술의 참신성에는 큰 관심이 없으며 유용성과 경제적 효용에만 집중하는 경향이 있다. 이러한 시장의 차이를 이해하지 못하면 새로운 기술에 환호하는 소수의 얼리어답터에 고무된 스타트업들은 쉽게 성공의 분위기에 도취되어 시장을 오판할 위험에 빠진다.

우리가 앞서 살펴본 세분시장과 고객 분석, 고객 검증의 과정이 다수의 일반소비자가 아닌 소수의 얼리어답터에 집중되었을 경우 자칫 신제품에 대한 시장의 반응을 오판할 우려가 있다. 실제로 많은 초기의 성공사례들이 캐즘을 극복하지 못하고 도산한다. 캐즘을 넘어 본격적인 다수시장이 열리기까지 버틸 수 있는 힘, 그리고 피벗을 통해서 잘못된 비즈니스 모델의 가설을 수정하는 과정을 거치지 못한다면 스타트업들은 이 시기에 실패에 직면할 수밖에 없다. 부풀려진 기대의 시기에 대중과 미디어에 큰 관심을 받았던 초기의 성공사례가 쓸쓸히 사라지는 캐즘의 시기는 종종 죽음의 계곡(death valley)으로 부르기도 한다.

2 기술사업화의 과정

1) 연구개발 관리

(1) 연구개발의 개념

기술사업화는 기술의 개발에서 시작된다. 새로운 기술을 개발하는 과정을 연구개발(Research & Development)이라고 한다. 연구개발은 인류, 문화, 사회의 지식스톡(knowledge stock)을 확대하고 그것을 이용하여 새로운 활용방안을 고안해내는 창의적 활동을 포괄적으로 일컫는 용어이다(OECD, 2017). 연구개발은 특정한 응용을 염두에 두지 않고 순수하게 자연과 사회에 대한 지식을 높이는 기초연구(basic research)와 주어진 문제와 니즈를 해결할 목적으로 수행되는 응용연구(applied research)로 구분된다.

(2) 연구개발 관리(R&D management)

기업의 경쟁우위에 있어서 기술의 중요성이 증가함에 따라 연구개발 활동을 체계적으로 관리하려는 노력도 발전하고 있다. 연구개발 관리는 연구개발 활동에 필요한 물적 · 인적 자원을 체계적으로 관리하는 경영활동을 의미한다. 독일의 BASF가 세계최초의 기업연구소(1867)를 설립한 이후부터 2차 세계대전이 끝날 무렵까지는 연구개발 활동이 독립적인 경영관리의 분야로 인식되지 못하다가 1950년대부터 본격적인 논의가 시작되었다. 이후 세대를 거치면서 그 개념이 변모해 왔는데 〈표 12.1〉과 같이 크게 5세대로 구분할 수 있다.

초기의 연구개발 조직은 기술주도형 연구에 초점을 두면서 비교적 회사 내부의 독립적 조직으로 인식되었다. 이후 기술사업화의 중요성이 증대되면서 점차 시장주도형 연구개발 관리가 주목을 받게 되었고, 회사의 다른 영역들, 특히 신사업 개발과 관련된 부서들과의 연계성이 중시되었다. 이후 연구개발 조직의 투자대비 효용과 시장성이 높은 연구개발 포트폴리오

〈표 12.1〉 연구개발 관리의 변화

연구개발 세대		특징	연구개발 활동의 특징
1세대	1950년대	상아탑	기술주도형(technology-push) 독립조직으로 개발보다 기초 연구와 과학적 발견에 초점, cost-center로 인식
2세대	1960년대	비즈니스	시장주도형(market-pull) 조직으로 변모, 비즈니스 조직과의 연계 강조, 프로젝트 관리, 고객관점 등 중시
3세대	1970년대	포트폴리오 관리	회사의 전략단위와의 연계 강조, R&D 프로젝트의 통합적 관리, 포트폴리오 관리, 투자최적화 및 위험관리 중시
4세대	1980년대	통합적 활동	고객니즈-제품-사업모델로 이어지는 전사적 · 통합적인 활동으로 인식, 기획 · 설계 · 제조 · 마케팅 수평적 활동 중시
5세대	1990년대 이후	개방과 네트워크	기업 외부로 확장된 폭넓은 범위의 협력 추구, 연구와 개발을 분리, 기술이전, 공동연구, 특허권, 개방형 혁신 등 중시

출처 : D. Nobelius(2004), Towards the sixth generation of R&D management, *International Journal of Project Management* 22(5).

의 구축 등이 강조되었다. 최근에는 연구개발 관리의 범위를 회사 외부로 넓혀 대학, 국책연구기관, 경쟁기업과의 전략적 협력 등 보다 폭넓은 범위로 확대되고 있다.

2) 기술사업화 프로세스

기술사업화를 성공적으로 실현하는 것은 매우 어려운 일이다. 대부분의 발명은 착상단계를 벗어나기 힘들고, 출원된 특허의 대부분은 사업화되지 못한 채 남아 있다. 사업화가 시도된 기술의 경우에도 실패확률이 매우 높은 것으로 보고되고 있다. [그림 12.3]은 연구개발의 성과물을 신제품으로 개발하는 사업화 단계에서 프로젝트의 단계별 생존율을 나타낸 것이다. 조사에 따르면 3,000개의 초기 아이디어 중 1개 정도만이 제품으로 출시된다. 사업화 단계가 진행될수록 누적되는 비용도 크게 증가하게 된다. 따라서 후반부로 갈수록 프로젝트가 실패할 경우 더 큰 손실을 입게 된다.

기술사업화 프로세스의 위험을 최소화하면서 사업화 성공률을 높이기

[그림 12.3] 연구개발 프로젝트의 생존율

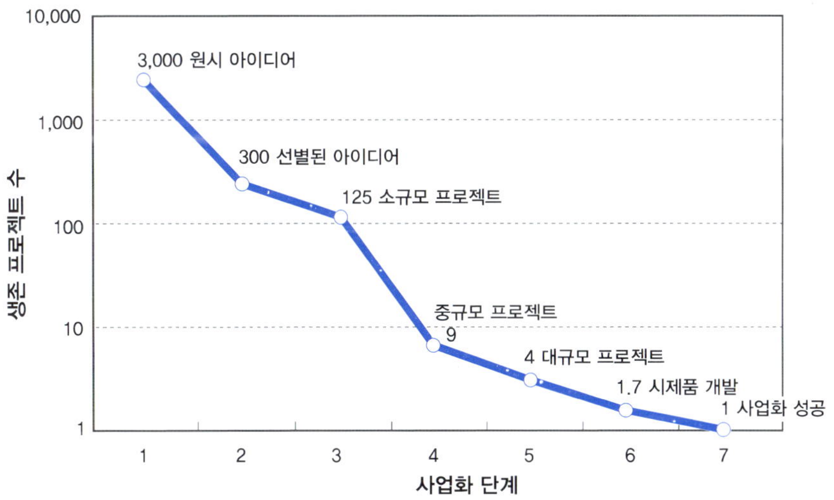

출처 : Greg Stevens et al.(1999), "Creativity + business discipline = higher profits faster from new product development," *Journal of Product Innovation Management*.

위한 여러 가지 관리기법들이 개발되었다. 관리기법은 크게 선형적 모형(linear model)과 비선형적 모형(non-linear model)으로 나뉜다. 선형적 모델은 아이디어의 착상에서 시장진입까지 선형적으로 전개되는 일련의 프로세스로 기술사업화 프로세스를 관리한다. 스테이지 게이트(Stage-gate) 모형과 골드스미스 모형이 대표적이다. 반면 비선형 모형은 1997년 졸리(Jolly) 교수의 기술사업화 모형에서 시작되었으며, 여러 단계들이 복잡한 상호작용과 피드백을 중요하게 인시하는 프로세스이다.

(1) 스테이지 게이트(Stage-gate) 모델

스테이지 게이트(Stage-gate) 모형은 1986년 미국의 로버트 쿠퍼(Robert G. Cooper)에 의하여 제안되었다. 미국 회사들의 약 70%가 채택할 정도로 널리 알려져 있는 모델이다. 스테이지 게이트 모델의 핵심은 아이디어 착

〈표 12.2〉 스테이지 게이트(Stage-gate) 프로세스

단계	명칭	주요 활동	관문
1	사전탐색 및 분석	사업범위 설정, 사전 시장조사, 사전 기술조사, 예비 사업성 평가 등 사전적 탐색활동 및 사업범위 설정	프로젝트 선별
2	개념 정의	제품개념 정의, 구체적인 기술적 이슈 도출 및 연구실 단위의 사전 연구 수행	연구프로젝트 승인
3	프로토타입 개발	프로토타입 개발, 생산과정 및 설비 시뮬레이션, 확장성 및 고객사용성 테스트, 제품 컨셉의 시연	기술 타당성 검증
4	기술개발 및 검증	파일럿 단위의 개발, 기술성능 사양 문서화 및 검사, 시장조사를 통한 수익성 테스트	사업화 타당성 검증
5	정보공개 및 사업화	양산 단계의 제조 프로세스 구축 및 사업화 추진, 시장 인프라 구축, 사업화 시연	사후검토

출처 : Robert G. Cooper et al., *Portfolio Management For New Products*, Basic Books, 2002.

상에서 시장출시까지의 활동을 5단계로 구분하되, 각 단계마다 관문(gate)을 두어 다음 단계로의 진행 여부를 체계적으로 검증하는 과정을 거친다. 〈표 12.2〉는 각 단계별 활동내용과 관문에서의 검증내용을 나타낸다. 각 관문에서는 주요 이해관계자가 참여하는 회의를 통해 설정된 의사결정 기준에 따라 이전단계의 활동내용을 평가하고, 계속, 반려, 보류, 중단 중 한 가지의 결정을 내리게 된다. 단계와 관문을 거치면서 가능성이 낮은 프로젝트를 사전에 제거함으로써 후행단계로 갈수록 높아지는 프로젝트의 위험과 비용의 낭비를 사전에 차단하는 데 초점을 둔다.

(2) 졸리(Jolly) 모델

졸리 모델은 대표적인 비선형 모델로 1997년 국제경영개발원(IMD)의 비제이 졸리(Vijay K. Jolly) 교수에 의해 제시되었다. [그림 12.4]는 졸리 모형을 도식화한 것이다. 졸리 모형의 특징은 기술사업화의 과정으로 5단계로 구분하되, 각 단계를 연결하는 4개의 가교(bridge)활동에서 전후단계를 결합하는 통합적이고 순환적인 활동이 수행된다고 보는 점이다.

졸리 모형의 5단계는 각각 착상(Imaging), 보육(Incubating), 시연(Demon-

[그림 12.4] 졸리(Jolly)의 기술사업화 모형

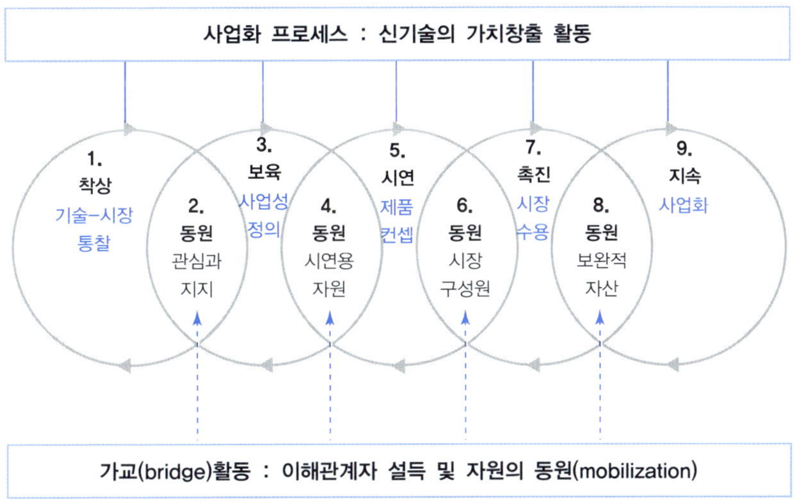

출처 : Vijay K. Jolly, *Commercializing New Technologies*, Harvard Business School Press, 1997.

strating), 촉진(Promoting), 지속(Sustaining)으로 구성된다. 각 단계는 고유의 목표를 가지며 각각의 해당 전문가 그룹에 의하여 독립적으로 수행된다.

먼저 착상단계는 기술성과와 시장니즈를 접목시켜 시장의 관심을 가질 수 있는 기술적 아이디어를 구상하는 단계이다. 보육단계에서는 착상된 아이디어의 사업화 개념을 정의하고, 시연단계에서는 시제품을 개발하여 기술적 타당성과 시장에서의 수용가능성을 가시화한다. 이후 촉진단계에서는 시장수용성을 높이기 위한 과정으로 고객에 대한 구체적인 설득과정과 신제품의 접근을 위한 시장 인프라를 구축한다. 마지막으로 지속단계는 비용절감, 품질개선, 경쟁회피 등으로 사업화된 제품이 성장할 수 있도록 한다.

졸리 모형의 특징은 각 단계를 별도의 전문조직에게 맡기되(전문화), 가교활동 전후단계의 전문가들 사이에서 긴밀한 협의와 공유를 촉진하는 데 있다. 이를 통해 프로젝트에 대한 전체 이해관계자의 참여와 지원을 독려할 수 있다. 이는 이전단계의 문제점에 대한 냉철한 분석, 후행단계로 넘어가기 위한 타당성 판단과 더불어, 프로젝트 전 과정에서 소요되는 필요 지식과 자원을 수월하게 확보할 수 있도록 한다. 즉, 가교(bridge)활동을 통해 이해관계자 그룹 간의 견해 차이로 인해 방향성을 잃거나, 충분한 자원을 확보하지 못하여 사장되는 상황, 소수의 잘못된 판단으로 인해 실패의 위험에 노출되는 경우 등을 사전에 방지하도록 한다.

3) 기업생존의 핵심전략으로서의 기술전략

지금까지 살펴본 기술사업화 프로세스는 기업이 독자적으로 기술을 개발하는 것을 전제로 한 것이다. 그러나 일반적으로 기술기반의 스타트업에 있어서 기술전략은 양면성을 갖고 있다. 하나는 자신이 독자적으로 기술을 개발하여 그 기술을 지키고 보호하기 위해 특허권을 행사하는 측면이고, 다른 하나는 빠른 기술변화 속도를 따라 잡기 위해 외부 기술과 지식을 받아들이려는 측면이다. 전자는 독자적인 기술개발능력이 강할 때, 후자는 최신 기술은 개발했더라도 지속적인 기술혁신이 필요할 때 필요한 입장으로 볼 수 있다. 그러나 현실 속의 모든 스타트업들은 이 두 가지 측면을 동시에 고려해야 할 것이다.

(1) 특허권 행사를 통한 기술보호 전략

기업 간 기술격차가 축소되고, 제품수명주기의 단축 등이 진전되면서 다른 기업에서 모방이 어려운 핵심기술을 발굴해 이를 지속가능한 차별수단으로 활용하는 전략이다. 이러한 전략을 구사하는 기업들은 핵심기술의 유출을 막기 위하여 특허를 적극적으로 출원하고, 자사의 특허를 침해한다고 판단되는 기업들을 대상으로 강력하게 법적 대응을 강구한다.

(2) 기술유출을 원천봉쇄하는 기밀유지(blackbox) 전략

특허권을 통한 기술보호 외에 기술유출을 우려해 아예 특허를 출원하지 않거나 핵심장비, 부품 등을 자체 제작하는 블랙박스(blackbox) 전략도 가능하다. LCD기업인 샤프(Sharp)의 경우 2001년 초부터 도입한 'Extreme Manufacturing'전략의 일환으로 철저한 기술유출 방지전략을 고수하고 있다. 대부분의 TFT-LCD기업들이 중국생산을 추진하는 상황에서도 샤프가 일본 내 생산을 끝까지 천명한 것도 중국으로의 기술유출을 우려한 이유에서이다. 마쓰시다(Matsushita) 역시 기술유출을 방지하기 위해 특허출원 포기는 물론 관련부서 직원이 아니면 내부 직원도 접근하지 못하게 하는 등 신기술 보호에 전력을 다하고 있다.

(3) 기술제휴 전략

특허 혹은 기밀유지 등과 같은 기술보호정책과 비교되는 전략이 '기술제휴' 전략이다. 최근 들어 사물인터넷, 초연결(hyperconnectivity) 등의 개념이 강조되면서 제품 간 연동성과 호환성이 매우 중요해졌으며, 제품이 독립적으로 존재하는 경우는 갈수록 감소하고 있다. 이렇듯 제품의 복합화·고도화가 심화되면서 각자 자신들에게 유리한 기술을 업계 표준으로 정착시키기 위해 치열하게 경쟁하는 과정에서 기업 간 기술제휴가 중요 이슈로 부각하게 된 것이다. 삼성과 소니가 2만여 건에 이르는 특허를 서로 공유하기로 합의한 것이 대표적인 예이다.

3 지적재산(intellectual property)

지금까지는 연구개발 관리, 기술사업화 프로세스, 기술전략 등을 중심으로 기술사업화의 과정에 대하여 살펴보았다. 기술사업화를 통해 시장에 진입하려는 스타트업들이 고려해야 할 중요한 전략으로 지적재산(intellectual property : IP)이 있다. 지식사회에서 지식은 가치창출의 원천이다. 과거 제조업 중심의 산업사회에서는 기계설비 및 공작물 등 유형적 생산수단과 투자재원이 부가가치 창출의 기반이었으나, 지식사회에서는 무형의 지식, 정보, 소프트웨어, 콘텐츠 등 지적재산이 그 자리를 대신하고 있다.

현재 지적재산과 그에 따른 권리는 3가지로 대별된다. 첫째, 저술·저작 행위에 기인하는 문화 활동 창작물에 대한 전통적인 지적재산권(저작권), 둘째, 근대 산업사회의 근간을 이루었던 기계·설비에 대한 기술적 발명과 실용성을 기초로 하는 산업재산권(특허, 실용신안, 의장, 상표권), 셋째, 컴퓨터 프로그램, 데이터베이스, 반도체직접회로, 인공지능, 생명과학, 전자상거래 등 과학기술의 발달로 새롭게 부각되는 신 지적재산권 등이 그것이다. 특히 신 지적재산 중에서도 IT를 기반으로 창출되는 소프트웨어, 디지털콘텐츠, 데이터베이스 등 디지털 정보재산은 21세기 지식사회의 핵심 요소다.

세계 각국은 개인의 문학적·예술적 저작물 등에 대하여는 저작권을, 기술적 사항에 대한 발명에 대하여 특허권 등을 통하여 지적재산을 보호해 왔다. 지적재산은 제작에 많은 시간과 비용 등이 소요되나 그 특성상 불법복제 및 부정이용이 용이한 편이다. 일단 불법복제되어 유통될 경우 그 피해규모는 심각한 수준에 이르기도 한다. 세계 각국은 창의적인 지적재산의 개발과 효율적인 관리에 총력을 기울이고 있으며, 이에 따라 지적재산에 대한 보호 노력은 각종 국제기구 및 국제조약을 통해 국제적 보호로 진전되고 있다.

기술기반 스타트업들에게 지적재산은 결정적인 재산이다. 지적재산권은 그 자체만으로도 저작권료 수입을 통한 고수익 확보가 가능할 뿐 아니라 표준화를 주도하거나 교차 라이선싱을 통해 한정된 자원을 효율적으로 활용하는 데 기여할 수 있다. 이러한 지적재산에 대한 보호 유형에는 저작권(copyright), 특허권(patent), 상표권(trademark) 등이 있으며, 각기 다른 방법과 원리에 의해 보호된다.

1) 저작권(copyright)

디지털 환경하에서 지적재산은 특히 저작권과 밀접한 관련이 있다. 저작권은 소프트웨어를 포함, 예술, 문학 작품과 표현의 사본제작에 대한 보호를 목적으로 한다. 즉, 저작권이라는 명칭에서 알 수 있듯이 그 주된 목적은 경쟁자들로부터 똑같은 복제물이 나오는 것을 막는 데 있다. 종래의 아날로그 환경 하에서의 사정과는 달리 디지털 기술을 이용한 복제는 더 이상 원본과 복사본의 차이점을 찾을 수 없게 되었기 때문이다.

저작권의 보호를 받으려면 그 생각이 독특하고, 가시적으로 표현(서면 혹은 테이프 등)되어야 하며, 원작자의 작품이어야 한다. 저작권은 음악, 출판, 방송 등이 카피라이트에 해당되며, 국제적인 표현인 "©"가 저작자의 이름 앞에 온다.

저작권의 지속기간은 미국의 개인의 경우 저작권자의 사후 70년까지이다. 기업의 경우에는 첫 번째 발표 이후 95년 혹은 처음 발명의 120년 중 짧은 것만큼 보호해 준다.

저작권의 단점은 아이디어가 표현된 특정의 방법(외적표현 유형)을 보호함으로써 아이디어 자체의 보호는 없다는 점과 디지털 시대에 복사 포착이 어렵다는 점이다. 즉, 저작권은 본질적인 아이디어를 보호하지는 못하며, 본질적 아이디어의 보호는 오히려 특허권 쪽에 가깝다. 특히 그 아이디어가 알고리즘으로 표현되는 것이면 특허권으로 보호가 확실하다. 그러나 컴퓨터 언어를 개발해서 저작권을 갖게 되면, 경쟁자들이 그 표현방식을 그대로 사용하는 것이 금지된다.

저작권의 가장 뚜렷한 특징은 창작물을 따로 등록할 필요가 없다는 점이다. 창작하자마자 법에 의해 보호된다. 물론 등록할 수는 있으나 그럴 필요는 없다. 대신 저작권을 세상에 알리고 싶으면 '©홍길동'이라 분명하게 적으면 된다. 다시 말해, 저작권 보호에 특별한 절차는 불필요하나 공시와 신고는 권리를 강화시켜주고, 미국의 저작권은 다른 나라에서도 대체로 유효하다.

2) 특허권(patent)

특허권(patent)은 매우 강력한 보호장치로 제작, 판매 등에서 발명과 아이디어 그 자체에 배타적 권한을 보장해준다. 특허권 보호기간은 미국의 경우 특허를 신청한 날로부터 20년까지이며, 특허를 얻기가 매우 어려운 것이 현실이다. 특허권은 많은 부를 쌓을 수 있는 보호장치로 특허를 인정받으면 다른 사람들이 이것을 생산하거나 판매할 수 없게 된다. 발명품이 특허를 얻으려면 반드시 참신(novel)해야 하고, 유용성(utility)을 갖고 있어야 하며, 발명분야에 일가견 있는 사람들이 알기 어려운(non-obvious) 조건을 충족시켜야 한다.

특허권의 약점은 비용과 시간이 많이 든다는 점이다. 특허를 얻음과 동시에 발명을 공개하는 것으로 절차상 미국 특허청에 상세한 신고를 하기 위해서는 선행특허조사와 높은 비용이 요구된다. 그리고 변리사의 도움을 받아야 한다. 미국의 특허권은 다른 나라에서는 유효하지 않으며, 각국은 그들 나름대로의 개별적 특허심사와 신고를 요구한다.

3) 상표권(trademark)

상표란 해당 기업을 규정하고 경쟁업체와 구분짓게 해주는 단어, 문구, 디자인 및 상징물 등을 말한다. 상표권은 한 제품의 상업 아이덴티티

(commercial identity)를 보호하는 것을 목적으로 하며, 기업은 브랜드명을 보호하기 위해 트레이드마크를 활용하는 편이다. 통상 국제적인 심벌인 "Ⓡ"을 등록한 이름 다음에 표기하며, 그 권리는 그 마크가 가치가 있는 한 무한정 지속된다.

상표권의 단점은 보호 범위가 제한되어 있고, 기업 이미지를 보호하는 데 그친다는 점과 상표권을 해외에 여러 번 등록할 경우 비용이 크다는 점을 꼽을 수 있다. 상표권은 상업적으로만 이용이 요구되며, 특허권과 마찬

〈표 12.3〉 **저작권 보호 유형별 강점과 약점**

구분	저작권(copyright)	특허권(patent)	상표권(trademark)
효용	• 예술 · 문학 작품과 표현의 사본제작에 대한 보호 • 소프트웨어 포함 • 비교적 큰 비용이 들지 않음	• 매우 강력한 보호장치 • 제작, 판매 등에서 배타적 권한을 보장 • 발명과 아이디어 그 자체의 보호	• 고객이 비즈니스로 이해할 마크(mark)를 유사한 목적으로 사용하는 것에서 보호
지속기간	• (미국)저작권자의 생애 + 70년 • 기업의 경우에 첫 발표 이후 95년, 처음 발명의 120년 중 짧은 것	• (미국)특허 신청한 날로부터 20년	• 그 마크가 가치가 있는 한 무한정
단점	• 아이디어가 표현된 특정의 방법을 보호함 • 아이디어 자체의 보호는 없음 • 디지털 복제 포착이 어려움	• 얻기가 매우 어려움 • 비용과 시간이 많이 소요 • 특허를 얻음과 동시에 발명을 공개	• 보호 범위의 제한 • 기업 이미지 및 아이덴티티 보호에 그침 • 복수의 해외등록 시 비용 증가
필요절차	• 불필요. 단, 공시와 신고는 권리를 강화시켜줌	• 미국 특허청에 상세한 신고 위해 선행특허조사 등 높은 비용이 요구됨	• 상표권은 상업적으로만 이용이 요구되나 미국 특허청은 강력한 보호 조치 요구
미국 권리의 국제적 유효	• 대체로 유효	• 유효하지 않음 • 각국은 개별적 특허 심사와 신고 요구	• 유효하지 않음 • 외국은 개별신고 요구

가지로 미국의 상표권은 다른 나라에서 유효하지 않기 때문에, 다른 나라에서 그 권리를 인정받기 위해서는 각국에서 요구하는 개별신고 절차를 거쳐야 한다.

4 기술협력 전략

아무리 거대한 기업이라도 모든 기술 분야에 대해 충분한 개발능력을 가지고 있지 못하며, 이를 독자적으로 확보하는 것이 꼭 바람직한 것도 아니다. 기술을 자체적으로 확보할 수 없거나 그럴 필요가 없다고 판단되면, 외부조직과의 협력을 통해 기술을 확보하는 방안을 생각해 볼 수 있다. 외부로부터 기술을 획득하는 방법은 기술시장에서의 거래와 외부 조직과의 공동개발로 구분할 수 있다. 외부기술 획득의 타당성은 거래비용의 관점에서 판단해 볼 수 있다. 기술이 특별하지 않은 경우, 전략적 중요성이 낮고 성과의 불확실성이 낮은 경우, 기술협력에 있어서 법적인 분쟁의 가능성이 적은 경우 적극적으로 외부기술을 획득하는 선택이 바람직하다.

1) 외부로부터의 기술획득 전략

(1) 기술구매와 기술이전(technology transfer)

기술보유자로부터 기술의 소유권을 인도받는 것이다. 공공연구기관, 대학, 혹은 연구개발 중심 기업들은 자체적으로 개발한 특허나 기술의 이전에 적극적이다. 특히 대학 및 공공연구소들은 기술이전 및 사업화전담조직인 TLO(Technology Licensing Office)를 운영하고 있다. TLO의 기능은 발명신고 지원, 사업타당성 평가, 특허 출원 지원, 기술마케팅 및 기술이전 지원, 기술이전 계약 협상 및 사후관리 등을 지원하는 전문조직이다. TLO는 기술이전료를 수익모델로 한다. 기술이전료는 기술가치 평가의 결과로 산정된다. 따라서 스타트업은 TLO를 통해 기술이전료를 지불하고 기술의 소유권을 양도받을 수 있다.

(2) 라이선싱

라이선싱은 기업이나 개인이 다른 기업이나 개인과 계약관계를 맺고 상대편 기업이 가진 기술(지적재산권)의 사용 권리를 획득하는 것을 말한다. 라이선싱은 빠르게 외부기술을 획득할 수 있는 방법이다. 하지만 라이선싱 계약은 많은 제약이 뒤따른다. 기술을 빌려준 기업이 기술에 대한 상당한 통제권을 가지고 있기 때문이다. 라이센서와 협력적인 관계를 구축하기 위해서는 필요에 따라 지분참여형 라이선싱 계약을 맺을 수 있다. 이는 기술 라이선스의 대가로 기업의 주식지분을 일부 제공하는 방식이다.

(3) 전략적 제휴를 통해 개발

마땅한 기존 기술이 존재하지 않는다면 외부조직과의 협력을 통해 기술을 개발할 수도 있다. 각기 다른 역량을 보유한 기업들이 협력을 통해 새로운 기술을 개발하는 전략이다. 기술개발에 따른 위험을 줄일 수 있고, 자체 개발에 비해 빠른 시간에 기술을 개발할 수 있다. 다만, 파트너와의 협력관계에서 불협화음이 생길 소지가 있고, 내부의 역량이 공개되는 등의 단점이 있을 수 있다. 전략적 제휴는 세부적으로는 위탁연구, 컨소시엄, 조인트벤처의 설립 등으로 나뉠 수 있다. 위탁연구는 협력의 강도가 가장 약한 방법이며, 조인트벤처는 지분투자를 통해 새로운 회사를 설립하는 것으로 가장 긴밀한 제휴방법이다.

(4) 인수합병

가장 적극적인 외부기술 획득 방법은 기술을 보유한 기업을 인수하거나 인수합병을 하는 것이다. 인수합병(Merge & Acquisition : M&A)이란 해당 기업의 주식이나 자산을 취득하여 경영권을 인수하는 것과 두 개 이상의 기업이 법률적으로 하나의 조직으로 통합되는 것을 합친 개념이다. 인수합병은 주로 자금력을 확보한 시장지배기업이 아직 시장성이 확보되지 않았지만 잠재력이 높은 초기 단계의 니치 기술들을 확보하기 위한 전략으로 활용된다. 인수합병은 시장지배력을 더욱 높이고, 신속하게 인접 시장에 진출할 수 있으며, 자체적인 제품 개발에 따른 위험성을 회피할 수 있는 등 다양한 장점이 있다. 다만, 인수합병이 성공하기 위해서는 피인수 기업의 기술과 역량에 대한 정확한 분석이 수반되어야 한다.

2) 개방형 혁신

개방형 혁신은 하버드대학의 체스브로(Chesbrough) 교수에 의하여 처음 제안된 개념으로 기업이 외부의 아이디어와 인력 등을 적극적으로 활용하여 혁신을 추진하는 것을 의미한다. 개방형 혁신의 개념이 등장하기 이전에는 일반적으로 기업의 기술자산은 독자적으로 개발되어야 한다는 인식이 많았으며 그에 따라 기술개발 조직들이 대부분 배타적인 내부 연구활동에 주력하는 양상을 보였다. 하지만 기술복잡성이 날로 높아지고 기업

〈표 12.4〉 개방형 혁신의 유형과 사례

구분	방법	개념	대표사례
인바운드 (inbound)	기술흡수	라이선싱, 기술이전 등으로 조달하거나 크라우드 소싱 등 별도의 프로그램을 통해 외부 지식을 흡수	P&G의 Connect and Develope 프로그램
	공동연구	전략적 제휴를 통해 공동으로 기술을 개발하는 방법	인텔의 lablet
아웃바운드 (outbound)	투자	기술가치가 높은 기업에 선행 투자하거나 벤처캐피탈과 협력하여 펀드를 조성하는 방법	구글, 애플 등의 벤처투자
	기술판매	회사 내부의 미사용 기술을 이전하거나 라이선싱하는 방법	IBM의 특허 라이선싱
	스핀오프	내부 조직을 분사하여 새로운 사업조직으로 만들고 지분투자 등을 통해 권리를 확보하는 방법	Xerox PARC 연구소
	공개	내부 프로젝트를 일반에 공개하여 사용범위와 응용사례를 확대하는 전략	구글의 오픈소스 프로젝트

간 가치사슬이 복잡하게 형성되면서 기술개발에서 개방적 전략을 시도하는 사례가 늘어났고 그 성과도 좋게 나타나고 있다. 개방형 혁신은 앞서 살펴본 외부의 지식과 기술을 흡수하는 것뿐만 아니라, 내부적으로 개발된 기술지식 중 필요한 것을 취하고 그렇지 않은 것을 외부로 공급하는 형태도 포괄한다. 앞의 〈표 12.4〉는 개방형 혁신의 유형과 대표사례를 보여준다.

13

사내기업가정신

1. 사내기업가정신의 필요성
2. 관리경제에서 기업가적 경제로 전환
3. 사내기업가정신 구축을 위한 로드맵
4. 사내벤처의 발굴 및 육성
5. 사내기업가의 육성
6. 사내기업가정신에 관한 사례

1 사내기업가정신의 필요성

사내기업가정신 개념은 미국의 경영 컨설턴트인 '기포드 핀쇼(Gifford Pinchot)'가 1985년에 자신의 저서인 <인트라프리너링(*Intrapreneuring*)>에서 사용한 것이 시초였다고 한다. 사내기업가정신은 일반적인 의미의 기업가정신을 따르지만, 보통 창업자의 덕목으로 생각했던 기업가정신을 기업의 모든 구성원들에게 확산하자는 주장이다. 이런 의미에서 사내기업가정신은 스타트업에게도 적용될 수 있지만 더욱 적합한 곳은 대기업 혹은 중견기업이다. 그들은 기존 시장에서 돌파구를 마련하기 위해 창조와 혁신의 힘이 필요하며 그것을 위해 사내기업가정신이란 촉발제를 활용하면 더 큰 성과를 얻을 수 있다는 것이다. 사내기업가정신을 일부에서는 신(新)기업가정신이라고 표현하기도 한다.

기업가정신의 요체는 부단한 도전으로 새로운 가치를 창출하는 의식이다. 과거 기업가정신이 오너 개인의 카리스마로 대표됐다면, 지금의 사내기업가정신은 구성원 각자가 자발적으로 창의의 주체가 되어 조화를 이루자는 것이다. 이런 점에서 사내기업가정신은 구성원 모두의 기업가정신이다. 즉, 사내기업가정신은 기업 내부에서 창조적이고 혁신적인 아이디어를 준비하는 의식과 태도를 말한다. 기업 내 개별 구성원 한 명 한 명이 '이 일이 내 일이다'라는 주인의식, 업무과정에서 발생하는 어려움을 뚫고 이를 해결하려는 의지 등이 핵심이다.

4차 산업혁명 시대와 같이 첨단지능 사회에서 살아남으려면 창조적인 조직이 되어야 한다. 한 가지 히트작(作)을 냈다고 해서 시장에서 살아남을 수 없다. 꾸준히 새로운 혁신제품을 시장에 내놓을 수 있어야 하고, 빠른 기술변화를 따라잡아야 한다. 이런 조직을 창조적인 조직이라고 말할 수 있다. 그런데 창조적 조직이 되려면 기존의 조직문화로는 불가능하다. 창조와 혁신의 에너지로 넘치는 조직을 만들어야 한다. 그 실천적 방안의 한 복판에 '사내기업가정신'이 자리 잡고 있다.

우리 기업의 성공비결 중, 일사불란한 움직임으로 신속하게 환경변화에 대처하는 능력을 꼽아왔다. 일단 주어진 해결책을 일사불란하게 적용하는 역량은 출중했지만, 새로운 아이디어를 세상에 내놓는 것에는 취약했다. 4차 산업혁명 시대에 필요한 창조능력에 대한 갈망이 매우 크다. 그런데 그 실력을 연마하지는 못했다.

한국 대기업이 살길이 무엇이냐고 묻는다면, 현재 시점에서 가장 중요한 해답이 바로 사내기업가정신을 갖추는 것이다. 그만큼 중요한 조건이다. 창조적인 아이디어가 새로운 시각에서 돌파구를 열어주는데, 그 창조의 힘은 사내기업가정신에서 나오기 때문이다.

1) 사내기업가정신의 구성 요소

사내기업가정신의 핵심 내용은 무엇인가? 그 핵심은 바로 기업가적 지향성(Entrepreneurial Orientation)이다. 조직의 각 구성원이 갖는 기업가적 성향을 지칭하는 개념이다.

기업가적 지향성 개념은 새로운 경쟁우위 요인으로 이미 인정받고 있다. 세계적인 테크-자이언트인 구글, 페이스북, 아마존과 같은 기업은 이를 잘 알고 있었다. 그래서 그들은 토지, 노동, 자본, 지식에 그치지 않고 그것들을 풍성하게 부풀리는 베이킹파우더와 같은 기능을 하는 '기업가적 지향성'이란 것에 눈을 뜬 것이다. 그들은 이 중요한 생산요소를 바탕으로 경쟁우위를 확보했다.

구글, 페이스북, 아마존, 애플은 막대한 자본 투여, 1인당 노동생산성 향상을 통해 성장한 것은 아니다. 구성원들의 지식, 창의성, 혁신성, 그리고 이를 제도화하고 조직문화로 내재화한 기업가정신을 토대로 기업이 성장한 것이다. 구체적으로, ① 익숙한 관행에 저항하는 호기심, ② 현장의 문제에 주력하며 문제가 발생하면 합리적인 해결책을 찾고자 하는 '현장 중시', ③ 구성원 한 명 한 명이 '이 일은 내 일이다'라는 주인의식, ④ 어떠한 어려움도 이겨내고 혁신을 이룬다는 의지 등을 말한다.

사내기업가정신의 핵심인 '기업가적 지향성'이란 개념은 다음의 요인들을 포함한다. 구체적으로, ① 혁신성향, ② 진취적 도전의식, ③ 위험 감수성향, ④ 자율성, ⑤ 민첩하고 신속한 실행 등이다.

사내기업가정신이 잘 갖춰지면 직원 스스로 진보하고 있음을 느낄 수 있을 것이고, 이것은 바로 행복감으로 이어질 것이다. 사내기업가정신이 작동하면, 조직은 활력이 넘치는 선순환을 이룬다. 역량있는 직원들이 떠나지 않도록 하는 터전이 이루어진다. "잘되는 기업은 없어도 되는 사람이 나가고, 잘 안 되는 기업은 있어야 하는 직원들이 나간다." 결국 다른 어느 기업도 따라올 수 없는 독창적이고 기업가적인 조직 구성원의 능력을 갖추는 최상의 지름길이다.

기업가적 경제에서 성공하려면 어떤 기업이 되어야 하는가? 한마디로 창의적인 조직이 되어야 한다는 것이다. 창조적이고 혁신적인 아이디어가 끊임없이 솟아나는 그런 조직이 궁극적인 목표이다. 과거처럼 소수가 독점적인 아이디어를 생산하는 것이 아닌 다수가 참여할 수 있는 '아이디어 프로세스'를 기업에 요구하는 것이다.

사내기업가정신의 생명은 독창성과 창조이다. 독창성을 살리려면 혁신적인 아이디어를 개발할 수 있는 자유가 보장되어야 한다. 거기에 주인의식, 현장 중시, 혁신, 관행에 대한 저항[일종의 반역(反逆) 정신] 등이 필요하다. 미래의 기업에선 스킬, 제도, 기술, CEO의 의지와 리더십보다 더욱 중요한 것이 바로 직원 한 명 한 명의 기업가정신일 것이다. 실리콘밸리의 기업들이 그 직원들의 기업가정신으로 성장하고 있다. 실리콘밸리를 배우는 것은 이제 이 사내기업가정신을 배운다는 것으로 집중해야 한다.

2) 사내기업가정신의 목표

사내기업가정신을 갖자는 것은 창의적인 기업이 되자는 목표를 설정하자는 것과 같은 말이다. 한 기업이 창의적인 조직으로 변모하려면, 다음의 조건을 갖추어야 한다.

① 초기 단계에서는 창의적인 아이디어가 많이 나와야 한다. 우선 '질보다 양'이 필요하다.
② 다음 단계는 많은 아이디어 중에서 양질의 것을 내는 분위기 조성이 중요하다. 즉, '양에서 질'로 변하는 단계이다.
③ 우수 아이디어를 엄격하게 선정해서, 한 명의 기업가로 인정해주는 제도가 설정되어야 한다.
④ 사내기업가를 양성하고 스핀오프(spin off) 스타트업을 지원하는 체계가 갖춰져야 한다.

2 관리경제에서 기업가적 경제로 전환

사내기업가정신은 왜 중요한가? 그 이유는 한마디로 관리경제에서 기업가적 경제로 전환하고 있기 때문이다. 이렇게 전환되면서 생존의 법칙 자체가 변하고 있다. 기업가적 경제로 접어들면서 사내기업가정신이란 요소가 더욱 중요한 경쟁우위 요인이 되고 있다.

1) 관리경제

관리경제란 투여된 자본을 회수하기 위한 ROI(Return of Investment) 접근과 1인당 노동생산성 등을 기준으로 경영 방향타를 잡는 경제 조류를 말한다. 이 관리경제 치하에서는 제왕적 리더십이 요청되고 중요하게 다루어진다. 오직 주어진 목적지에 도달하기 위해 효율성과 생산성이 논의의 중심이 되는 것이다. 이것이 바로 관리경제의 원리이다. 관리경제에서는 노동과 자본에서 최고의 효율을 뽑아내는 것이 관건이 된다. 그래서 오직 생산성과 효율성 향상에 초점을 맞추는 경영방식이 앞선에 서게 된다. 일본의 소니와 도요타와 같은 기업의 70년대와 80년대의 경쟁력의 원천이 바로 이 관리경제의 성공이었다. 우리나라도 산업화 시절부터 산업 생산성을 올렸던 비결이 바로 이것이었다.

그런데 이런 싸움은 이제 끝이 났다. 기업 내 지식을 잘 조리하는 것이 노동과 자본 외의 중요한 경쟁력임이 이미 드러났다. 여기에 창조 역량이 필요하다는 것을 알게 되었는데, 그것은 기업가정신에서 나오는 것이다. 마음의 이동 없이 몸만 움직이는 상명하복의 문화로는 미래의 사회에서 성장할 수 없다. 스킬, 제도, 기술, CEO의 능력, 리더십보다 더 중요한 것이 구성원 한 명 한 명의 기업가정신이라는 인식을 하게 된 것이다.

사내기업가정신을 갖추면 기업의 '회복 탄력성'이 높아진다. 회복 탄력성이란 크고 작은 어려움을 겪으면서 무너지지 않고 오히려 그것을 도약의 발판으로 삼는 마음의 근력(筋力)과 같은 것이다. 조직원들도 '사랑'과 '존중'을 받아야 한다. 어려운 여건 속에서도 사랑받고 존중받는 사람들이 결국 다시 일어서고 성공하게 된다. 이렇게 되면 어려운 시련을 겪게 되더라도 이겨내는 회복 탄력성이 높은 것이다.

구글, 애플, 페이스북 같은 기업들이 막대한 자본투여, 1인당 노동생산성 향상과 같은 경영방식으로 성장한 것은 아니다. 오히려 구성원들의 지식과 창의성, 혁신성에 의해 성장했는데, 그 요소들의 효과를 극대화할 수 있는 제도를 만들고, 또 조직문화에 기업가정신을 내재화하여 오늘날의 테크-자이언츠로 성장한 것이다.

2) 기업가적 경제

기업가적 경제란 창업주부터 말단 사원까지 모두 기업가적 마인드를 갖고 임해야 하는 경제 조류를 말한다. 미래에는 CEO부터 말단 직원까지 모두 업(業)에 대한 지식과 시대의 흐름에 대한 이해가 높을수록 성공 가능성

〈표 13.1〉 관리경제와 기업가적 경제의 구분

구분	관리경제	기업가적 경제
특징	제도, 규율, 복종, 효율성	다양성, 상상력, 자율, 공감
주요 사례	도요타, 소니, GM, 노키아	구글, 애플, 프레이타, 페이스북, 테슬라, 아마존, 이케아

이 커진다. 즉, 모든 구성원이 혁신 아이디어를 실행할 수 있는 기업가정신으로 무장되었을 때 그 조직이 성장 가능한 시대로 전환된 것이다.

관리경제에서 기업가적 경제로의 전환은 한 가지 확실한 메시지를 전한다. 그것은 과거에 통했던 제왕적 리더십으로는 더 이상 미래를 지배할 수 없다는 것이다. 아직도 위계질서를 통해 쥐어짜고 있는 기업은 미래가 없다. 조직 구성원 한 명 한 명의 기업가정신이 필요한 시대가 되었다.

3) 아이디어 도출의 차이

아이디어 도출의 차이는 마치 다음 두 유형의 차이와 같다. 소니, 포드, 도요타 기업은 원가를 낮추는 데 주력하고 생산성을 높이고, 제품 경쟁력을 강화하는 방책을 찾는 데 주력한다. 반면, 테슬라, 구글, 페이스북 같은 기업들은 아이디어 창출에 주력하며, 혁신을 통해 새로운 가치를 만드는 것에 혈안이 되어 있다. 이를 보면 누가 미래를 지배할 승자(勝者)가 될 것인지 확연히 알 수 있다.

한때 세계적인 기업이었던 코닥(Kodak) 및 월풀(Whirlpool)이 몰락한 이유도 이와 관련이 있다. 많은 사람은 이 두 기업들이 기술경쟁에서 밀려서 실패했다고 생각한다. 그러나 실상은 그것과 다르다. 미국의 가전기업이었던 '월풀(Whirlpool)'은 냉장고, 세탁기, 가전 분야에서 삼성과 LG에게 주도권을 빼앗기면서 나락으로 추락하기 시작했다. 그들은 기술력에서 밀렸고, 품질도 모자랐다. 필름카메라 분야의 맹주였던 '코닥(Kodak)'은 디지털이라는 장벽 앞에서 머뭇거리다가 사라진 것이다.

〈표 13.2〉 아이디어 도출방식의 차이(한/미 기업의 차이)

한국 기업의 아이디어 도출방식	구글의 아이디어 도출방식
• 항상 위기라는 긴장감 속에서 문제 해결적 접근인 솔루션 씽킹(solution thinking). • 문제를 해결하기 위해 아이디어를 내고 활용한다. 이것이 큰 장점이었다. • 그러나 한계도 있다. 주요 목표는 오직 결과였다. 좋은 결과물을 얻기 위한 해결책에만 주력한다. 주어진 문제가 없으면 해결책을 생각하지 않는다.	• 문제 해결보다는 문제 자체를 찾아내는 데 아이디어를 집중한다. • 자유로운 분위기에서 브레인스토밍도 즐기는 창의적 사고. • 목적은 문제 발견이고 이에 대한 경험의 공유이다. '디자인 씽킹'이란 말이 어울리는 이유다.

창의, 혁신이 조직 내적으로 번져있지 못했던 탓이다. 창의성, 혁신이 넘치는 조직문화였다면, 한 명 한 명이 기업가정신을 가진다면 이렇게 몰락하지는 않았을 것이다. 이들이 기술경쟁에서 밀린 이유는 무엇인가? 기업가적 역량과 에너지가 부족했기 때문이다. 만족할 성과에 안주하다 보니, 조직에 대한 헌신도 없었고 새로운 도전도 없었다. 기회를 인식하긴 했지만 도전하려는 의지도 의식도 없었다.

한국 기업은 항상 위기라는 긴장감 속에서 문제 해결에 접근했다. 이를 '솔루션 씽킹(solution thinking)'이라고 칭한다. 이 접근방법은 문제를 해결하기 위해 아이디어를 내고 활용한다. 과거에는 이것이 큰 장점이었다. 그러나 창의적인 생각이 부족하다는 한계를 넘어서진 못했다.

반면 구글은 문제 해결보다는 문제를 찾아내는 작업에 아이디어를 집중한다. 자유로운 분위기 속에서 브레인스토밍을 즐기고 창의적 사고를 즐긴다. 이것의 목적은 문제 발견이고 이에 대한 경험의 공유이다. 이때의 목적은 오직 과정이며, 그러한 과정에서 창의와 혁신을 만들거나 얻는 것이 실제의 목적이다.

알리바바의 창업자 마윈은 "원숭이는 돈과 바나나 중 바나나를 집는다. 돈으로 더 많은 바나나를 살 수 있다는 사실을 모르기 때문이다."라는 표현을 쓴다. 여기서 돈을 선택하는 것은 창업자의 꿈을 꾸는 것이며, 바나나를 선택하는 것은 월급쟁이 틀 안에서 성공하자는 것이다. 바나나를 넘어서 돈의 가치를 정확히 아는 사람, 즉 창업의 꿈을 꾸는 자를 만드는 것이 사내기업가정신의 요체일 것이다. 실리콘밸리를 진정으로 배우려면 사내기업가를 키워야 한다는 조언이 마음 깊이 들어오는 이유도 바로 여기에 있다.

미국 제록스 기업의 PARC 연구소의 사례도 의미가 있다. 1970년 컴퓨터 기술이라는 발판을 딛고 도약한 미국의 제록스(Xerox) 기업은 'PARC (Palo Alto Research Center)'를 설립하여 혁신을 연구하게 한다. 이 연구소에 대한 지원은 파격적으로 진행되었다. 제록스가 꿈꾸는 모습은 이 연구소가 사내 독점적인 '혁신의 장'이 되는 것이었다. 이 덕분에 PARC는 수많은 컴퓨터 관련 기술을 개발할 수 있었다. 하지만 연구소에서 독점적으로 만들어진 아이디어는 실용성이 미흡하여 상용화가 더딜 수밖에 없었다. 그러면서 PARC의 유명세는 상실했다. 이렇듯 과거 소수의 독점적 아이디어 생산 방식은 이제 힘을 발휘하지 못한다. 오히려 PARC에 뒤처졌던 애플, 3M 등은 전사적 아이디어 개발 프로세스를 도입하고 직원들 커뮤니티를 구축하면서 혁신 속도를 가속화할 수 있었다. 비록 제록스보다 기술도입은 늦었지만 상용화된 제품과 서비스의 출시는 제록스를 앞서게 된 것이다.

3 사내기업가정신 구축을 위한 로드맵

1) 사내기업가정신의 정립

사내기업가정신은 하루아침에 만들어지지 않는다. 구성원의 마음, 정서, 의지, 믿음 등이 변해야 한다. 그러기 위해서는 기업문화가 제대로 확립되어야 한다. 기업문화란 쉽게 만들어지고 변화하는 것이 아니라는 사실을 명심해야 한다. 사내기업가정신을 만든다는 것은 창의와 혁신이 살아 숨

쉬는 기업문화를 만든다는 말과 같다.

기업문화의 정립을 통해 정서와 의식의 변화가 있어야 하고, 그것을 지원하는 제도와 시스템의 변화가 있어야 한다. 이런 변화는 명령으로 될 일이 아니다. 직원들에게 주인의식과 도전의식을 갖자고 설득해도 그 효과는 한계가 있다. 보통 말하는 창업자의 기업가정신과는 다른 유형이므로 사내기업가정신은 그것과는 다른 프로세스와 요건을 갖추어야 한다. 구체적인 프로세스의 한 사례는 다음과 같다.

① 사내기업가정신을 정착시키려면 훈련이 되어야 하고, 이해를 얻어야 한다. 개인을 성장시키는 작업이란 확신을 주어야 한다.

② 팀워크를 통해 사내기업가정신을 정착시킨다. 구성원들의 다양한 재능을 끌어내고 시너지를 만든다. 다양한 분야에서 융합, 또 그것을 위한 제도적 장치를 제공해야 한다.

③ 필요하고 적합한 지원 내용을 제공해야 한다. 그래야만 실질적으로 직원들이 동기부여를 받으며, 그에 상응하는 조직문화를 구축하는 작업에 주도자가 된다.

사내기업가정신을 정착시키려면 교육이 반드시 수반되어야 하고, 협력적 팀워크를 구축해야 하고, 적합한 지원이 제공되어야 한다. 즉, 훈련, 팀워크, 지원이라는 3박자가 맞아떨어져야 한다.

2) 창의적 조직문화 만들기

사내기업가정신으로 성공하는 조직문화가 되기 위한 요소들은 다음과 같다. 구체적으로, ① 자유로운 기업문화를 갖춘 조직, ② 우수 아이디어를 바로 포상하는 조직, ③ 모든 포상을 연말에 모아서 시행하는 것이 아니라 그때마다 보상하는 빠른(agile) 조직, ④ 공정한 심사를 보장하고 치열한 경쟁을 촉진하는 조직, ⑤ '우월성'을 유도하고 '어떤 것이 우수한 아이디어인지'를 알게 하는 정서, ⑥ 상업적 성공을 지원하는 체계가 확립된 조직 등이다.

창의적인 조직문화를 구축하는 것은 아이디어를 끌어내는 최고의 무기이다. 스티브 잡스는 이런 조직문화를 만들기 위해서 '픽사(Pixar)' 건물 디자인에서부터 신경을 기울였다. 스티브 잡스는 건물 설계에서부터 직원 배치까지 모두 직접 참여했다. 직원들 간의 소통을 원활하게 하기 위한 건물 설계와 조직문화 디자인을 중요하게 본 것이다.

직원들에게 조직변화를 체험하게 하면 더욱 효과가 높다. 작은 변화이어도 좋다. 직원들이 직업 경험하는 체험은 중요하다. 체험해야 결과에 무관하게 좌절하지 않는다. 무언가를 성취해본 자들은 어떻게 해야 하는지를 스스로 알게 된다.

'아이디어 장터(Idea Fest)' 같은 것이 도움이 되는 이유가 바로 그것이다. 마이크로소프트, 존슨앤존슨, 인텔 등의 기업이 혁신적인 아이디어를 내놓고 성취감을 느끼도록 하는 경연장을 열어주는 이유가 바로 그것이다. 직원들에게 좋은 아이디어를 발표하고 포상하면서 직접 경험하게 하는 것이다. 또 '어떤 사람에게는 쓰레기가 다른 사람에게는 보물이 된다'는 원리를 스스로 터득하게 하는 것이다.

궁극적으로 '문화' 이슈는 사내기업가정신을 통해 서로 감동을 주고받는 곳이 되는 것이며, 머리와 가슴을 움직이게 하는 아이디어와 감동을 전달하는 곳이 되는 것이다. '기업가정신'이 창조 의식이듯이, 새로운 업을 만들어가듯이 '사내'에서 이를 만들어내는 의식, 사상, 분위기, 태도이다. 반드시 관행에 대한 저항이 중요하다. 또 그 관행을 뒤집어 보는 역발상을 인정하는 것도 중요하다. 이렇게 한 기업 내에서 역발상의 생각을 하게 하는 것이 바로 '아이디어의 관리(managing ideas)'이다.

구글은 Google Idea라는 이름으로 30% 창의력 시간을 허용한다. 업무에서 벗어난 30%의 시간 허용은 엄청난 것이다. 70 : 20 : 10 비율이 적용되는 방식으로, 70%는 본래 업무, 20%는 업무를 위한 새로운 아이디어 구상, 10%는 업무와 관련 없는 활동으로 배분된다. 유사한 사례가 3M 기업에서도 발견된다. 3M은 15% 원칙을 적용한다. 직원들의 일정에서 15%만큼 창의적인 일에 사용하도록 허용한다.

사내기업가정신은 직원 스스로 꾸준히 진보하며 성장하고 있음을 느끼게 할 것이며, 이것은 바로 행복감으로 이어질 것이다. 조직은 활력이 넘치는 선순환을 만들어간다. 역량 있는 직원들이 떠나지 않게 하는 터전이 되는 것이다.

조직문화 중에서 실패의 손실 비용을 낮추는 문화가 중요하다. 즉, 실패를 용인하는 분위기가 조성될 필요가 있다. 실패의 손실 비용을 낮추어 주어야 직원들이 과감하게 도전할 수 있는 분위기가 조성된다. 도전하는 직원이 아이디어를 구현하는 데 과감해야 한다. 다소 가볍게 출발하고 점차 보완할 수 있도록 해야 한다. '린 스타트업'이란 기법이 말하는 '최소기능제품(Minimum Viable Product)' 개념이 여기에 적용되기도 한다. 이는 새로운 아이디어를 완성도가 다소 낮은 상태로 내놓고, 다양한 피드백을 반영하고 보완하는 분위기를 만들어서 완성도를 높이는 과정을 말한다. 소위 똑똑하게 실패하고 현명한 시행착오를 경험하도록 유도하는 것이다.

아이디어 개발 초기에 많이 실패하도록 한다. 그래야 실패 비용이 줄어들고, 성공 가능성을 높인다. '왜 실패했는가'에 대해 철저하게 분석한다. 구체적인 이유를 파악하고 실질적인 해결책을 조직 차원에서 찾는다.

다만, 똑똑하게 실패하고 똑똑하게 배우는 분위기이어야 한다. 이를 위해서는 실패에 대한 두려움이 낮은 문화를 구축하는 것이 핵심이다. 예를 들어, 산업디자인 회사인 '아이디오(IDEO)'는 '직원이 실패할 권리'를 제도적으로 보장한다. 그것이 창의적 성과의 원동력이라 믿는 신념이 뿌리 깊게 자리 잡고 있다. 미국의 '3M' 기업은 소위 '맥나이트 원칙(McKnight Principle)'이라는 경영원칙을 창업 이후 꾸준히 고수하고 있다. 그 맥나이트 원칙은 직원들이 실수를 용인하고 새로운 시도를 할 수 있도록 자율권을 명시하고 있다. 3M은 심지어 실패 파티를 열어준다고 한다.

읽어보기 자율성이 높은 놀이문화에서 조심해야 할 사항

자율성과 놀이문화가 창의성 향상에는 유용하지만 조심해야 할 사항도 있다.

① "아이디어의 질을 살펴보라." 이는 세계적인 디자인 기업인 '아이디오(IDEO)' 회의실에 써 있는 원칙이다. 직원들이 내놓는 아이디어의 질적 평가가 생명이라는 점을 새겨놓은 것이다. 유용한 아이디어 하나는 기업을 살린다.

② 상용화할 수 있는지를 잘 판단해야 한다. 무조건 아이디어가 나온다고 좋은 것만은 아니다.

③ 3M 기업의 경우 '15% 원칙'을 적용하지만 아이디어의 성과에 대해서는 철저하게 평가한다. 이 철저한 평가가 생명이다. 평가가 설득력이 없으면 아무도 그것을 따르지 않는다. 철저한 평가 속에서 높은 평가를 받으면 이에 상응하는 '지원'이 추가된다. 평가받는 것이 부담일 수는 있지만 추가적인 지원이 뒷받침되므로 효과는 매우 크다.

4 사내벤처의 발굴 및 육성

1) 사내벤처 구축 프로세스

• 1단계 : 신규 사업의 발굴

– 아이디어 공모, 사내벤처팀 구성, 사내기업가 선정

– 자원의 효율적 운영에 대한 준비

• 2단계 : 지원체계의 구축

– 자금의 지원, 경영스킬 지원, 인력 지원

예를 들어, 내셔널반도체 기업의 경우 초기 100일 동안 10만 달러를 지원했다. 또 추가적으로 엔지니어와 컨설턴트 등을 지원하기도 한다. 만약 높은 성공 가능성을 확인한다면 추가로 6개월 동안 수백만 달러

를 지원하며, 법무와 세금 등 필요한 전문 스킬을 지원하는 것이 여기에 속한다.

- 3단계 : 평가
  - 성과 분석, 사업의 지속 여부를 확인
  - 사업 수행에 따른 성과 발표회의 개최
  - 손익에 대한 정기적 평가, 본사 및 외부기관이 수행하는 다면(多面) 평가

- 4단계 : 보상
  - 추진 결과에 대한 보상 및 피드백
  - 기존 사업과는 차별화된 보상체계의 도입
  - 사업부진 시 철수할 수 있는 책임과 권한 부여
  - 실패했다고 처벌하는 것은 도전의식, 모험의식을 저해할 우려
  - 반면 실패에 대한 피드백이 없는 것도 방만한 풍토를 조장
  - 책임과 보상에 대한 가이드라인(guide-line)을 사전에 명확하게 제시

2) 사내기업가에게 주는 보상

사내기업가를 위한 보상은 '기초 보상'과 '확장 보상'으로 구분할 수 있다.

(1) 기초 보상

기초 보상은 창의적 아이디어에 칭찬과 보상을 주는 것이다. 이렇게 해야 직원들의 아이디어 창출이 활성화될 것이기 때문이다. 우수한 아이디어에 대한 보상을 적극적으로 설계해야 한다. 또 그 인센티브를 기업 전역으로 널리 알려지게 해야 한다. 아이디어 공모전 혹은 아이디어 장터 같은 이벤트를 기획한다면, 그것을 통해 특별히 높은 상금을 주기도 해야 한다.

기초 보상을 실행하는 원리에는 다음의 사항들이 있다. 이 기초 보상은

창의적인 조직이 되기 위한 첫 번째 단계이므로 매우 세심하고 주의 깊게 실행에 옮겨야 한다.

① 우수하고 차별되는 아이디어를 우선 포상한다.

사내기업가를 선별하는 기준은 아이디어의 우월성과 차별화이다. 이 기준은 반드시 지켜져야 한다. 제출된 아이디어의 평가기준으로 평등하게 보상한다는 기준은 사내기업가 선정에 중요하지 않다. 기준을 지키는 철저함이 녹아 있어야 우수한 아이디어를 내놓으려는 욕망이 조직 속에 살아 있게 된다.

② 금전적 보상 vs. 비금전적 보상

성과에 대한 보상 내용물은 '금전적 보상'과 '비금전적 보상'으로 구분할 수 있다. 금전적 보상은 성과에 대해 특정 금액을 수여하는 것이다. 금전적인 보상에는 이익배당, 주식배당, 별도 법인 추진 시 스톡옵션제도의 도입 등이 해당한다. 아이디어 공모에 지원한 직원에게 최소한의 지원금을 주면서 유인할 수 있다. 예를 들면, 모든 참여 제안에 장려금 10만 원을 지급하는 방법이 있다.

비금전적 보상은 특별 승진, 별도 법인의 중역 이상의 자리에 임명 등이 해당한다. 미국 3M 기업의 경우, 금전적 보상보다는 비금전적인 보상을 잘 활용한다. 그들이 사용하는 특별인정제도에는 Golden Step Award, Carlton Society 등이 있다. 이것을 통해 아이디어의 가치를 인정하고 동기부여를 촉진한다. 실패에 대한 책임을 종업원들에게 부여하지 않으며 회사에서 모두 수용한다.

(2) 확장 보상

확장 보상은 사내벤처로 독립시켜 주는 보상이다. 이는 엄격한 평가를 통해 다양한 면을 고려해서 결정되어야 한다. 이 평가는 매우 중요한 결정이 수반되므로, 기업의 최고책임자가 포함된 '투자심의위원회(가칭)'에서 최종적으로 결정하는 것이 바람직하다.

아이디어 제안을 평가한 결과는 다음 4가지 유형이 있다. 그 4유형은 창업형, 사내조직형, 기한 연장, 사업 포기 등으로 구분된다.

① '창업형'이란 완전히 독립된 법인으로 분사하도록 하는 것이다. 평가 결과 중 가장 혁신성이 높은 평가를 받는 결과이다. '창업형'으로 평가받은 아이디어는 별도의 독립기업으로 분사되며 일정 지분을 투자해 자본이득을 얻고, 제휴관계를 통해 시너지 효과를 기대할 수 있다.

② '사내조직형'의 경우, 우수한 아이디어이므로 사내벤처로서 육성되는 과정을 갖는다. 사내벤처로 확정되면, 그 조직에 참여하는 인력들은 월 급여의 특정 비율 한도 내에서(예, 10배 한도) 혹은 해당 벤처가 부담한 특정 배수(예, 3배 범위) 내에서 성과에 대한 보상액을 정할 수 있다.

기업에서 사내벤처에 투자하는 금액의 배분에 대한 합의도 사전에 정해두는 것이 필요하다. 예를 들면 다음과 같은 원칙이다. 즉, 사업이 성공할 경우 투자된 총금액은 분사할 때 100% 벤처로 대여되지만, 사업이 실패할 경우 사내벤처 운영자금의 80%는 회사가 부담하고 나머지 20%는 사내기업가와 벤처참여자가 부담하는 것 같은 합의를 말한다. 사내벤처 기업가는 독립적으로 인력 채용 등 인사, 비용지출 등에 권한을 갖는 것은 물론이다. 실제로 사내벤처의 경우 본질상 성공확률은 높지 않다. 성공적이더라도 의미있는 결과를 얻기까지는 4~8년 정도 걸린다. 이 기간 내내 긴장감을 유지할 수 있어야 한다. 때문에 너무 성급한 기대도 금물이다.

③ '기한 연장' 유형은 아이디어의 보완을 위해 추가적인 기간을 허용하는 결과이다. 이 평가를 받은 아이디어는 보완이 되는 수준에 따라 재차 평가를 받게 된다.

④ '사업 포기' 유형은 사업 아이디어가 부적합 판정을 받은 결과이다.

3) 사내벤처가 많은 것이 좋은가?

사내벤처가 어느 정도 있어야 적정한 것일까? 창의적인 사업이 기업 내부에 존재하는 것은 중요하지만, 관리할 수 있는 범위를 넘어서는 것은 바람직하지 않을 수 있다.

이는 창조적 아이디어를 다작(多作)할 것인가, 아니면 소수 작품에 집중할 것인가 하는 질문과 유사하다. 이 질문에 대해 정해진 정답은 없다. 어떤 예술가는 심사숙고해서 몇 작품만 내어놓으며 그것들이 모두 수작(秀作)으로 평가받는다. 반면 어떤 사람은 끊임없이 창조적 업적을 시도하지만 간혹 좋은 작품이 나올 뿐이다. 양쪽 모두 갈 수 있는 길이다.

아인슈타인은 소수의 작품으로 명작을 만든 인물이다. 그는 평생 발표한 논문이 23편에 불과하다고 한다. 그리 많은 편수가 아니다. 그런데 그 23편 중 노벨상을 받을만한 게 6편이라고 한다. 하나하나가 걸작이란 얘기다. 한편 피카소는 많은 작품 속에서 명품을 건진 사례다. 그의 작품 수는 4천 점이 넘고 그가 손대지 않은 미술 장르가 없다고 한다. 하지만 비평가들이 피카소의 이름에 걸맞은 작품이라고 선정한 건 40건 정도에 불과하다. 즉, 1%밖에 안 된다.

두 방책 중 어느 쪽을 선택해도 모두 성과를 낼 수 있다. 결국 중요한 것은 사내벤처의 양이 아니라, 얼마나 효과를 발휘할 수 있는 사업 아이디어가 존재하는가 여부일 것이다.

5 사내기업가의 육성

사내기업가로 지정하기 위해서는 그 지정될 사내기업가의 자질도 고려해야 한다. 사내기업가는 한마디로 한 기업을 창업하는 기업가와 거의 유사하다.

1) 사내기업가의 발굴

사내기업가의 발굴이 우선되어야 한다. 사내기업가는 다음의 조건을 갖춘 사람들을 선발하는 것이 바람직할 것이다.

① 아이디어를 내는 것을 즐기고 기업의 풍부한 자원을 활용해서 자신을 드러내는 것에 거침이 없다. 기업을 빠져나가려는 의도가 강한 사람들은 아니다.
② 자신의 실적을 기업 내에서 높이려고 한다. 기업 외적으로 새로운 형상물에는 큰 관심이 없다. 또 자신의 능력을 계속 키워나가기를 원한다.
③ 기업이 새로운 성장을 이룩하고 한계를 뛰어넘는 모습을 보고 싶어 한다.
④ 독립성을 갖고 있다. 도전의식이 충만하며 독립적으로 성취를 이루려는 욕망이 강하다.

2) 사내기업가에게 허용되는 권한

사내기업가는 자신의 기업을 이끌고 갈 수 있는 권한이 필요하다. 아무런 권한 없는 리더는 어떤 일도 할 수 없다. 사내 벤처기업이라고 해도 한 기업의 대표이므로 그에게는 적합한 권한이 부여되어야 한다.

① 스스로 사내기업가로 지명할 권리(스스로 자신을 발의할 권리)
② 벤처사업에 머물러 있을 권리(사업에 손 떼기를 강요당해서는 안 된다)
③ 의사결정을 할 권리
④ 자원을 활용할 권리
⑤ 실패할 권리
⑥ 성공을 위해 충분한 시간을 가질 권리
⑦ 팀 구성원을 채용할 권리
⑧ 모기업의 간섭을 벗어날 권리

6 사내기업가정신에 관한 사례

1) 픽사(Pixar) – 미국 컴퓨터 애니메이션 기업

픽사는 스티브 잡스의 컴퓨터 애니메이션 기업으로서 <토이 스토리(Toy Story)>, <인크레더블(Incredibles)>, <벅스 라이프(Bug's Life)>와 같은 블록버스터 대작을 내놓은 곳이다.

잡스는 애플에서 쫓겨나는 수모를 당했지만, 픽사를 설립할 때 직원들 스스로 자신의 아이디어를 통해 조직을 변화시키는 체험을 하는 것이 중요하다는 것을 깨달았다. 그리고 그것을 실제로 구현하면서 픽사는 기업 내적으로 기업가정신으로 똘똘 뭉친 조직문화가 구축될 수 있었다.

2) 프레이탁(Freitag) – 스위스 가방제조회사

창업자인 '마르쿠스 프레이탁(Markus Freitag)'은 트럭 폐품인 폐방수천으로 가방을 만드는 아이디어를 구상했다. 즉, 폐품천막이 이 기업이 만드는 가방의 원자재이다. 그런데 폐품 처리한 가방이어서 가격이 저렴할 것으로 생각하지만 평균가격이 50만 원이 넘는 고가(高價)이다. 일부러 폐품을 고집하면서 아름다운 스토리를 덧붙였고, 고객의 감성을 자극하여 시장의 반향을 유도한 것이다. 다시 언급하자면, 원자재 비용과 인건비와 같은 생산성을 경쟁무기로 사용한 기업은 아니다. 그래도 젊은 사람들에게 신선함으로 인기를 끌고 있다.

이 기업에서 동일한 디자인이란 없다. 소비자의 개성 욕구를 100% 충족시킨다. 더구나 폐품이라는 스토리를 부여하고 고객의 자부심을 높인다. 이 기업의 전략에서 원자재 비용, 인건비 등과 같은 생산성 요인은 전혀 생각하지 않는다.

3) 자라(ZARA) – 스페인 의류회사

스페인의 의류회사로서 저렴한 가격이면서 좋은 품질의 의류라는 명성을 얻어 급속도로 성장한 기업이다. 소위 글로벌 SPA(Specialty Store Retailer of Private label Apparel, 제조 직매형 의류회사)라는 새로운 영역을 개척한 기업이기도 하다. 직원들의 창의성, 사내기업가정신이 그 어느 곳보다 필요한 곳이기 때문에 동기부여가 높은 강력한 인센티브를 제공한다. 이 기업에선 총급여의 약 70%가 인센티브에서 나올 때도 있다고 한다. 그 정도로 인센티브의 비중이 크다. 또 민첩한 정보수집과 실행 피드백이 이 기업의 장점인데, 이는 조직 전체가 창의적일 때만 가능한 특징이다. 자라는 시스템적으로 창의적인 문화를 정착시켜서 이런 특징을 구축하게 되었다.

4) 아틀라시안(Atlassian) – 호주 소프트웨어 기업

2002년 뉴사우스웨일즈대학 출신 두 청년이 창업한 소프트웨어 기업으로서, 빠른 성장을 거듭하여 2017년 10월말 기준, 100억 달러(약 10조 원)의 매출 실적을 이루어낸 기업이다. 이 기업의 특징적인 프로그램은 '쉽잇데이(Ship It Day)'라는 것이다. 24시간 동안의 이벤트로서, 개인과 단체로 참가해서 모든 팀이 24시간 후 완성품을 발표하게 한다. 최종적으로 투표를 통해 우승자를 가리는 행사이며, 선정된 프로젝트는 바로 고객에게 출시한다. 직원의 창의성 끌어올리고, 사내 팀 빌딩에 효과가 높다고 알려져 있다.

5) 시멕스(Cemex) – 멕시코 시멘트 제조기업

제조기업이지만 창의성을 중요하게 여기는 기업이다. 그 덕분에 멕시코를 기반으로 50여 개국 이상에 진출하여 시멘트 및 건축 자재를 판매하고 있다.

읽어보기 사내 아이디어 창안 프로그램 사례

MS, 존슨앤존슨, 인텔 기업들은 '아이디어 장터(Idea Fest)'라는 프로그램을 공통적으로 갖고 있다. 이 프로그램은 직원들이 구상한 아이디어를 내어놓고 교류하는 정기적 시장과 같은 것이다. 자신들의 아이디어를 공개하고 사내에서 피드백을 받는다.

구글은 아이디어를 발굴하게 도움을 주는 프로그램도 제공한다. 예컨대 '테크 토크(Tech Talk)'라는 프로그램이 유명하다. 이 프로그램에서 작가, 개그맨, 뮤지션, 요리사 등을 초청해서 세상의 다양한 이야기를 직원들이 청취하게 한다. 이를 통해 직원들에게 다양한 아이디어를 생각하고 상상할 수 있는 기회를 제공한다.

프록터앤갬블(P&G) 기업은 C&D(Connect & Development) 프로그램을 운영한다. 직원들이 회사를 넘어 외부 사람들과 당면 과제의 해결책을 논의하도록 허용한다.

삼성은 '모자이크(Mosaic)'라는 프로그램을 도입했다. 직원들의 아이디어를 공유하는 프로그램이다. 집단지성을 통해 아이디어를 더욱 정교하게 다듬을 수 있다.

LG는 '퓨처 챌린저(Future Challenge)'라는 사내벤처 형태의 상품개발 프로그램을 적용한다. 아이디어 제안자+자발적 개발자+기획자 등 5~6명이 한 팀을 이뤄 시제품을 제작한다. 이 프로그램을 통해 새로운 조직문화로 정착을 기대하고 있다.

이 기업의 특징적인 프로그램은 '시프트(Shift)' 프로그램이다. 이는 직원 간 아이디어 교환을 촉진하는 프로그램으로서, 한 팀이 아이디어를 제안하면 다른 팀이 이 아이디어를 개선하기도 하고 다른 대안을 제시한다. 이런 발전과정이 펼쳐지면서 협업이 촉발되고 실용성과 다양성이 증가한 것으로 평가한다. 직원들 간 서로의 아이디어에 대해서 지속적인 피드백이 발생하는 것이 큰 장점이다.

14

기업윤리와 사회적 책임

1. 기업윤리(Business Ethics)
2. 기업의 사회적 책임(CSR)
3. 윤리경영과 사회적 책임을 위한 가이드라인

1 기업윤리(Business Ethics)

기업윤리(business ethics)란 "기업이라는 특수한 사회조직과 그 구성원들에게 적용되는 도덕적 원칙 또는 가치(a set of moral principles or values)"라고 정의할 수 있다. 기업윤리에서 윤리(ethics)는 도덕(moral)과는 차별화되는 개념이다. 도덕이 개인적 차원의 옳고 그름에 대한 기준을 의미한다면, 윤리(ethics)는 개인들로 구성된 사회조직의 도덕적 기준을 의미한다. 예를 들어 변호사나 의사의 개인적 도덕기준과 그들이 속한 법률조직이나 의료조직의 윤리는 구분되어야 한다. 변호사는 개인적으로 용납할 수 없는 범죄행위라도 사법시스템이 요구하는 법률조직의 직업윤리에 따라 의뢰인에 대한 최선의 변호를 수행해야 한다. 마찬가지로 한 의사의 도덕기순은 낙태를 비도덕적이라 생각할 수 있지만, 그가 속한 의료기관에서의 직업윤리는 법적으로 허용되는 낙태시술을 성실이 수행할 것을 요구한다.

과거의 기업들은 기업윤리와 개인의 도덕적 판단을 명확히 구분하려 하지 않았다. 따라서 경영활동에서 직면하게 되는 다양한 윤리적 딜레마에 대한 판단은 전적으로 경영자 개인의 도덕적 기준에 따라 이루어졌다. 이로 인해 경영자의 개인적 이해관계나, 자신의 소속부서나 조직의 이해득실에 따라 의사결정이 이루어짐으로써 윤리적 이슈에 대해 기업수준의 일관성 있는 경영활동이 추구되지 못했다. 또 다른 한편으로는 기업윤리는 경영과 전혀 관계없는 별개의 영역에 존재한다는 초윤리적(amoral management) 경영방식이 나타나기도 하였다. 이러한 관점에 따르면 기업윤리는 이윤을 추구하는 경영활동과는 관점이 다른 이슈로서 인식되며, 합법의 테두리 안에서라면 이윤추구를 위하여 어떠한 비윤리적 행위도 용납된다는 사고방식을 허용하게 된다. 오늘날 기업가들의 상당수는 여전히 기업윤리와 이윤추구를 별개의 영역으로 인식하는 경영방식을 유지하고 있다.

그러나 기업윤리와 이윤추구를 별개의 영역으로 인식하는 사고는 다양한 법률분쟁과 사회적 비판에 직면하게 되곤 한다. 기업의 경영활동의 대상인 고객은 사회라는 공동체의 구성원으로 경영활동의 결과는 다양한 사회적 조직의 윤리적 기준에 영향을 미치기 때문이다. 또한 법률과 규제는 경영활동의 결과와 그것이 영향을 미치는 사회적 조직들의 이해를 동시에 고려하는 방식으로 수립된다. 따라서 윤리적 기준을 고려하지 않은 의사결정이 종국에는 기업의 이윤추구에 부정적인 영향을 미치는 사례들이 많이 등장하게 되었다.

1978년 포드자동차가 출시한 소형 자동차 핀토(Pinto) 모델은 후면추돌시 연료탱크의 휘발유가 유출되는 치명적인 결함을 가지고 있었다. 그러나 경영진은 설계변경과 사고배상의 비용편익 분석을 바탕으로 차량회수와 안전조치를 취하지 않고 결함을 은폐하는 의사결정을 내렸다. 이는 3명의 10대 소녀들이 사고로 촉발된 차량화재로 사망하는 비참한 사고로 이어졌고, 포드는 결국 1억 3천만 달러에 이르는 손해배상을 지불해야만 했다.

이처럼 기업윤리가 결여될 경우, 과징금이나 소송 등의 직접적인 비용은 물론 업무 혼란, 사기 저하, 고객 이탈, 투자자들의 주식투매 등 보이지 않는 비용을 발생시킨다. 기업윤리와 관련된 이러한 위험은 발생빈도는 낮지만, 손실의 크기는 결코 적지 않다. 배출가스 저감장치 조작을 통해 친환경차 기준을 충족했다고 거짓광고를 했던 폭스바겐에 대해 2017년 디트로이트 연방지방법원은 3조 1,800억 원의 과징금을 부과하였다. 고의로 범행을 저지른 점을 고려한 징벌적 성격이 크다. 폭스바겐은 이 벌금과 별도로 이미 2016년 미국 소비자들에 대한 배상금으로 17조 9천억 원을 물기로 결정된 상태였다.

이러한 사건들로 인해, 최근에는 기업이 적법성의 테두리를 넘어 사회적 통념까지도 주요한 의사결정에 반영하게 되는 윤리경영(moral management)의 중요성이 증대되었다. 윤리경영은 경영활동이 경제적, 법적, 윤리적 책임을 동시에 추구함으로써, 경영활동의 기준과 윤리적 기준을 일치시키려는 노력을 펼치게 된다. 〈표 14.1〉은 기업의 경영활동 영역별로 윤리경영이 요구되는 주요 이슈를 나열하였다.

〈표 14.1〉 기업영역별 윤리경영의 이슈

기능 영역		비윤리적 경영활동의 사례
인사 관리	기회 균등	인종 · 지역 · 성별 · 학벌 등에 따른 임금 · 승진 차별, 취약계층의 고용기회 박탈
	기밀누설	경쟁사 취업금지 등 전직금지 조항
	사생활 침해	종업원 업무감시, 삶과 업무의 균형 문제 및 개인정보의 활용
마케팅	시장조사	회사에 유리한 방식의 설문조사나 조사결과 조작
	제품	제품 결함/위험 은폐, 리콜 거부, 의도적 제품수명 단축
	유통	재고나 수요 조작, 가격 담합, 리베이트, 단가 인하 압력, 불공정 무역 등
	광고	허위광고, 오도광고, 과장광고
	가격	담합, 재판매가격유지(할인판매금지), 끼워팔기, 추가비용 은폐, 허위할인
회계	회계조작	분식회계 등 회계조작을 통한 탈세나 기업가치 부풀리기 등
	이해충돌	특정 그룹 및 이해관계자의 이익 추구(편법승계 등)
	기밀누설	회계정보의 누설
정보	지적재산권	불법복제, 특허침해, 상표권침해 등
	정보보호	고객정보 판매, 허술한 정보보안 인프라 및 고객정보 유출

2 기업의 사회적 책임(CSR)

소니는 2001년 말 유럽시장에 출시한 PS2에 중금속인 카드뮴이 법적 기준치 이상으로 검출되었다는 이유로 2,000억 원의 손실을 보았다. 나이키는 축구공 생산에 제3세계 아동의 노동력을 착취한다는 비난에 직면하면서 기업 이미지 실추는 물론 영업이익이 37%나 하락하는 위기를 겪었다. 또 세계적인 에너지 기업인 엔론은 분식회계 등 부정부패로 2001년 12월 파산하고 말았다. 소니, 필립스, MS, IBM 등 22개 글로벌 IT기업들은 2007년 여름부터는 환경, 인권, 노동 등 사회적 책임을 소홀히 하는 기업과는 부품 및 소재조달 등의 거래를 하지 않겠다고 발표한 바 있다. 이러한 사례들은 기업이 기업과 주주의 이득만을 추구하고 다른 사회 구성원들의 이해관계나 사회 문제들을 등한시한다면 궁극적으로는 경쟁력 약화로 이어져 경제적 이익을 지속할 수 없게 된다는 것을 보여준다. 이러한 배경에서 등장한 개념이 기업의 사회적 책임(Corporate Social Responsibility : CSR)이다.

1) 기업의 사회적 책임

CSR은 캐롤(Carroll) 교수가 제시한 [그림 14.1]의 네 가지 책임모형, 즉 경제적, 법적, 윤리적, 자선적 책임으로 구분하여 설명된다. 경제적 책임(economic responsibilities)은 기업이 생산활동을 통해 고용과 부가가치를 창출하고 이를 통해 발생된 경제적 이윤을 투자자들에게 배분해야 하는 책임을 말한다. 법적 책임(legal responsibilities)은 기업의 경영활동이 사회가 정한 법과 규정을 준수하는 방식으로 수행되어야 하는 책임을 말한다. 경제적 책임과 법적 책임은 기업이 반드시 수행해야 할 의무라 할 수 있다.

[그림 14.1] 기업의 사회적 책임

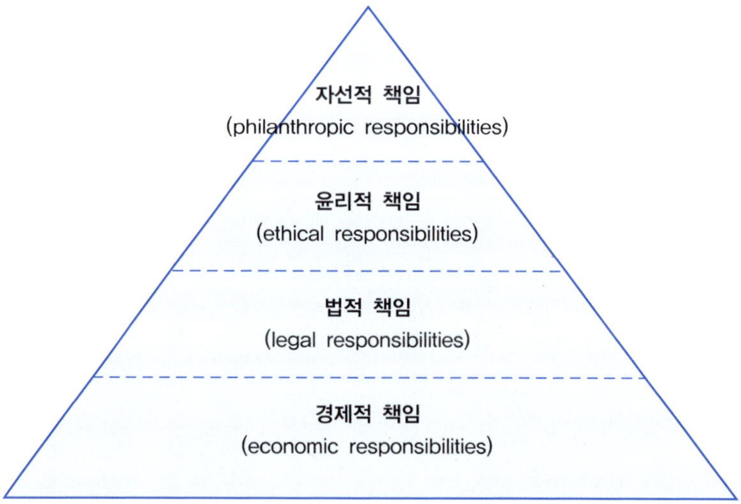

출처 : Archie B. Carroll, "The pyramid of corporate social responsibility," *Business Horizons* 33(4), 1991.

최근 기업이 국가경제에 미치는 영향력이 증대됨에 따라 경제적·법적 책임을 넘어 윤리적 책임과 자선적 책임이 강조되고 있다. 윤리적 책임(ethical responsibilities)은 기업이 경영활동을 수행하는 데 있어서 사회의 윤리적 규범과 도덕적 원칙을 따라야 한다는 것으로 모든 이해관계자들이 추구하는 가치에 부합하는 행동을 해야 할 책임이 있음을 의미한다. 나아가 자선적 책임(philanthropic responsibilities)은 기업이 공동체의 구성원으로써 발생한 이득을 자발적인 방식의 기부나 사회공헌 등을 통해 사회에 환원해야 하는 책임을 의미한다.

CSR은 기업과 사회의 관계를 다룬다는 점에서, 조직 내부에서 벌어지는 윤리적 딜레마의 해결과 관련된 기업윤리와는 차별화되는 개념이다. 즉, 기업윤리는 경영활동과 관련된 임직원, 주주, 소비자, 경쟁자와의 관계를 다루지만 사회적 책임은 경영활동과 직접 관련이 없는 사회 전반에 대한 기업의 책임을 강조한다. 이러한 차이에도 불구하고 문헌에 따라서는 사회적 책임을 기업윤리의 한 영역으로 간주하거나 혹은 기업윤리를 사회적 책임의 한 분야로 분류하기도 한다.

2) 공유가치창출(Creation of Shared Value)

공유가치창출(Creation of Shared Value : CSV)은 마이클 포터가 "자본주의를 어떻게 치유할 것인가(How to Fix Capitalism)"란 글을 통해 제안한 개념이다. 마이클 포터는 시장의 형성이 경제적 욕구가 아닌 사회적 필요에 의해서도 형성될 수 있음을 강조하였다. 또한 각종 사회적 문제는 기업과 무관한 것이 아니며 이는 기업 내부의 비용을 발생시켜 기업의 생산성을 저해하고 가치창출을 방해하는 원인이 된다고 보았다. 따라서 사회적 문제는 기업의 이윤 증대를 위해서도 해결해야 하는 대상이 된다. 즉, CSV는 경제·사회적 여건을 개선시키면서 동시에 사업의 핵심 경쟁력을 강화하는 일련의 기업정책 및 경영활동으로, 기업의 경쟁력과 주변 공동체의

〈표 14.2〉 **기업의 사회적 책임(CSR)과 공유가치창출(CSV)의 비교**

항목	CSR	CSV
가치	선행(doing good)	투입비용 대비 높은 사회경제적 가치
인식	평판관리, 기업의 수익 추구와는 무관	기업 경쟁력 강화의 필수 요소 사회적, 경제적 가치 모두 추구
활동	시민의식, 자선활동	기업과 공동체 모두를 위한 가치창출
예산	기업의 CSR 예산에 한정	기업 전체 예산에 CSV 개념 반영
한계	CSR 예산 규모에 따라 활동 폭이 제한	CSV 활동에 대한 낮은 인식 수준
사례	공동구매	조달시스템 자체를 혁신해 품질을 개선하고 생산량을 증대

출처 : Michael E. Porter et al., Measuring Shared Value : How to unlock Value by Linking Social and Business Results, FSG, 2012.

번영이 상호 의존적이라는 인식에 기반을 두고 있다.

CSV와 CSR의 가장 큰 차이점은 각각을 기업의 전략적 활동의 핵심적 목적으로 볼 것인지, 아니면 기업 활동의 부수적 산물이나 보조적 목적으로 볼 것인지에 따라 구별된다. 사회공헌을 위한 프로그램을 개발하거나 환경문제에 대한 기업 이미지를 제고하기 위한 사업들을 벌이는 것은 엄밀한 의미에서 CSV라고 볼 수 없다. CSV는 기업이 수익창출 이후에 사회공헌 활동을 하는 것이 아니라 기업 활동 그 자체가 사회적 가치를 창출하면서 동시에 경제적 수익을 추구해야 한다고 보는 것이다. 즉, 공유가치창출은 기업이 이미 획득한 경제적 가치를 사회에 나누어주는 것이 아니라 기업이 사회적 문제 해결을 통해 비즈니스 기회를 획득하고 수익을 창출하여 재무적 가치와 사회적 가치를 동시에 추구함을 의미한다. 〈표 14.2〉는 CSR과 CSV의 차이점을 비교한 것이다.

CSV는 처음부터 경제적 가치와 사회적 가치를 동시에 창출하는 방법을 고민하지만, CSR은 기업이 이미 만들어낸 이익의 일부를 좋은 일에 쓰는 방식을 의미한다. 또한 CSR은 비용으로 인식되는 반면, CSV는 사회 · 경제적 효용을 증가시킨다는 점에서 기업의 경쟁력 향상을 위한 기회로 인식

한다. CSR을 위한 예산은 한정적이기 때문에 활동이 제한적이나, CSV를 위해서는 기업전략을 재창조해야 하므로 기업 전체의 조직과 예산이 투입된다.

공정무역의 사례를 들어보자. 공정무역은 가난한 농부가 재배한 농작물을 제값을 주거나 혹은 조금 더 넉넉한 이윤을 쳐주고 구매하는 것이다. 이는 CSR의 관점에서 영세한 공급사의 빈곤을 해결하는 선행이 된다. 하지만 이는 주어진 가치를 재분배하는 것에 지나지 않는다. 반면 CSV는 농작물의 수확량을 증대나 품질 개선을 통해 농부가 생산하는 가치 자체의 크기를 키우는 방법을 추구한다. 보다 개선된 농법을 개발하거나, 농부들을 위한 지역협력과 지원체계를 추구하는 방법 등을 통해 생산되는 가치의 크기를 키우는 것이다.

3 윤리경영과 사회적 책임을 위한 가이드라인

1) 윤리경영

윤리경영이 추상적 구호에 그치지 않고 실제 경영과정과 접목되기 위해서는 조직 내에 최소한의 제도적 장치가 구축되어야 한다. 표준적인 윤리경영 시스템은 윤리강령(code of ethics)의 제정, 윤리경영을 실현하기 위한 감독조직(compliance check organization)의 설치 및 운영, 기업윤리 교육을 통한 사내의 공감대 형성(consensus by ethic education) 등 세 가지 요소로 구성된다. 이를 '3C'로 표현하기도 한다.

윤리강령은 기업윤리를 준수하기 위한 사원들의 행동지침을 문서화한 것으로 기업과 임직원의 약속이라고 할 수 있다. 최근 대부분의 기업은 자체적인 윤리강령을 보유하고 있다. 윤리강령은 사원수칙과 같은 세세한 규정보다는 기업윤리에 대한 큰 방향성과 이에 대한 공감을 촉진하는 목적

〈표 14.3〉 **윤리경영 시스템의 구성요소(3C)**

윤리강령(Code of conducts)	기업윤리의 준수를 위한 사원들의 행동지침
감독조직(Compliance check)	윤리경영의 실행을 전담하는 임원과 조직, 내부고발제도 및 평가 시스템
교육(Consensus by education)	교육과 훈련을 통해 윤리경영에 대한 인식제고 및 공감대 형성

으로 개발되어야 한다. 감독조직은 윤리경영을 실현하기 위해 필요한 제도와 시스템을 구축하고 운영하는 조직을 의미한다. 감독조직은 정보수집 및 자원의 활용이 가능해야 하므로 사내에서 영향력을 가진 인물들로 구성되어야 하며, 임원진과 별개로 독립적인 활동이 보장되어야 한다. 마지막으로 교육을 통한 공감대의 형성이 필요하다. 기업 윤리에 대한 비전과 가치관을 구성원들과 공유할 수 있든 다양한 교육 프로그램, 콘텐츠 개발 및 의사소통 채널 수립 등이 필요하다. 3C는 윤리경영을 위한 포괄적인 가이드라인으로 인사, 재무, 회계 등 중요한 기업 경영활동의 수행을 위한 기준이 되어야 한다.

2) ISO 26000

ISO 26000은 국제표준기구인 ISO(International Standardization Organization)에서 개발된 사회적 책임에 대한 표준 가이드라인이다. ISO 26000은 경제주체별 사회적 책임에 관한 자발적 국제표준으로 2010년 11월 세계 77개국이 93%의 찬성률로 채택하였다. ISO 26000은 기업(Corporate)이라는 단어가 생략된 사회적 책임(SR)에 대한 가이드라인으로 정부 · 노조 · 시민단체 등 모든 기본적으로 모든 형태의 조직에 적용될 수 있는 표준이다. 최근 들어 선진국을 중심으로 기업 및 각종 사회조직의 사회적 책임이 국가표준 또는 단체표준으로 제정됨에 따라, ISO는 이들 국가의 표준이 무역장벽으로 작용되는 것을 방지하려는 목적도 가지고 있다.

ISO 26000은 구체적으로 산업계, 정부, 소비자, 노동계, 비정부기구

(NGO) 등 7개 경제주체들을 대상으로 지배구조, 인권, 노동관행, 환경, 공정거래, 소비자 이슈, 공동체 참여 및 개발 등 7대 의제를 사회적 책임 이슈로 규정한다. ISO가 구속력을 가진 기구가 아닌 만큼, ISO 26000도 제3

〈표 14.4〉 ISO 26000의 주요 내용

분야	주요 내용
지배구조	• 주요의사결정 기구의 투명한 의사결정 과정, 의사결정에 대한 설명과 책임 • 의사결정이 제대로 되기 위한 경제적 및 비경제적 보상체계 조성 • 소수집단(여성, 장애인 등)의 공평한 대우 촉진 • 다양한 이해관계자 고려, 일치·불일치 범위 규명, 의사소통 활성화 • 조직을 대신해 의사결정을 내리는 사람들의 권위, 책임, 능력 수준의 균형 유지
인권	• 인권 침해 사항 주시 및 인권 옹호 및 해결을 위한 여러 가지 치유체제 강구 • 조직의 보안체계는 인권을 존중하고, 국제규범 및 법 집행을 위한 표준과 일치 • 취약그룹(여성, 장애인, 아동, 원주민 등) 인권침해를 야기하는 차별을 철폐 • 개인의 시민적 정치적 권리(개인의 삶, 의사표현자유, 집회결사자유 등) 존중 • 결사의 자유와 단체교섭권 보장하고, 강제노동과 아동노동 금지
노동	• 완전하고 안정한 고용을 통하여 삶의 질 향상에 기여 • 피고용자의 임금, 보상, 근무시간 등 노동조건 국제노동기준 및 국내법 준수 • 노사정 대화 방식을 비롯하여 사회적 대화 프로그램 적극 도입 • 직장에서의 보건과 안전에 만전 • 근로자들의 능력 개발을 위하여 지속적 노력
환경	• 여러 유형의 환경오염 방지 노력 • 에너지 절약, 자원보존, 자원의 효율적 이용, 재생가능에너지 적극 활용 • 온실가스를 감축, 지구온난화와 기후변화를 방지 및 기후변화 위험에 대응 • 자연환경을 보호하고 복원하기 위한 노력
공정운영	• 로비, 정치적 공헌, 정치적 참여와 관련된 활동은 투명하게 진행하여야 한다. • 각종 계약, 투자, 금전 거래, 협력업체 선정 등에서 공정하고 투명해야 한다. • 지배적 지위로 타인의 재산권 침해 금지, 취득·사용한 재산에 정당한 대가 • 공급망에 걸쳐서 공징경쟁 유도, 공정한 운영을 시행
소비자	• 소비자의 선택권 보장, 불공정한 계약 조건을 강요하지 않음. • 소비자의 보건과 안전을 보장, 개인정보의 적극 보호, 불만 사항의 사전예방 및 대응 • 지속가능한 소비를 적극 권장
지역사회	• 지역사회의 적극 참여, 사회 투자, 교육과 문화 창달에 적극 기여 • 지역사회의 고용 창출, 기술 개발, 보건, 안전을 위하여 노력 • 납세의무를 다하고 정당한 부와 소득을 창출

출처 : https : //www.iso.org/

자가 조직의 사회적 책임 이행 여부를 감시하거나 검증하는 방식이 아니라, 모든 조직이 자율적으로 사회적 책임을 이행하고 있음을 발표하도록 하는 자발적인 규범이다. 그럼에도 불구하고 ISO 26000은 기업을 포함한 모든 조직이 사회적 책임을 이행할 수밖에 없도록 하는 '보이지 않는 압력 수단'으로 작용하게 될 수 있다. 〈표 14.4〉는 ISO 26000의 주요 내용을 요약한 것이다.

3) 지속가능보고서와 GRI 가이드라인

최근 기업들은 전통적인 재무보고서의 한계점들을 보완하기 위해 지속가능성 보고서라는 새로운 형태의 기업보고서를 통해 성과 공시의 영역을 사회 및 환경을 포함한 비재무적 영역으로까지 확대하고 있다. 지속경영보고서는 다양한 이해관계자들과의 소통과 회사의 약속, 그리고 그에 따른 이행성과를 투명하게 공시함으로써 기업경영 위험을 예방하고 대외적으로 홍보하는 수단으로 활용되고 있다.

지속가능경영 보고의 발간이 증가함에 따라 국제기구인 GRI(Global Reporting Initiative)에서는 지속가능보고서의 가이드라인을 제시하고 있다. 이 가이드라인은 환경, 사회, 경제 등 사회 각 분야에 대한 기업의 책임성을 규정하고, 이와 관련한 정보를 공개하는 지침을 수록하고 있다. GRI는 유엔기금위원회(United Nations Foundation)로부터 활동자금을 지원받고 있는 연구기관으로 이사회(Board of Directors)는 유엔환경계획(UNEP), 미국 환경책임경제연합(Coalition for Environmentally Responsible Economies), 영국공인회계사 협회, 호주 윤리적 투자(Australian Ethical Investment), 일본 환경감사연구회 등으로 구성되어 있다. GRI 표준은 크게 공통표준(GRI 101, 102, 103)과 주제별 표준으로 구성되며 공통표준은 보고서의 작성원칙, 지속가능 활동 현황, 각 주제에 대한 경영보고 방식 등을 서술한다. 주제별 영역은 경제, 환경, 사회 부문으로 나누어져 있으며 각 영역별로 구체적인 세부 관점과 측정지표가 제시되어 있다. 각 영역별 성과지표를 세부

〈표 14.5〉 **GRI 표준의 주요 내용**

분야	주요 내용
GRI 101	• 보고서의 작성원칙. 지속가능성 보고를 위해 활용된 세부기준의 사용법 및 보고방법 • 중대성의 원칙에 입각한 경제, 환경, 사회에 대한 영향
GRI 102	• 기관의 지속가능 활동에 대한 상황정보 보고
GRI 103	• 각 주제에 대한 기관의 경영방식보고(Disclosures on Management Approaches : DMA)와 주제 분류
GRI 200 경제	• 경제성과 : 직접적 경제가치 발생과 분배, 기후변화의 재무적 영향 및 기타 위험과 기회, 조직의 확정급여형 연금제도 채무 충당, 정부의 재정지원 • 시장지위 : 지역의 최저임금과 비교한 성별 임금, 고위경영진의 비율 • 간접적 경제효과 : 사회기반시설 투자와 서비스 지원의 개발, 기타 주요 간접효과(저임금자 생산성, 극빈 지역의 경제개발, 외국인 직접투자, 전문가 지식 강화 등) • 조달관행 : 공급업체와의 관계 및 안정성, 현지 공급업체에 지급하는 지출비용, 리드타임, 매입가격, 주문과 지불 정례, 주문변경이나 취소, 공급업체 선정방식 등
GRI 300 환경	• 환경과 관련된 아래 영역별 세부적 평가지표 : 원재료, 에너지, 용수, 생물다양성, 배출, 폐수 및 폐기물, 제품 및 서비스, 컴플라이언스, 운송, 종합, 공급업체 환경평가, 환경고충처리제도
GRI 400 사회	• 노동관행 및 일자리 : 고용, 노사관계, 산업안전보건, 훈련 및 교육, 다양성과 기회균등, 남녀 동등 보수, 공급업체 노동관행 평가, 노동관행 고충처리 제도 • 인권 : 투자, 차별금지, 결사 및 단체교섭의 자유, 아동노동, 강제노동, 보안관행, 원주민 권리, 평가, 공급업체 인권평가, 인권고충처리 제도 • 사회 : 지역사회, 반부패, 공공정책, 경쟁저해행위, 컴플라이언스 • 제품책임 : 고객안전보건, 제품 및 서비스 라벨링, 마케팅 커뮤니케이션, 고객개인정보보호

출처 : https : //www.globalreporting.org

적으로 살펴보면 〈표 14.5〉와 같다.

ISO 26000의 내용과 GRI 가이드라인 내용은 서로 매우 관련성이 많다. ISO 26000은 원칙과 이슈가 되는 지점들을 장황하리만큼 세부적으로 짚고 있으며, GRI 가이드라인은 구체적인 객관적인 지표를 비교적 치밀하게 구성하고 있다. 이 두 지침을 적절히 잘 활용한다면 상당한 수준의 사회책임 이슈를 커버할 수 있을 뿐 아니라, 각 조직들의 지속가능경영을 실질적으로 도모할 수 있을 것이다.

4) 기타 표준

GRI 표준 및 ISO 26000과 더불어 여러 가지 사회적 책임에 대한 표준들이 제시되었다. 각 표준간의 연관성과 상관관계가 특정한 표준을 따르는 보고서에 같이 보고되기도 한다. 대표적인 표준으로는 UN 글로벌 콤팩트와 SA(Social Accountability) 등을 들 수 있다.

(1) UNGC(UN Global Compact)

UN 글로벌 콤팩트는 1999년 유엔 전 사무총장인 코피 아난(Kofi Annan)의 제안으로 2000년 7월 만들어진 자발적인 기업 시민을 위한 이니셔티브다. 코피 아난 총장은 1999년 1월 31일 스위스 다보스에서 열린 세계경제포럼(WEF)에서 사회윤리와 국제환경개선을 위한 UN 글로벌 콤팩트에 동참을 권장하였으며, 이후 2000년 7월 26일 유엔 본부에서 UN 글로벌 콤팩트 창설회의가 개최되었다. UN 글로벌 콤팩트는 인권(인권지지와 인권보호 확인), 노동(결사의 자유, 강제노동 철폐, 아동 노동 폐지, 고용 및 직업 차별 철폐), 환경(환경문제 예방, 환경책임 증진, 친환경 기술의 개발과 장려)과 반부패(강요와 뇌물 등 모든 형태의 부정부패 반대)의 4대 분야에서의 10대 원칙을 제공하여 사회적 합리성에 기반을 둔 지속가능하고 통합적인 세계 경제를 실현하는 것을 추구하고 있다. GRI 및 ISO 26000의 기준에는 각 세부기준이 UNGC의 10대 원칙과 어떻게 관련되어 있는지 제시하고 있다.

(2) SA(Social Accountability) 8000

1997년 미국 노동부 산하 근로문제 연구기관인 SAI(Social Accountability International, 전 CEPAA)의 기술위원회에 의해 제정된 근로자들의 노동환경에 대한 인증시스템 규격이다. SA 8000 요건에는 유소년 노동, 보상, 차별, 강제노동, 근로시간, 보건 및 안전, 단결권 및 단체교섭권과 근로 경영시스템에 대한 요구사항을 포함하고 있다. 전 세계적으로 노동환경을 개선하자는 세계적인 인권/노동기구들 간의 연대 움직임과 노동문제의 매체 발표로 인한 회사 제품이미지의 막대한 실추 등 여러 이유로 대형 기업들이 그들의 전 세계 협력업체에 SA 8000인증을 요구하고 있는 추세이다.

(3) EICC(Electronic Industry Code of Conduct)

전자산업시민연대(Electronic Industry Citizenship Coalition : EICC, 예전 이름 : Electronic Industry Code of Conduct)는 소니, 마이크로소프트, IBM, 인텔, 삼성 등 세계 전역의 30개 이상 주요 전기전자 기업체로 구성되어 있으며 모든 공급업체의 근로조건 및 환경 의무를 개선하고자 하는 동일한 목적을 가지고 함께 모여, '전자업체 행동규범－EICC 코드'라는 일반규범을 제정하였다. 이 규범은 (1) 노동, (2) 보건 및 안전, (3) 환경, (4) 윤리, (5) 경영시스템을 포함하여 기업의 일반관행에 걸쳐 실행, 준수, 심사, 보고 지침을 포함하고 있다. EICC는 국제적인 계약에 입찰하거나 신규 비즈니스를 지역적으로 확장할 때 기업이 공급사슬 속에서 공급망－CSR 경영규정을 준수하고 있음을 증명하기 위해 사용된다.

찾아보기

[ㅅ]

[ㅇ]

[ㅈ]

저자 소개

손동원 (인하대학교 경영학과 교수/경영학 박사)

손동원 교수는 기업가정신과 스타트업 분야에서 지난 25년 동안 이론적 논의를 주도해온 대표 학자로서, 시류에 흔들리지 않는 높은 사명감으로 기업가정신 강국을 위해 묵묵히 연구와 교육을 맡아왔다. 그 노력 속에서 대중과 호흡하는 9권의 전문서적을 출간했으며 15편의 SSCI급 국제학술논문을 출간했다. 최근에는 청년창업자들과 함께 창업 속 '진흙 길'을 동행하면서 창업자들의 희망과 좌절 그리고 땀 냄새를 온몸으로 느껴왔다. 그 과정에서 미래의 기회와 가치를 청년들에게 전달하는 과제가 중요하다는 점을 인식하고, 그 '미래'를 올바르게 통찰하고 청년들에게 전달하는 노력에 심혈을 기울이고 있다. 한편 한국사회의 무분별한 기업가정신 주장도 견제하며 동시에 세대를 넘어 진정한 기업가정신을 뿌리내리고 전수하기 위해 가칭 "기업가정신 희망 포럼" 활동을 주도하고 있다.

손동원 교수는 고려대 경영학과, 동 대학원 경영학 석사, 미국 미주리 대학(University of Missouri-Columbia) 경영학 박사를 취득했다. 코스닥시장위원회 위원, 한국복잡계학회 회장, 경인일보 객원논설위원, ㈜유화 사외이사, 미국 캘리포니아 대학(UC-Davis) 방문학자, 프랑스 르아브르 대학 교환교수, 마르퀴즈 후즈 후 인더월드(Marquis Who's Who) 등재, 인하대 경영대학장, 경영대학원장, 기획처장, 기업가센터장을 역임했다.

허원창 (인하대학교 경영학과 교수/공학 박사)

허원창 교수는 서울대학교 산업공학과에서 학사, 석사, 박사학위를 취득하였고 학위논문으로 정보검색과 인공지능, 기업정보시스템 등을 연구하였다. 2004년 의료용 진단소프트웨어 개발회사에서 근무한 경험이 있으며, 2005년부터 인하대학교 경영학과에서 경영정보분야의 교수로 재직하고 있다. 공학 박사이자 경영학자로서 비즈니스 애널리틱스, 기술혁신, 기업가정신과 스타트업 분야의 연구에 매진하는 한편, 강단에서는 새롭게 바뀔 미래를 준비하는 대한민국 청년들의 기업가정신 고양을 사명으로 교육에 힘쓰고 있다.

주요한 연구 실적으로 *IEEE Internet Computing*, *Communications of the ACM*, *Technological Forecasting and Social Change*, *Journal of Economic Interaction and Coordination*, *Scientometrics* 등 주요 학술지에 20여 편의 해외논문을 발표하였으며, 2014년에는 인하대학교 창업지원센터장을 맡아 대학 내 스타트업의 교육 및 성장을 지원하는 다수의 프로그램들을 추진하였다.

스타트업 창업 바이블

초판인쇄| 2020년 1월 3일
초판발행| 2020년 1월 10일

지 은 이| 손동원 · 허원창
펴 낸 이| 김광범
펴 낸 곳| 도서출판 시대가치
출판등록| 2017년 3월 23일 제2018-000088호
주 소| 서울특별시 마포구 토정로 222, 422-1호(한국출판콘텐츠센터)
전 화| 02)3152-2620 / 팩스 02)6442-2621

ISBN 979-11-89607-24-1 93320

* 이 도서의 국립중앙도서관 출판예정도서목록(CIP)은 서지정보유통지원시스템 홈페이지(http://seoji.nl.go.kr)와 국가자료종합목록 구축시스템(http://kolis-net.nl.go.kr)에서 이용하실 수 있습니다. (CIP제어번호 : CIP2019052744)

가격 25,000원

『이 저서는 2019학년도 인하대학교의 지원에 의해 연구되었음.』